实用版法规专辑

国家安全

中国法制出版社
CHINA LEGAL PUBLISHING HOUSE

我国的立法体系

全国人民代表大会	修改宪法，制定、修改刑事、民事、国家机构的和其他的基本法律。
全国人民代表大会常务委员会	制定和修改除应当由全国人民代表大会制定的法律以外的其他法律；在全国人民代表大会闭会期间，对全国人民代表大会制定的法律进行部分补充和修改；解释法律。
国务院	根据宪法和法律，制定行政法规。
省、自治区、直辖市人民代表大会及其常务委员会	根据本行政区域的具体情况和实际需要，在不同宪法、法律、行政法规相抵触的前提下，制定地方性法规。
设区的市、自治州的人民代表大会及其常务委员会	在不同上位法相抵触的前提下，可对城乡建设与管理、环境保护、历史文化保护等事项制定地方性法规。
经济特区所在地的省、市的人民代表大会及其常务委员会	根据全国人民代表大会的授权决定，制定法规，在经济特区范围内实施。
民族自治地方的人民代表大会	依照当地民族的政治、经济和文化的特点，制定自治条例和单行条例，报批准后生效。 对法律和行政法规的规定作出变通的规定，但不得违背法律或者行政法规的基本原则，不得对宪法和民族区域自治法的规定以及其他有关法律、行政法规专门就民族自治地方所作的规定作出变通规定。
国务院各部、委员会、中国人民银行、审计署和具有行政管理职能的直属机构	根据法律和国务院的行政法规、决定、命令，在本部门的权限范围内，制定部门规章。
省、自治区、直辖市和设区的市、自治州的人民政府	根据法律、行政法规和本省、自治区、直辖市的地方性法规，制定地方政府规章。设区的市、自治州人民政府制定的地方政府规章限于城乡建设与管理、环境保护、历史文化保护等方面的事项。
中央军事委员会	根据宪法和法律制定军事法规，在武装力量内部实施。
中央军事委员会各总部、军兵种、军区、中国人民武装警察部队	根据法律和中央军事委员会的军事法规、决定、命令，在其权限范围内制定军事规章。
国家监察委员会	根据宪法和法律，制定监察法规。
最高人民法院、最高人民检察院	司法解释。

注：1. 法的效力等级：宪法＞法律＞行政法规＞地方性法规、部门规章、地方政府规章；地方性法规＞本级和下级地方政府的规章。（＞表示效力高于）
    2. 司法解释：司法解释是最高人民法院对审判工作中具体应用法律问题和最高人民检察院对检察工作中具体应用法律问题所作的具有法律效力的解释，司法解释与被解释的有关法律规定一并作为人民法院或人民检察院处理案件的依据。

■实用版法规专辑·新7版

编辑说明

运用法律维护权利和利益，是读者选购法律图书的主要目的。法律文本单行本提供最基本的法律依据，但单纯的法律文本中的有些概念、术语，读者不易理解；法律释义类图书有助于读者理解法律的本义，但又过于繁杂、冗长。

基于上述理念，我社自2006年7月率先出版了"实用版"系列法律图书；2008年2月，我们将与社会经济生活密切相关的领域所依托的法律制度以专辑形式汇编出版了"实用版法规专辑"，并在2012年、2014年、2016年、2018年、2020年全面更新升级再版。这些品种均深受广大读者的认同和喜爱。

2022年，本着"以读者为本"的宗旨，适应实践变化需要，我们第七次对"实用版法规专辑"增订再版，旨在为广大公民提供最新最高效的法律学习及法律纠纷解决方案。

鲜明特点，无可替代：

1. **出版权威**。中国法制出版社是中华人民共和国司法部所属的中央级法律类图书专业出版社，是国家法律、行政法规文本的权威出版机构。

2. **法律文本规范**。法律条文利用了我社法律单行本的资源，与国家法律、行政法规正式版本完全一致，确保条文准确、权威。

3. **条文注释专业、权威**。本书中的注释都是从<u>全国人大常委会法制工作委员会</u>、<u>中华人民共和国司法部</u>、<u>最高人民法院</u>等对条文的权威解读中精选、提炼而来，简单明了、通俗易懂，涵盖百姓日常生活中经常遇到的纠纷与难题。

4. **案例典型指引**。本书收录数件典型案例，均来自最高人民法院指导案例、公报案例、各地方高级人民法院判决书等，点出适用要点，展示解决法律问题的实例。

5. **附录实用**。书末收录经提炼的法律流程图、诉讼文书、办案常用数据（如损害赔偿金额标准）等内容，帮助您大大提高处理法律纠纷的效率。

6. **"实用版法规专辑"** 从某一社会经济生活领域出发，收录、解读该领域所涉重要法律制度，为解决该领域法律纠纷提供支持。

国家安全理解与适用

维护我国国家安全，是中国特色社会主义建设事业顺利进行、实现国家长治久安和中华民族伟大复兴的重要保障。新中国成立后，为应对严峻复杂形势，我国制定了一系列维护国家安全的法律法规，对维护国家安全发挥了重要作用。党的十八大以来，为适应我国国家安全面临的新形势新任务，以习近平同志为核心的党中央提出总体国家安全观，强调全面维护各领域国家安全，对加强国家安全工作和国家安全立法作出了重要部署。按照中央部署和贯彻落实总体国家安全观的要求，适应我国国家安全面临的新形势、新任务，2015年7月1日第十二届全国人大常委会第十五次会议审议通过了《中华人民共和国国家安全法》。

《中华人民共和国国家安全法》是一部立足全局、统领国家安全各领域工作的综合性、全局性、基础性的法律。既明确宣示性、原则性的维护国家安全的任务和职责，也明确了可操作性很强的国家安全制度和保障，既重申了宪法关于全国人大及其常委会、国家主席、国务院、中央军委等国家机关维护国家安全的职责和公民维护国家安全的义务，也规定了维护国家安全具体制度机制方面的要求、保障措施等。

近年来，为贯彻落实习近平总书记总体国家安全观，加快国家安全法治建设，构建国家安全法律体系制度，我们国家出台了一系列国家安全相关法律法规，不断细化补充国家安全法构建的法律框架。

如：《中华人民共和国反恐怖主义法》对恐怖活动的预防、发现、打击、处置等各个环节都进行了系统周密的设计，为有关部门依法采取反恐怖手段打击恐怖活动、强化安全防范措施、增强应对处置能力提供了保障。《中华人民共和国国家情报法》对情报工作的机构职权、工作保障、法律责任等方法、机制、内容均进行了明确规定，加强了情报信息的会商和共享，推动信息的高效传递和利用，为建立健全有关工作机制提供法律依据和政策保障。

《中华人民共和国反间谍法》首次对具体间谍行为进行法律认定，突出反间谍工作的特点，为防范、制止和惩治间谍行为，维护国家安全提供法律支持。

国家安全法律要点提示

法律要点	法 条	页 码
国家安全的含义	《国家安全法》2	第 30 页
宗教领域维护国家安全的任务	《国家安全法》27	第 38 页
防范和处置恐怖主义、极端主义的任务	《国家安全法》28	第 39 页
国家安全审查的范围	《国家安全法》59	第 50 页
公民和组织维护国家安全的一般义务	《国家安全法》77	第 60 页
关于恐怖主义等的定义	《反恐怖主义法》3	第 81 页
被认定为恐怖活动组织和人员的复核程序	《反恐怖主义法》15	第 89 页
电信业务经营者、互联网服务提供者提供技术支持和协助	《反恐怖主义法》18	第 90 页
恐怖事件的应对处置措施	《反恐怖主义法》61	第 115 页
因从事或协助、配合反恐怖主义工作导致伤残或者死亡人员的待遇	《反恐怖主义法》75	第 122 页
对恐怖活动依法追究刑事责任	《反恐怖主义法》79	第 123 页

目　　录

中华人民共和国宪法 …………………………………… 1
　　（2018年3月11日）
中华人民共和国国家安全法 …………………………… 30
　　（2015年7月1日）
中华人民共和国香港特别行政区维护国家安全法 ……… 65
　　（2020年6月30日）
中华人民共和国反恐怖主义法 ………………………… 80
　　（2018年4月27日）
中华人民共和国国防法 ………………………………… 136
　　（2020年12月26日）
中华人民共和国国防教育法 …………………………… 148
　　（2018年4月27日）
中华人民共和国军事设施保护法 ……………………… 154
　　（2021年6月10日）
反分裂国家法 …………………………………………… 168
　　（2005年3月14日）
中华人民共和国保守国家秘密法 ……………………… 170
　　（2010年4月29日）
中华人民共和国保守国家秘密法实施条例 …………… 179
　　（2014年1月17日）
中华人民共和国反间谍法 …………………………… 189
　　（2014年11月1日）
中华人民共和国反间谍法实施细则 …………………… 216
　　（2017年11月22日）

反间谍安全防范工作规定 ·················· 221
  （2021年4月26日）
中华人民共和国国家情报法 ················ 228
  （2018年4月27日）
中华人民共和国出境入境管理法 ············ 232
  （2012年6月30日）
中华人民共和国境外非政府组织境内活动管理法 ···· 251
  （2017年11月4日）
中华人民共和国核安全法 ················ 261
  （2017年9月1日）
中华人民共和国网络安全法 ·············· 293
  （2016年11月7日）
中华人民共和国生物安全法 ················ 316
  （2020年10月17日）
全国人民代表大会常务委员会关于维护互联网安全的
  决定 ······························ 334
  （2009年8月27日）
中华人民共和国刑法（节录） ············ 337
  （2020年12月26日）

中华人民共和国宪法

(1982年12月4日第五届全国人民代表大会第五次会议通过 1982年12月4日全国人民代表大会公告公布施行 根据1988年4月12日第七届全国人民代表大会第一次会议通过的《中华人民共和国宪法修正案》、1993年3月29日第八届全国人民代表大会第一次会议通过的《中华人民共和国宪法修正案》、1999年3月15日第九届全国人民代表大会第二次会议通过的《中华人民共和国宪法修正案》、2004年3月14日第十届全国人民代表大会第二次会议通过的《中华人民共和国宪法修正案》和2018年3月11日第十三届全国人民代表大会第一次会议通过的《中华人民共和国宪法修正案》修正)

序　　言

中国是世界上历史最悠久的国家之一。中国各族人民共同创造了光辉灿烂的文化，具有光荣的革命传统。

一八四〇年以后，封建的中国逐渐变成半殖民地、半封建的国家。中国人民为国家独立、民族解放和民主自由进行了前仆后继的英勇奋斗。

二十世纪，中国发生了翻天覆地的伟大历史变革。

一九一一年孙中山先生领导的辛亥革命，废除了封建帝制，创立了中华民国。但是，中国人民反对帝国主义和封建主义的历史任务还没有完成。

一九四九年，以毛泽东主席为领袖的中国共产党领导中国各族人民，在经历了长期的艰难曲折的武装斗争和其他形式的斗争以后，终于推翻了帝国主义、封建主义和官僚资本主义的统治，取得了新民主主义革命的伟大胜利,建立了中华人民共和国。从此,中国人民掌握了国家的权力,成为国家的主人。

中华人民共和国成立以后,我国社会逐步实现了由新民主主义到社会主义的过渡。生产资料私有制的社会主义改造已经完成,人剥削人的制度已经消灭,社会主义制度已经确立。工人阶级领导的、以工农联盟为基础的人民民主专政,实质上即无产阶级专政,得到巩固和发展。中国人民和中国人民解放军战胜了帝国主义、霸权主义的侵略、破坏和武装挑衅,维护了国家的独立和安全,增强了国防。经济建设取得了重大的成就,独立的、比较完整的社会主义工业体系已经基本形成,农业生产显著提高。教育、科学、文化等事业有了很大的发展,社会主义思想教育取得了明显的成效。广大人民的生活有了较大的改善。

中国新民主主义革命的胜利和社会主义事业的成就,是中国共产党领导中国各族人民,在马克思列宁主义、毛泽东思想的指引下,坚持真理,修正错误,战胜许多艰难险阻而取得的。我国将长期处于社会主义初级阶段。国家的根本任务是,沿着中国特色社会主义道路,集中力量进行社会主义现代化建设。中国各族人民将继续在中国共产党领导下,在马克思列宁主义、毛泽东思想、邓小平理论、"三个代表"重要思想、科学发展观、习近平新时代中国特色社会主义思想指引下,坚持人民民主专政,坚持社会主义道路,坚持改革开放,不断完善社会主义的各项制度,发展社会主义市场经济,发展社会主义民主,健全社会主义法治,贯彻新发展理念,自力更生,艰苦奋斗,逐步实现工业、农业、国防和科学技术的现代化,推动物质文明、政治文明、精神文明、社会文明、生态文明协调发展,把我国建设成为富强民主文明和谐美丽的社会主义现代化强国,实现中华民族伟大复兴。

在我国,剥削阶级作为阶级已经消灭,但是阶级斗争还将在一定范围内长期存在。中国人民对敌视和破坏我国社会主义制度的国内外的敌对势力和敌对分子,必须进行斗争。

台湾是中华人民共和国的神圣领土的一部分。完成统一祖国的大业是包括台湾同胞在内的全中国人民的神圣职责。

社会主义的建设事业必须依靠工人、农民和知识分子，团结一切可以团结的力量。在长期的革命、建设、改革过程中，已经结成由中国共产党领导的，有各民主党派和各人民团体参加的，包括全体社会主义劳动者、社会主义事业的建设者、拥护社会主义的爱国者、拥护祖国统一和致力于中华民族伟大复兴的爱国者的广泛的爱国统一战线，这个统一战线将继续巩固和发展。中国人民政治协商会议是有广泛代表性的统一战线组织，过去发挥了重要的历史作用，今后在国家政治生活、社会生活和对外友好活动中，在进行社会主义现代化建设、维护国家的统一和团结的斗争中，将进一步发挥它的重要作用。中国共产党领导的多党合作和政治协商制度将长期存在和发展。

中华人民共和国是全国各族人民共同缔造的统一的多民族国家。平等团结互助和谐的社会主义民族关系已经确立，并将继续加强。在维护民族团结的斗争中，要反对大民族主义，主要是大汉族主义，也要反对地方民族主义。国家尽一切努力，促进全国各民族的共同繁荣。

中国革命、建设、改革的成就是同世界人民的支持分不开的。中国的前途是同世界的前途紧密地联系在一起的。中国坚持独立自主的对外政策，坚持互相尊重主权和领土完整、互不侵犯、互不干涉内政、平等互利、和平共处的五项原则，坚持和平发展道路，坚持互利共赢开放战略，发展同各国的外交关系和经济、文化交流，推动构建人类命运共同体；坚持反对帝国主义、霸权主义、殖民主义，加强同世界各国人民的团结，支持被压迫民族和发展中国家争取和维护民族独立、发展民族经济的正义斗争，为维护世界和平和促进人类进步事业而努力。

本宪法以法律的形式确认了中国各族人民奋斗的成果，规定了国家的根本制度和根本任务，是国家的根本法，具有最高的法律效力。全国各族人民、一切国家机关和武装力量、各政党和各社会团体、各企业事业组织，都必须以宪法为根本的活动准则，并且负有维护宪法尊严、保证宪法实施的职责。

第一章 总　　纲

第一条　【国体】＊中华人民共和国是工人阶级领导的、以工农联盟为基础的人民民主专政的社会主义国家。

社会主义制度是中华人民共和国的根本制度。中国共产党领导是中国特色社会主义最本质的特征。禁止任何组织或者个人破坏社会主义制度。

第二条　【政体】中华人民共和国的一切权力属于人民。

人民行使国家权力的机关是全国人民代表大会和地方各级人民代表大会。

人民依照法律规定，通过各种途径和形式，管理国家事务，管理经济和文化事业，管理社会事务。

第三条　【民主集中制原则】中华人民共和国的国家机构实行民主集中制的原则。

全国人民代表大会和地方各级人民代表大会都由民主选举产生，对人民负责，受人民监督。

国家行政机关、监察机关、审判机关、检察机关都由人民代表大会产生，对它负责，受它监督。

中央和地方的国家机构职权的划分，遵循在中央的统一领导下，充分发挥地方的主动性、积极性的原则。

第四条　【民族政策】中华人民共和国各民族一律平等。国家保障各少数民族的合法的权利和利益，维护和发展各民族的平等团结互助和谐关系。禁止对任何民族的歧视和压迫，禁止破坏民族团结和制造民族分裂的行为。

国家根据各少数民族的特点和需要，帮助各少数民族地区加速经济和文化的发展。

各少数民族聚居的地方实行区域自治，设立自治机关，行使自

＊ 条文主旨为编者所加，全书同。

治权。各民族自治地方都是中华人民共和国不可分离的部分。

各民族都有使用和发展自己的语言文字的自由，都有保持或者改革自己的风俗习惯的自由。

第五条 【法治原则】中华人民共和国实行依法治国，建设社会主义法治国家。

国家维护社会主义法制的统一和尊严。

一切法律、行政法规和地方性法规都不得同宪法相抵触。

一切国家机关和武装力量、各政党和各社会团体、各企业事业组织都必须遵守宪法和法律。一切违反宪法和法律的行为，必须予以追究。

任何组织或者个人都不得有超越宪法和法律的特权。

第六条 【经济制度与分配制度】中华人民共和国的社会主义经济制度的基础是生产资料的社会主义公有制，即全民所有制和劳动群众集体所有制。社会主义公有制消灭人剥削人的制度，实行各尽所能、按劳分配的原则。

国家在社会主义初级阶段，坚持公有制为主体、多种所有制经济共同发展的基本经济制度，坚持按劳分配为主体、多种分配方式并存的分配制度。

第七条 【国有经济】国有经济，即社会主义全民所有制经济，是国民经济中的主导力量。国家保障国有经济的巩固和发展。

第八条 【集体经济】农村集体经济组织实行家庭承包经营为基础、统分结合的双层经营体制。农村中的生产、供销、信用、消费等各种形式的合作经济，是社会主义劳动群众集体所有制经济。参加农村集体经济组织的劳动者，有权在法律规定的范围内经营自留地、自留山、家庭副业和饲养自留畜。

城镇中的手工业、工业、建筑业、运输业、商业、服务业等行业的各种形式的合作经济，都是社会主义劳动群众集体所有制经济。

国家保护城乡集体经济组织的合法的权利和利益，鼓励、指导和帮助集体经济的发展。

第九条 【自然资源】矿藏、水流、森林、山岭、草原、荒地、滩涂等自然资源,都属于国家所有,即全民所有;由法律规定属于集体所有的森林和山岭、草原、荒地、滩涂除外。

国家保障自然资源的合理利用,保护珍贵的动物和植物。禁止任何组织或者个人用任何手段侵占或者破坏自然资源。

第十条 【土地制度】城市的土地属于国家所有。

农村和城市郊区的土地,除由法律规定属于国家所有的以外,属于集体所有;宅基地和自留地、自留山,也属于集体所有。

国家为了公共利益的需要,可以依照法律规定对土地实行征收或者征用并给予补偿。

任何组织或者个人不得侵占、买卖或者以其他形式非法转让土地。土地的使用权可以依照法律的规定转让。

一切使用土地的组织和个人必须合理地利用土地。

第十一条 【非公有制经济】在法律规定范围内的个体经济、私营经济等非公有制经济,是社会主义市场经济的重要组成部分。

国家保护个体经济、私营经济等非公有制经济的合法的权利和利益。国家鼓励、支持和引导非公有制经济的发展,并对非公有制经济依法实行监督和管理。

第十二条 【公共财产不可侵犯】社会主义的公共财产神圣不可侵犯。

国家保护社会主义的公共财产。禁止任何组织或者个人用任何手段侵占或者破坏国家的和集体的财产。

第十三条 【保护私有财产】公民的合法的私有财产不受侵犯。

国家依照法律规定保护公民的私有财产权和继承权。

国家为了公共利益的需要,可以依照法律规定对公民的私有财产实行征收或者征用并给予补偿。

第十四条 【发展生产与社会保障】国家通过提高劳动者的积极性和技术水平,推广先进的科学技术,完善经济管理体制和企业经营管理制度,实行各种形式的社会主义责任制,改进劳动组织,以不断提高劳动生产率和经济效益,发展社会生产力。

国家厉行节约,反对浪费。

国家合理安排积累和消费，兼顾国家、集体和个人的利益，在发展生产的基础上，逐步改善人民的物质生活和文化生活。

国家建立健全同经济发展水平相适应的社会保障制度。

第十五条 【市场经济】国家实行社会主义市场经济。

国家加强经济立法，完善宏观调控。

国家依法禁止任何组织或者个人扰乱社会经济秩序。

第十六条 【国有企业】国有企业在法律规定的范围内有权自主经营。

国有企业依照法律规定，通过职工代表大会和其他形式，实行民主管理。

第十七条 【集体经济组织】集体经济组织在遵守有关法律的前提下，有独立进行经济活动的自主权。

集体经济组织实行民主管理，依照法律规定选举和罢免管理人员，决定经营管理的重大问题。

第十八条 【外资经济】中华人民共和国允许外国的企业和其他经济组织或者个人依照中华人民共和国法律的规定在中国投资，同中国的企业或者其他经济组织进行各种形式的经济合作。

在中国境内的外国企业和其他外国经济组织以及中外合资经营的企业，都必须遵守中华人民共和国的法律。它们的合法的权利和利益受中华人民共和国法律的保护。

第十九条 【教育事业】国家发展社会主义的教育事业，提高全国人民的科学文化水平。

国家举办各种学校，普及初等义务教育，发展中等教育、职业教育和高等教育，并且发展学前教育。

国家发展各种教育设施，扫除文盲，对工人、农民、国家工作人员和其他劳动者进行政治、文化、科学、技术、业务的教育，鼓励自学成才。

国家鼓励集体经济组织、国家企业事业组织和其他社会力量依照法律规定举办各种教育事业。

国家推广全国通用的普通话。

第二十条 【科技事业】国家发展自然科学和社会科学事业,普及科学和技术知识,奖励科学研究成果和技术发明创造。

第二十一条 【医疗、卫生与体育事业】国家发展医疗卫生事业,发展现代医药和我国传统医药,鼓励和支持农村集体经济组织、国家企业事业组织和街道组织举办各种医疗卫生设施,开展群众性的卫生活动,保护人民健康。

国家发展体育事业,开展群众性的体育活动,增强人民体质。

第二十二条 【文化事业】国家发展为人民服务、为社会主义服务的文学艺术事业、新闻广播电视事业、出版发行事业、图书馆博物馆文化馆和其他文化事业,开展群众性的文化活动。

国家保护名胜古迹、珍贵文物和其他重要历史文化遗产。

第二十三条 【人才培养】国家培养为社会主义服务的各种专业人才,扩大知识分子的队伍,创造条件,充分发挥他们在社会主义现代化建设中的作用。

第二十四条 【精神文明建设】国家通过普及理想教育、道德教育、文化教育、纪律和法制教育,通过在城乡不同范围的群众中制定和执行各种守则、公约,加强社会主义精神文明的建设。

国家倡导社会主义核心价值观,提倡爱祖国、爱人民、爱劳动、爱科学、爱社会主义的公德,在人民中进行爱国主义、集体主义和国际主义、共产主义的教育,进行辩证唯物主义和历史唯物主义的教育,反对资本主义的、封建主义的和其他的腐朽思想。

第二十五条 【计划生育】国家推行计划生育,使人口的增长同经济和社会发展计划相适应。

第二十六条 【环境保护】国家保护和改善生活环境和生态环境,防治污染和其他公害。

国家组织和鼓励植树造林,保护林木。

第二十七条 【国家机关工作原则】一切国家机关实行精简的原则,实行工作责任制,实行工作人员的培训和考核制度,不断提高工作质量和工作效率,反对官僚主义。

一切国家机关和国家工作人员必须依靠人民的支持,经常保持同人民的密切联系,倾听人民的意见和建议,接受人民的监督,努力为人民服务。

国家工作人员就职时应当依照法律规定公开进行宪法宣誓。

第二十八条 【维护社会秩序】国家维护社会秩序,镇压叛国和其他危害国家安全的犯罪活动,制裁危害社会治安、破坏社会主义经济和其他犯罪的活动,惩办和改造犯罪分子。

第二十九条 【武装力量】中华人民共和国的武装力量属于人民。它的任务是巩固国防,抵抗侵略,保卫祖国,保卫人民的和平劳动,参加国家建设事业,努力为人民服务。

国家加强武装力量的革命化、现代化、正规化的建设,增强国防力量。

第三十条 【行政区划】中华人民共和国的行政区域划分如下:

(一)全国分为省、自治区、直辖市;

(二)省、自治区分为自治州、县、自治县、市;

(三)县、自治县分为乡、民族乡、镇。

直辖市和较大的市分为区、县。自治州分为县、自治县、市。

自治区、自治州、自治县都是民族自治地方。

第三十一条 【特别行政区】国家在必要时得设立特别行政区。在特别行政区内实行的制度按照具体情况由全国人民代表大会以法律规定。

第三十二条 【对外国人的保护】中华人民共和国保护在中国境内的外国人的合法权利和利益,在中国境内的外国人必须遵守中华人民共和国的法律。

中华人民共和国对于因为政治原因要求避难的外国人,可以给予受庇护的权利。

第二章 公民的基本权利和义务

第三十三条 【公民权】凡具有中华人民共和国国籍的人都是中华人民共和国公民。

中华人民共和国公民在法律面前一律平等。

国家尊重和保障人权。

任何公民享有宪法和法律规定的权利，同时必须履行宪法和法律规定的义务。

第三十四条 【选举权和被选举权】中华人民共和国年满十八周岁的公民，不分民族、种族、性别、职业、家庭出身、宗教信仰、教育程度、财产状况、居住期限，都有选举权和被选举权；但是依照法律被剥夺政治权利的人除外。

第三十五条 【基本政治自由】中华人民共和国公民有言论、出版、集会、结社、游行、示威的自由。

第三十六条 【信仰自由】中华人民共和国公民有宗教信仰自由。

任何国家机关、社会团体和个人不得强制公民信仰宗教或者不信仰宗教，不得歧视信仰宗教的公民和不信仰宗教的公民。

国家保护正常的宗教活动。任何人不得利用宗教进行破坏社会秩序、损害公民身体健康、妨碍国家教育制度的活动。

宗教团体和宗教事务不受外国势力的支配。

第三十七条 【人身自由】中华人民共和国公民的人身自由不受侵犯。

任何公民，非经人民检察院批准或者决定或者人民法院决定，并由公安机关执行，不受逮捕。

禁止非法拘禁和以其他方法非法剥夺或者限制公民的人身自由，禁止非法搜查公民的身体。

第三十八条 【人格尊严及保护】中华人民共和国公民的人格尊严不受侵犯。禁止用任何方法对公民进行侮辱、诽谤和诬告陷害。

第三十九条 【住宅权】中华人民共和国公民的住宅不受侵犯。禁止非法搜查或者非法侵入公民的住宅。

第四十条 【通信自由和秘密权】中华人民共和国公民的通信自由和通信秘密受法律的保护。除因国家安全或者追查刑事犯罪的需要，由公安机关或者检察机关依照法律规定的程序对通信进行检查外，任何组织或者个人不得以任何理由侵犯公民的通信自由和通信秘密。

第四十一条　【公民的监督权和取得赔偿权】中华人民共和国公民对于任何国家机关和国家工作人员，有提出批评和建议的权利；对于任何国家机关和国家工作人员的违法失职行为，有向有关国家机关提出申诉、控告或者检举的权利，但是不得捏造或者歪曲事实进行诬告陷害。

对于公民的申诉、控告或者检举，有关国家机关必须查清事实，负责处理。任何人不得压制和打击报复。

由于国家机关和国家工作人员侵犯公民权利而受到损失的人，有依照法律规定取得赔偿的权利。

第四十二条　【劳动权利和义务】中华人民共和国公民有劳动的权利和义务。

国家通过各种途径，创造劳动就业条件，加强劳动保护，改善劳动条件，并在发展生产的基础上，提高劳动报酬和福利待遇。

劳动是一切有劳动能力的公民的光荣职责。国有企业和城乡集体经济组织的劳动者都应当以国家主人翁的态度对待自己的劳动。国家提倡社会主义劳动竞赛，奖励劳动模范和先进工作者。国家提倡公民从事义务劳动。

国家对就业前的公民进行必要的劳动就业训练。

第四十三条　【劳动者的休息权】中华人民共和国劳动者有休息的权利。

国家发展劳动者休息和休养的设施，规定职工的工作时间和休假制度。

第四十四条　【退休制度】国家依照法律规定实行企业事业组织的职工和国家机关工作人员的退休制度。退休人员的生活受到国家和社会的保障。

第四十五条　【获得救济的权利】中华人民共和国公民在年老、疾病或者丧失劳动能力的情况下，有从国家和社会获得物质帮助的权利。国家发展为公民享受这些权利所需要的社会保险、社会救济和医疗卫生事业。

国家和社会保障残废军人的生活，抚恤烈士家属，优待军人家属。

国家和社会帮助安排盲、聋、哑和其他有残疾的公民的劳动、生活和教育。

第四十六条 【受教育的权利和义务】中华人民共和国公民有受教育的权利和义务。

国家培养青年、少年、儿童在品德、智力、体质等方面全面发展。

第四十七条 【文化活动自由】中华人民共和国公民有进行科学研究、文学艺术创作和其他文化活动的自由。国家对于从事教育、科学、技术、文学、艺术和其他文化事业的公民的有益于人民的创造性工作，给以鼓励和帮助。

第四十八条 【男女平等】中华人民共和国妇女在政治的、经济的、文化的、社会的和家庭的生活等各方面享有同男子平等的权利。

国家保护妇女的权利和利益，实行男女同工同酬，培养和选拔妇女干部。

第四十九条 【婚姻家庭制度】婚姻、家庭、母亲和儿童受国家的保护。

夫妻双方有实行计划生育的义务。

父母有抚养教育未成年子女的义务，成年子女有赡养扶助父母的义务。

禁止破坏婚姻自由，禁止虐待老人、妇女和儿童。

第五十条 【华侨、归侨的权益保障】中华人民共和国保护华侨的正当的权利和利益，保护归侨和侨眷的合法的权利和利益。

第五十一条 【公民自由和权利的限度】中华人民共和国公民在行使自由和权利的时候，不得损害国家的、社会的、集体的利益和其他公民的合法的自由和权利。

第五十二条 【维护国家统一和民族团结的义务】中华人民共

和国公民有维护国家统一和全国各民族团结的义务。

第五十三条 【遵纪守法的义务】中华人民共和国公民必须遵守宪法和法律，保守国家秘密，爱护公共财产，遵守劳动纪律，遵守公共秩序，尊重社会公德。

第五十四条 【维护祖国的安全、荣誉和利益的义务】中华人民共和国公民有维护祖国的安全、荣誉和利益的义务，不得有危害祖国的安全、荣誉和利益的行为。

第五十五条 【保卫国家和服兵役的义务】保卫祖国、抵抗侵略是中华人民共和国每一个公民的神圣职责。

依照法律服兵役和参加民兵组织是中华人民共和国公民的光荣义务。

第五十六条 【纳税的义务】中华人民共和国公民有依照法律纳税的义务。

第三章 国家机构

第一节 全国人民代表大会

第五十七条 【全国人大的性质及常设机关】中华人民共和国全国人民代表大会是最高国家权力机关。它的常设机关是全国人民代表大会常务委员会。

第五十八条 【国家立法权的行使主体】全国人民代表大会和全国人民代表大会常务委员会行使国家立法权。

第五十九条 【全国人大的组成及选举】全国人民代表大会由省、自治区、直辖市、特别行政区和军队选出的代表组成。各少数民族都应当有适当名额的代表。

全国人民代表大会代表的选举由全国人民代表大会常务委员会主持。

全国人民代表大会代表名额和代表产生办法由法律规定。

第六十条 【全国人大的任期】全国人民代表大会每届任期五年。

全国人民代表大会任期届满的两个月以前,全国人民代表大会常务委员会必须完成下届全国人民代表大会代表的选举。如果遇到不能进行选举的非常情况,由全国人民代表大会常务委员会以全体组成人员的三分之二以上的多数通过,可以推迟选举,延长本届全国人民代表大会的任期。在非常情况结束后一年内,必须完成下届全国人民代表大会代表的选举。

第六十一条 【全国人大的会议制度】全国人民代表大会会议每年举行一次,由全国人民代表大会常务委员会召集。如果全国人民代表大会常务委员会认为必要,或者有五分之一以上的全国人民代表大会代表提议,可以临时召集全国人民代表大会会议。

全国人民代表大会举行会议的时候,选举主席团主持会议。

第六十二条 【全国人大的职权】全国人民代表大会行使下列职权:

(一)修改宪法;

(二)监督宪法的实施;

(三)制定和修改刑事、民事、国家机构的和其他的基本法律;

(四)选举中华人民共和国主席、副主席;

(五)根据中华人民共和国主席的提名,决定国务院总理的人选;根据国务院总理的提名,决定国务院副总理、国务委员、各部部长、各委员会主任、审计长、秘书长的人选;

(六)选举中央军事委员会主席;根据中央军事委员会主席的提名,决定中央军事委员会其他组成人员的人选;

(七)选举国家监察委员会主任;

(八)选举最高人民法院院长;

(九)选举最高人民检察院检察长;

(十)审查和批准国民经济和社会发展计划和计划执行情况的报告;

(十一)审查和批准国家的预算和预算执行情况的报告;

(十二)改变或者撤销全国人民代表大会常务委员会不适当的决定;

（十三）批准省、自治区和直辖市的建置；

（十四）决定特别行政区的设立及其制度；

（十五）决定战争和和平的问题；

（十六）应当由最高国家权力机关行使的其他职权。

第六十三条　【全国人大的罢免权】全国人民代表大会有权罢免下列人员：

（一）中华人民共和国主席、副主席；

（二）国务院总理、副总理、国务委员、各部部长、各委员会主任、审计长、秘书长；

（三）中央军事委员会主席和中央军事委员会其他组成人员；

（四）国家监察委员会主任；

（五）最高人民法院院长；

（六）最高人民检察院检察长。

第六十四条　【宪法的修改及法律案的通过】宪法的修改，由全国人民代表大会常务委员会或者五分之一以上的全国人民代表大会代表提议，并由全国人民代表大会以全体代表的三分之二以上的多数通过。

法律和其他议案由全国人民代表大会以全体代表的过半数通过。

第六十五条　【全国人大常委会的组成及选举】全国人民代表大会常务委员会由下列人员组成：

委员长，

副委员长若干人，

秘书长，

委员若干人。

全国人民代表大会常务委员会组成人员中，应当有适当名额的少数民族代表。

全国人民代表大会选举并有权罢免全国人民代表大会常务委员会的组成人员。

全国人民代表大会常务委员会的组成人员不得担任国家行政机关、监察机关、审判机关和检察机关的职务。

第六十六条 【全国人大常委会的任期】全国人民代表大会常务委员会每届任期同全国人民代表大会每届任期相同,它行使职权到下届全国人民代表大会选出新的常务委员会为止。

委员长、副委员长连续任职不得超过两届。

第六十七条 【全国人大常委会的职权】全国人民代表大会常务委员会行使下列职权:

(一)解释宪法,监督宪法的实施;

(二)制定和修改除应当由全国人民代表大会制定的法律以外的其他法律;

(三)在全国人民代表大会闭会期间,对全国人民代表大会制定的法律进行部分补充和修改,但是不得同该法律的基本原则相抵触;

(四)解释法律;

(五)在全国人民代表大会闭会期间,审查和批准国民经济和社会发展计划、国家预算在执行过程中所必须作的部分调整方案;

(六)监督国务院、中央军事委员会、国家监察委员会、最高人民法院和最高人民检察院的工作;

(七)撤销国务院制定的同宪法、法律相抵触的行政法规、决定和命令;

(八)撤销省、自治区、直辖市国家权力机关制定的同宪法、法律和行政法规相抵触的地方性法规和决议;

(九)在全国人民代表大会闭会期间,根据国务院总理的提名,决定部长、委员会主任、审计长、秘书长的人选;

(十)在全国人民代表大会闭会期间,根据中央军事委员会主席的提名,决定中央军事委员会其他组成人员的人选;

(十一)根据国家监察委员会主任的提请,任免国家监察委员会副主任、委员;

(十二)根据最高人民法院院长的提请,任免最高人民法院副院长、审判员、审判委员会委员和军事法院院长;

(十三)根据最高人民检察院检察长的提请,任免最高人民检察院副检察长、检察员、检察委员会委员和军事检察院检察长,并且批准省、自治区、直辖市的人民检察院检察长的任免；

（十四）决定驻外全权代表的任免；

（十五）决定同外国缔结的条约和重要协定的批准和废除；

（十六）规定军人和外交人员的衔级制度和其他专门衔级制度；

（十七）规定和决定授予国家的勋章和荣誉称号；

（十八）决定特赦；

（十九）在全国人民代表大会闭会期间，如果遇到国家遭受武装侵犯或者必须履行国际间共同防止侵略的条约的情况，决定战争状态的宣布；

（二十）决定全国总动员或者局部动员；

（二十一）决定全国或者个别省、自治区、直辖市进入紧急状态；

（二十二）全国人民代表大会授予的其他职权。

第六十八条　【全国人大常委会的工作分工】 全国人民代表大会常务委员会委员长主持全国人民代表大会常务委员会的工作，召集全国人民代表大会常务委员会会议。副委员长、秘书长协助委员长工作。

委员长、副委员长、秘书长组成委员长会议，处理全国人民代表大会常务委员会的重要日常工作。

第六十九条　【全国人大与其常委会的关系】 全国人民代表大会常务委员会对全国人民代表大会负责并报告工作。

第七十条　【全国人大的专门委员会及其职责】 全国人民代表大会设立民族委员会、宪法和法律委员会、财政经济委员会、教育科学文化卫生委员会、外事委员会、华侨委员会和其他需要设立的专门委员会。在全国人民代表大会闭会期间，各专门委员会受全国人民代表大会常务委员会的领导。

各专门委员会在全国人民代表大会和全国人民代表大会常务委员会领导下，研究、审议和拟订有关议案。

第七十一条　【特定问题的调查委员会】 全国人民代表大会和全国人民代表大会常务委员会认为必要的时候，可以组织关于特定问题的调查委员会,并且根据调查委员会的报告,作出相应的决议。

调查委员会进行调查的时候,一切有关的国家机关、社会团体和公民都有义务向它提供必要的材料。

第七十二条 【提案权】全国人民代表大会代表和全国人民代表大会常务委员会组成人员,有权依照法律规定的程序分别提出属于全国人民代表大会和全国人民代表大会常务委员会职权范围内的议案。

第七十三条 【质询权】全国人民代表大会代表在全国人民代表大会开会期间,全国人民代表大会常务委员会组成人员在常务委员会开会期间,有权依照法律规定的程序提出对国务院或者国务院各部、各委员会的质询案。受质询的机关必须负责答复。

第七十四条 【司法豁免权】全国人民代表大会代表,非经全国人民代表大会会议主席团许可,在全国人民代表大会闭会期间非经全国人民代表大会常务委员会许可,不受逮捕或者刑事审判。

第七十五条 【言论、表决豁免权】全国人民代表大会代表在全国人民代表大会各种会议上的发言和表决,不受法律追究。

第七十六条 【全国人大代表的义务】全国人民代表大会代表必须模范地遵守宪法和法律,保守国家秘密,并且在自己参加的生产、工作和社会活动中,协助宪法和法律的实施。

全国人民代表大会代表应当同原选举单位和人民保持密切的联系,听取和反映人民的意见和要求,努力为人民服务。

第七十七条 【对全国人大代表的监督和罢免】全国人民代表大会代表受原选举单位的监督。原选举单位有权依照法律规定的程序罢免本单位选出的代表。

第七十八条 【全国人大及其常委会的组织和工作程序】全国人民代表大会和全国人民代表大会常务委员会的组织和工作程序由法律规定。

第二节 中华人民共和国主席

第七十九条 【主席、副主席的选举及任职】中华人民共和国主席、副主席由全国人民代表大会选举。

有选举权和被选举权的年满四十五周岁的中华人民共和国公民可以被选为中华人民共和国主席、副主席。

中华人民共和国主席、副主席每届任期同全国人民代表大会每届任期相同。

第八十条 【主席的职权】中华人民共和国主席根据全国人民代表大会的决定和全国人民代表大会常务委员会的决定，公布法律，任免国务院总理、副总理、国务委员、各部部长、各委员会主任、审计长、秘书长，授予国家的勋章和荣誉称号，发布特赦令，宣布进入紧急状态，宣布战争状态，发布动员令。

第八十一条 【主席的外交职权】中华人民共和国主席代表中华人民共和国，进行国事活动，接受外国使节；根据全国人民代表大会常务委员会的决定，派遣和召回驻外全权代表，批准和废除同外国缔结的条约和重要协定。

第八十二条 【副主席的职权】中华人民共和国副主席协助主席工作。

中华人民共和国副主席受主席的委托，可以代行主席的部分职权。

第八十三条 【主席、副主席的行使职权期止】中华人民共和国主席、副主席行使职权到下届全国人民代表大会选出的主席、副主席就职为止。

第八十四条 【主席、副主席的缺位处理】中华人民共和国主席缺位的时候，由副主席继任主席的职位。

中华人民共和国副主席缺位的时候，由全国人民代表大会补选。

中华人民共和国主席、副主席都缺位的时候，由全国人民代表大会补选；在补选以前，由全国人民代表大会常务委员会委员长暂时代理主席职位。

第三节 国　务　院

第八十五条 【国务院的性质、地位】中华人民共和国国务院，即中央人民政府，是最高国家权力机关的执行机关，是最高国家行政机关。

第八十六条　【国务院的组织】 国务院由下列人员组成：

总理，

副总理若干人，

国务委员若干人，

各部部长，

各委员会主任，

审计长，

秘书长。

国务院实行总理负责制。各部、各委员会实行部长、主任负责制。

国务院的组织由法律规定。

第八十七条　【国务院的任期】 国务院每届任期同全国人民代表大会每届任期相同。

总理、副总理、国务委员连续任职不得超过两届。

第八十八条　【国务院的工作分工】 总理领导国务院的工作。副总理、国务委员协助总理工作。

总理、副总理、国务委员、秘书长组成国务院常务会议。

总理召集和主持国务院常务会议和国务院全体会议。

第八十九条　【国务院的职权】 国务院行使下列职权：

（一）根据宪法和法律，规定行政措施，制定行政法规，发布决定和命令；

（二）向全国人民代表大会或者全国人民代表大会常务委员会提出议案；

（三）规定各部和各委员会的任务和职责，统一领导各部和各委员会的工作，并且领导不属于各部和各委员会的全国性的行政工作；

（四）统一领导全国地方各级国家行政机关的工作，规定中央和省、自治区、直辖市的国家行政机关的职权的具体划分；

（五）编制和执行国民经济和社会发展计划和国家预算；

（六）领导和管理经济工作和城乡建设、生态文明建设；

（七）领导和管理教育、科学、文化、卫生、体育和计划生育工作；

（八）领导和管理民政、公安、司法行政等工作；

（九）管理对外事务，同外国缔结条约和协定；

（十）领导和管理国防建设事业；

（十一）领导和管理民族事务，保障少数民族的平等权利和民族自治地方的自治权利；

（十二）保护华侨的正当的权利和利益，保护归侨和侨眷的合法的权利和利益；

（十三）改变或者撤销各部、各委员会发布的不适当的命令、指示和规章；

（十四）改变或者撤销地方各级国家行政机关的不适当的决定和命令；

（十五）批准省、自治区、直辖市的区域划分，批准自治州、县、自治县、市的建置和区域划分；

（十六）依照法律规定决定省、自治区、直辖市的范围内部分地区进入紧急状态；

（十七）审定行政机构的编制，依照法律规定任免、培训、考核和奖惩行政人员；

（十八）全国人民代表大会和全国人民代表大会常务委员会授予的其他职权。

第九十条　【各部、委首长负责制】国务院各部部长、各委员会主任负责本部门的工作；召集和主持部务会议或者委员会会议、委务会议，讨论决定本部门工作的重大问题。

各部、各委员会根据法律和国务院的行政法规、决定、命令，在本部门的权限内，发布命令、指示和规章。

第九十一条　【审计机关及其职权】国务院设立审计机关，对国务院各部门和地方各级政府的财政收支，对国家的财政金融机构和企业事业组织的财务收支，进行审计监督。

审计机关在国务院总理领导下，依照法律规定独立行使审计监督权，不受其他行政机关、社会团体和个人的干涉。

第九十二条　【国务院与全国人大及其常委会的关系】国务院对全国人民代表大会负责并报告工作；在全国人民代表大会闭会期间，对全国人民代表大会常务委员会负责并报告工作。

第四节　中央军事委员会

第九十三条　【中央军委的组成、职责与任期】中华人民共和国中央军事委员会领导全国武装力量。

中央军事委员会由下列人员组成：

主席，

副主席若干人，

委员若干人。

中央军事委员会实行主席负责制。

中央军事委员会每届任期同全国人民代表大会每届任期相同。

第九十四条　【中央军委主席向全国人大及其常委会负责】中央军事委员会主席对全国人民代表大会和全国人民代表大会常务委员会负责。

第五节　地方各级人民代表大会和地方各级人民政府

第九十五条　【地方人大及政府的设置和组织】省、直辖市、县、市、市辖区、乡、民族乡、镇设立人民代表大会和人民政府。

地方各级人民代表大会和地方各级人民政府的组织由法律规定。

自治区、自治州、自治县设立自治机关。自治机关的组织和工作根据宪法第三章第五节、第六节规定的基本原则由法律规定。

第九十六条　【地方人大的性质及常委会的设置】地方各级人民代表大会是地方国家权力机关。

县级以上的地方各级人民代表大会设立常务委员会。

第九十七条　【地方人大代表的选举】省、直辖市、设区的市的人民代表大会代表由下一级的人民代表大会选举；县、不设区的市、市辖区、乡、民族乡、镇的人民代表大会代表由选民直接选举。

地方各级人民代表大会代表名额和代表产生办法由法律规定。

第九十八条 【地方人大的任期】地方各级人民代表大会每届任期五年。

第九十九条 【地方人大的职权】地方各级人民代表大会在本行政区域内，保证宪法、法律、行政法规的遵守和执行；依照法律规定的权限，通过和发布决议，审查和决定地方的经济建设、文化建设和公共事业建设的计划。

县级以上的地方各级人民代表大会审查和批准本行政区域内的国民经济和社会发展计划、预算以及它们的执行情况的报告；有权改变或者撤销本级人民代表大会常务委员会不适当的决定。

民族乡的人民代表大会可以依照法律规定的权限采取适合民族特点的具体措施。

第一百条 【地方性法规的制定】省、直辖市的人民代表大会和它们的常务委员会，在不同宪法、法律、行政法规相抵触的前提下，可以制定地方性法规，报全国人民代表大会常务委员会备案。

设区的市的人民代表大会和它们的常务委员会，在不同宪法、法律、行政法规和本省、自治区的地方性法规相抵触的前提下，可以依照法律规定制定地方性法规，报本省、自治区人民代表大会常务委员会批准后施行。

第一百零一条 【地方人大的选举权】地方各级人民代表大会分别选举并且有权罢免本级人民政府的省长和副省长、市长和副市长、县长和副县长、区长和副区长、乡长和副乡长、镇长和副镇长。

县级以上的地方各级人民代表大会选举并且有权罢免本级监察委员会主任、本级人民法院院长和本级人民检察院检察长。选出或者罢免人民检察院检察长，须报上级人民检察院检察长提请该级人民代表大会常务委员会批准。

第一百零二条 【对地方人大代表的监督和罢免】省、直辖市、设区的市的人民代表大会代表受原选举单位的监督；县、不设区的市、市辖区、乡、民族乡、镇的人民代表大会代表受选民的监督。

地方各级人民代表大会代表的选举单位和选民有权依照法律规定的程序罢免由他们选出的代表。

第一百零三条 【地方人大常委会的组成、地位及产生】县级以上的地方各级人民代表大会常务委员会由主任、副主任若干人和委员若干人组成，对本级人民代表大会负责并报告工作。

县级以上的地方各级人民代表大会选举并有权罢免本级人民代表大会常务委员会的组成人员。

县级以上的地方各级人民代表大会常务委员会的组成人员不得担任国家行政机关、监察机关、审判机关和检察机关的职务。

第一百零四条 【地方人大常委会的职权】县级以上的地方各级人民代表大会常务委员会讨论、决定本行政区域内各方面工作的重大事项；监督本级人民政府、监察委员会、人民法院和人民检察院的工作；撤销本级人民政府的不适当的决定和命令；撤销下一级人民代表大会的不适当的决议；依照法律规定的权限决定国家机关工作人员的任免；在本级人民代表大会闭会期间，罢免和补选上一级人民代表大会的个别代表。

第一百零五条 【地方政府的性质、地位及行政首长负责制】地方各级人民政府是地方各级国家权力机关的执行机关，是地方各级国家行政机关。

地方各级人民政府实行省长、市长、县长、区长、乡长、镇长负责制。

第一百零六条 【地方政府的任期】地方各级人民政府每届任期同本级人民代表大会每届任期相同。

第一百零七条 【地方政府的职权】县级以上地方各级人民政府依照法律规定的权限，管理本行政区域内的经济、教育、科学、文化、卫生、体育事业、城乡建设事业和财政、民政、公安、民族事务、司法行政、计划生育等行政工作，发布决定和命令，任免、培训、考核和奖惩行政工作人员。

乡、民族乡、镇的人民政府执行本级人民代表大会的决议和上级国家行政机关的决定和命令，管理本行政区域内的行政工作。

省、直辖市的人民政府决定乡、民族乡、镇的建置和区域划分。

第一百零八条 【地方政府内部及各级政府之间的关系】县级以上的地方各级人民政府领导所属各工作部门和下级人民政府的工作，有权改变或者撤销所属各工作部门和下级人民政府的不适当的决定。

第一百零九条 【地方政府审计机关的地位和职权】县级以上的地方各级人民政府设立审计机关。地方各级审计机关依照法律规定独立行使审计监督权，对本级人民政府和上一级审计机关负责。

第一百一十条 【地方政府与同级人大、上级政府的关系】地方各级人民政府对本级人民代表大会负责并报告工作。县级以上的地方各级人民政府在本级人民代表大会闭会期间，对本级人民代表大会常务委员会负责并报告工作。

地方各级人民政府对上一级国家行政机关负责并报告工作。全国地方各级人民政府都是国务院统一领导下的国家行政机关，都服从国务院。

第一百一十一条 【居民委员会和村民委员会】城市和农村按居民居住地区设立的居民委员会或者村民委员会是基层群众性自治组织。居民委员会、村民委员会的主任、副主任和委员由居民选举。居民委员会、村民委员会同基层政权的相互关系由法律规定。

居民委员会、村民委员会设人民调解、治安保卫、公共卫生等委员会，办理本居住地区的公共事务和公益事业，调解民间纠纷，协助维护社会治安，并且向人民政府反映群众的意见、要求和提出建议。

第六节 民族自治地方的自治机关

第一百一十二条 【民族自治机关】民族自治地方的自治机关是自治区、自治州、自治县的人民代表大会和人民政府。

第一百一十三条 【自治地方的人大及其常委会的组成】自治区、自治州、自治县的人民代表大会中，除实行区域自治的民族的代表外，其他居住在本行政区域内的民族也应当有适当名额的代表。

自治区、自治州、自治县的人民代表大会常务委员会中应当有实行区域自治的民族的公民担任主任或者副主任。

第一百一十四条 【自治地方政府首长的人选】自治区主席、自治州州长、自治县县长由实行区域自治的民族的公民担任。

第一百一十五条 【民族自治地方的自治权】自治区、自治州、自治县的自治机关行使宪法第三章第五节规定的地方国家机关的职权，同时依照宪法、民族区域自治法和其他法律规定的权限行使自治权，根据本地方实际情况贯彻执行国家的法律、政策。

第一百一十六条 【自治条例和单行条例】民族自治地方的人民代表大会有权依照当地民族的政治、经济和文化的特点，制定自治条例和单行条例。自治区的自治条例和单行条例，报全国人民代表大会常务委员会批准后生效。自治州、自治县的自治条例和单行条例，报省或者自治区的人民代表大会常务委员会批准后生效，并报全国人民代表大会常务委员会备案。

第一百一十七条 【财政自治权】民族自治地方的自治机关有管理地方财政的自治权。凡是依照国家财政体制属于民族自治地方的财政收入，都应当由民族自治地方的自治机关自主地安排使用。

第一百一十八条 【地方性经济的自主权】民族自治地方的自治机关在国家计划的指导下，自主地安排和管理地方性的经济建设事业。

国家在民族自治地方开发资源、建设企业的时候，应当照顾民族自治地方的利益。

第一百一十九条 【地方文化事业的自主权】民族自治地方的自治机关自主地管理本地方的教育、科学、文化、卫生、体育事业，保护和整理民族的文化遗产，发展和繁荣民族文化。

第一百二十条 【民族自治地方的公安部队】民族自治地方的自治机关依照国家的军事制度和当地的实际需要，经国务院批准，可以组织本地方维护社会治安的公安部队。

第一百二十一条 【自治机关的公务语言】民族自治地方的自治机关在执行职务的时候，依照本民族自治地方自治条例的规定，使用当地通用的一种或者几种语言文字。

第一百二十二条 【国家对民族自治地方的帮助、扶持】国家从财政、物资、技术等方面帮助各少数民族加速发展经济建设和文化建设事业。

国家帮助民族自治地方从当地民族中大量培养各级干部、各种专业人才和技术工人。

第七节　监察委员会

第一百二十三条 【监察机关】中华人民共和国各级监察委员会是国家的监察机关。

第一百二十四条 【监察委员会】中华人民共和国设立国家监察委员会和地方各级监察委员会。

监察委员会由下列人员组成：

主任，

副主任若干人，

委员若干人。

监察委员会主任每届任期同本级人民代表大会每届任期相同。国家监察委员会主任连续任职不得超过两届。

监察委员会的组织和职权由法律规定。

第一百二十五条 【各级监察委员会间的关系】中华人民共和国国家监察委员会是最高监察机关。

国家监察委员会领导地方各级监察委员会的工作，上级监察委员会领导下级监察委员会的工作。

第一百二十六条 【对监察委员会的监督】国家监察委员会对全国人民代表大会和全国人民代表大会常务委员会负责。地方各级监察委员会对产生它的国家权力机关和上一级监察委员会负责。

第一百二十七条 【监察权的行使】监察委员会依照法律规定独立行使监察权，不受行政机关、社会团体和个人的干涉。

监察机关办理职务违法和职务犯罪案件，应当与审判机关、检察机关、执法部门互相配合，互相制约。

第八节 人民法院和人民检察院

第一百二十八条 【审判机关】中华人民共和国人民法院是国家的审判机关。

第一百二十九条 【人民法院的级别、组织和任期】中华人民共和国设立最高人民法院、地方各级人民法院和军事法院等专门人民法院。

最高人民法院院长每届任期同全国人民代表大会每届任期相同，连续任职不得超过两届。

人民法院的组织由法律规定。

第一百三十条 【审判公开原则和辩护原则】人民法院审理案件，除法律规定的特别情况外，一律公开进行。被告人有权获得辩护。

第一百三十一条 【依法独立行使审判权】人民法院依照法律规定独立行使审判权，不受行政机关、社会团体和个人的干涉。

第一百三十二条 【各级审判机关间的关系】最高人民法院是最高审判机关。

最高人民法院监督地方各级人民法院和专门人民法院的审判工作，上级人民法院监督下级人民法院的审判工作。

第一百三十三条 【法院与人大的关系】最高人民法院对全国人民代表大会和全国人民代表大会常务委员会负责。地方各级人民法院对产生它的国家权力机关负责。

第一百三十四条 【人民检察院的性质】中华人民共和国人民检察院是国家的法律监督机关。

第一百三十五条 【检察院的级别、组织和任期】中华人民共和国设立最高人民检察院、地方各级人民检察院和军事检察院等专门人民检察院。

最高人民检察院检察长每届任期同全国人民代表大会每届任期相同，连续任职不得超过两届。

人民检察院的组织由法律规定。

第一百三十六条 【依法独立行使检察权】人民检察院依照法律规定独立行使检察权,不受行政机关、社会团体和个人的干涉。

第一百三十七条 【检察机关间的关系】最高人民检察院是最高检察机关。

最高人民检察院领导地方各级人民检察院和专门人民检察院的工作,上级人民检察院领导下级人民检察院的工作。

第一百三十八条 【检察院与人大的关系】最高人民检察院对全国人民代表大会和全国人民代表大会常务委员会负责。地方各级人民检察院对产生它的国家权力机关和上级人民检察院负责。

第一百三十九条 【诉讼语言】各民族公民都有用本民族语言文字进行诉讼的权利。人民法院和人民检察院对于不通晓当地通用的语言文字的诉讼参与人,应当为他们翻译。

在少数民族聚居或者多民族共同居住的地区,应当用当地通用的语言进行审理;起诉书、判决书、布告和其他文书应当根据实际需要使用当地通用的一种或者几种文字。

第一百四十条 【司法机关间的分工与制约原则】人民法院、人民检察院和公安机关办理刑事案件,应当分工负责,互相配合,互相制约,以保证准确有效地执行法律。

第四章 国旗、国歌、国徽、首都

第一百四十一条 【国旗、国歌】中华人民共和国国旗是五星红旗。

中华人民共和国国歌是《义勇军进行曲》。

第一百四十二条 【国徽】中华人民共和国国徽,中间是五星照耀下的天安门,周围是谷穗和齿轮。

第一百四十三条 【首都】中华人民共和国首都是北京。

中华人民共和国国家安全法

(2015年7月1日第十二届全国人民代表大会常务委员会第十五次会议通过 2015年7月1日中华人民共和国主席令第29号公布 自公布之日起施行)

第一章 总　　则

第一条　【立法宗旨】 为了维护国家安全，保卫人民民主专政的政权和中国特色社会主义制度，保护人民的根本利益，保障改革开放和社会主义现代化建设的顺利进行，实现中华民族伟大复兴，根据宪法，制定本法。

注释 本条是关于立法宗旨的规定。

维护国家安全，根本的任务和目的是保卫人民民主专政的政权和中国特色社会主义制度，保护人民的根本利益，保障改革开放和社会主义现代化建设的顺利进行，实现中华民族伟大复兴。

维护国家安全，首要的是维护国家政权和社会制度。

第二条　【国家安全的含义】 国家安全是指国家政权、主权、统一和领土完整、人民福祉、经济社会可持续发展和国家其他重大利益相对处于没有危险和不受内外威胁的状态，以及保障持续安全状态的能力。

注释 本条是关于国家安全含义的规定。

维护国家安全的核心是维护国家核心利益和其他重大利益的安全。2011年9月6日中国政府发布的《中国的和平发展》白皮书对国家的核心利益作了明确阐述，本法对此予以重申，即明确我国的"国家安全"首先是指核心利益的安全，包括国家政权、主权、统一和领土完整、人民福祉、经济社会可持续发展，其次包括国家其他重大利益的安全。

国家安全既包括安全状态也包括维护国家安全的能力。本法第五章专门规定了"国家安全保障",就加强国家安全能力建设提出了具体要求。

第三条　【指导思想】国家安全工作应当坚持总体国家安全观,以人民安全为宗旨,以政治安全为根本,以经济安全为基础,以军事、文化、社会安全为保障,以促进国际安全为依托,维护各领域国家安全,构建国家安全体系,走中国特色国家安全道路。

注释　本条是关于国家安全工作指导思想的规定。

本法以法律形式确立了总体国家安全观在国家安全工作中的指导思想地位,标志着总体国家安全观实现了从战略思想到法律制度的转化。

第四条　【国家安全领导体制】坚持中国共产党对国家安全工作的领导,建立集中统一、高效权威的国家安全领导体制。

注释　本条是关于国家安全领导体制的规定。本条与第五条关于中央国家安全领导机构职责一道,是国家安全工作的重要制度基础,也是本法规定的重点内容。

国家安全是安邦定国的重要基石,必须毫不动摇坚持中国共产党对国家安全工作的绝对领导,这是维护国家安全的必然要求,也是发挥党总揽全局、统筹协调作用的重要体现。

第五条　【中央国家安全领导机构职责】中央国家安全领导机构负责国家安全工作的决策和议事协调,研究制定、指导实施国家安全战略和有关重大方针政策,统筹协调国家安全重大事项和重要工作,推动国家安全法治建设。

注释　本条是关于中央国家安全领导机构职责的规定。

中央国家安全领导机构的主要职责有:研究制定、指导实施国家安全战略和有关重大方针政策;统筹协调国家安全重大事项和重要工作;推动国家安全法治建设。

第六条 【国家安全战略】 国家制定并不断完善国家安全战略,全面评估国际、国内安全形势,明确国家安全战略的指导方针、中长期目标、重点领域的国家安全政策、工作任务和措施。

第七条 【法治原则、尊重和保障人权原则】 维护国家安全,应当遵守宪法和法律,坚持社会主义法治原则,尊重和保障人权,依法保护公民的权利和自由。

> **参见** 《中华人民共和国宪法》第五条、第三十三条

第八条 【统筹兼顾原则】 维护国家安全,应当与经济社会发展相协调。

国家安全工作应当统筹内部安全和外部安全、国土安全和国民安全、传统安全和非传统安全、自身安全和共同安全。

> **注释** 本条是关于统筹兼顾原则的规定,这是贯彻落实总体国家安全观必须遵循的重要原则。

第九条 【标本兼治、专群结合原则】 维护国家安全,应当坚持预防为主、标本兼治,专门工作与群众路线相结合,充分发挥专门机关和其他有关机关维护国家安全的职能作用,广泛动员公民和组织,防范、制止和依法惩治危害国家安全的行为。

> **参见** 《中华人民共和国反间谍法》第二条

第十条 【共同安全原则】 维护国家安全,应当坚持互信、互利、平等、协作,积极同外国政府和国际组织开展安全交流合作,履行国际安全义务,促进共同安全,维护世界和平。

> **参见** 《中华人民共和国国防法》第六十七条、第六十八条、第六十九条、第七十条

第十一条 【维护国家安全的全民义务】 中华人民共和国公民、一切国家机关和武装力量、各政党和各人民团体、企业事业组织和其他社会组织,都有维护国家安全的责任和义务。

中国的主权和领土完整不容侵犯和分割。维护国家主权、统一

和领土完整是包括港澳同胞和台湾同胞在内的全中国人民的共同义务。

注释 本条是关于维护国家安全的全民义务的规定。

《中华人民共和国宪法》第五十四条规定："中华人民共和国公民有维护祖国的安全、荣誉和利益的义务，不得有危害祖国的安全、荣誉和利益的行为。"对公民维护国家安全、荣誉和利益的义务作了规定。国家的安全是维护国家的政权稳定和公民依法行使各项自由和权利的根本保障。维护国家的安全、荣誉和利益是每一个公民的义务。

参见 《中华人民共和国宪法》第五十二条、第五十四条、第五十五条第一款；《反分裂国家法》第二条；《中华人民共和国香港特别行政区基本法》第十八条、第二十三条；《中华人民共和国澳门特别行政区基本法》第十八条、第二十三条；《中华人民共和国反间谍法》第四条

第十二条 【表彰奖励】国家对在维护国家安全工作中作出突出贡献的个人和组织给予表彰和奖励。

注释 本法为国家实施表彰奖励提供了法律依据，同时，考虑到本条只是作出原则性规定，其他法律如已对表彰奖励的程序、形式等作出规定的，按照其他法律规定执行。在维护国家安全工作中需要对公务员、公务员集体进行表彰奖励的，可依据公务员法的有关程序规定来实施。

参见 《中华人民共和国公务员法》第五十一条、第五十三条

第十三条 【法律责任】国家机关工作人员在国家安全工作和涉及国家安全活动中，滥用职权、玩忽职守、徇私舞弊的，依法追究法律责任。

任何个人和组织违反本法和有关法律，不履行维护国家安全义务或者从事危害国家安全活动的，依法追究法律责任。

注释 本条从不同的责任主体角度对法律责任作出了规定，

主要有以下两个方面内容：第一款主要针对国家机关工作人员，第二款适用于所有个人和组织。

1. 关于国家机关工作人员的法律责任

针对的是国家机关工作人员的三种不当行为：滥用职权、玩忽职守和徇私舞弊。需要依法追究的法律责任，根据行为危害性程度、情节轻重等，可区分为行政责任和刑事责任。

2. 关于个人和组织的法律责任

需要追究个人、组织法律责任的行为主要包括两种：一是，违反本法和有关法律，不履行维护国家安全义务的行为。不依法履行维护国家安全义务，是一种消极不作为的行为，即"当为而不为"。这一规定的目的是督促个人、组织依法积极主动履行义务，在维护国家安全工作中发挥作用。二是，违反本法和有关法律，从事危害国家安全活动的行为，即"不当为而为之"。从事危害国家安全活动的行为，是一种积极作为的违法行为，社会危害更大，必须坚决予以打击，追究相关个人、组织的法律责任。

参见 《中华人民共和国公务员法》第九章；《中华人民共和国监察法》；《中华人民共和国公职人员政务处分法》；《中华人民共和国刑法》第三百九十七条。

第十四条 【全民国家安全教育日】每年4月15日为全民国家安全教育日。

第二章　维护国家安全的任务

第十五条 【维护政治安全的任务】国家坚持中国共产党的领导，维护中国特色社会主义制度，发展社会主义民主政治，健全社会主义法治，强化权力运行制约和监督机制，保障人民当家作主的各项权利。

国家防范、制止和依法惩治任何叛国、分裂国家、煽动叛乱、颠覆或者煽动颠覆人民民主专政政权的行为；防范、制止和依法惩治窃取、泄露国家秘密等危害国家安全的行为；防范、制止和依法惩治境外势力的渗透、破坏、颠覆、分裂活动。

注释 本条是关于维护政治安全任务的规定。包括如下内容：(1) 坚持中国共产党的领导；(2) 维护中国特色社会主义制度；(3) 发展社会主义民主政治；(4) 健全社会主义法治；(5) 强化权力运行制约和监督机制；(6) 保障人民当家作主的各项权利；(7) 依法防范、制止和惩治危害政治安全的行为。

参见 《中华人民共和国宪法》；《反分裂国家法》；《中华人民共和国香港特别行政区基本法》第二十三条；《中华人民共和国澳门特别行政区基本法》第二十三条；《中华人民共和国刑法》第一百零二条、第一百零三条、第一百零五条

第十六条 【维护人民安全的任务】 国家维护和发展最广大人民的根本利益，保卫人民安全，创造良好生存发展条件和安定工作生活环境，保障公民的生命财产安全和其他合法权益。

第十七条 【维护国土安全的任务】 国家加强边防、海防和空防建设，采取一切必要的防卫和管控措施，保卫领陆、内水、领海和领空安全，维护国家领土主权和海洋权益。

参见 《中华人民共和国国防法》第十四条、第三十条至第三十二条、第四十七条；《中华人民共和国领海及毗连区法》第二条、第三条、第十四条；《中华人民共和国民用航空法》第二条、第一百七十四条第二款；《中华人民共和国专属经济区和大陆架法》第二条、第三条、第四条、第十二条；《中华人民共和国出境入境管理法》第六条第三款；《中华人民共和国军事设施保护法》第二条；《反分裂国家法》第八条

第十八条 【维护军事安全的任务】 国家加强武装力量革命化、现代化、正规化建设，建设与保卫国家安全和发展利益需要相适应的武装力量；实施积极防御军事战略方针，防备和抵御侵略，制止武装颠覆和分裂；开展国际军事安全合作，实施联合国维和、国际救援、海上护航和维护国家海外利益的军事行动，维护国家主权、安全、领土完整、发展利益和世界和平。

参见 《中华人民共和国宪法》第二十九条第二款;《中华人民共和国国防法》第四条、第二十四条、第二十五条

第十九条　【维护经济安全的任务】 国家维护国家基本经济制度和社会主义市场经济秩序,健全预防和化解经济安全风险的制度机制,保障关系国民经济命脉的重要行业和关键领域、重点产业、重大基础设施和重大建设项目以及其他重大经济利益安全。

参见 《中华人民共和国宪法》第六、第七条、第十五条;《中华人民共和国刑法》分则第三章;《中华人民共和国中国人民银行法》第三十一条、第三十四条;《中华人民共和国银行业监督管理法》第二十七条;《中华人民共和国农业法》第五章;《中华人民共和国对外贸易法》第七条;《中华人民共和国企业国有资产法》第七条

第二十条　【维护金融安全的任务】 国家健全金融宏观审慎管理和金融风险防范、处置机制,加强金融基础设施和基础能力建设,防范和化解系统性、区域性金融风险,防范和抵御外部金融风险的冲击。

参见 《中华人民共和国中国人民银行法》;《中华人民共和国外汇管理条例》;《中华人民共和国国家货币出入境管理办法》

第二十一条　【维护资源能源安全的任务】 国家合理利用和保护资源能源,有效管控战略资源能源的开发,加强战略资源能源储备,完善资源能源运输战略通道建设和安全保护措施,加强国际资源能源合作,全面提升应急保障能力,保障经济社会发展所需的资源能源持续、可靠和有效供给。

参见 《中华人民共和国宪法》第九条;《中华人民共和国煤炭法》;《中华人民共和国可再生能源法》;《中华人民共和国森林法》;《中华人民共和国水法》;《中华人民共和国石油天然气管道保护法》

第二十二条　【维护粮食安全的任务】 国家健全粮食安全保障体系,保护和提高粮食综合生产能力,完善粮食储备制度、流通体

系和市场调控机制,健全粮食安全预警制度,保障粮食供给和质量安全。

> **参见** 《中华人民共和国农业法》第五章;《中华人民共和国土地管理法》第四章;《粮食流通管理条例》;《中央储备粮管理条例》

第二十三条 【维护文化安全的任务】国家坚持社会主义先进文化前进方向,继承和弘扬中华民族优秀传统文化,培育和践行社会主义核心价值观,防范和抵制不良文化的影响,掌握意识形态领域主导权,增强文化整体实力和竞争力。

> **参见** 《中华人民共和国文物保护法》;《中华人民共和国著作权法》;《中华人民共和国非物质文化遗产法》

第二十四条 【维护科技安全的任务】国家加强自主创新能力建设,加快发展自主可控的战略高新技术和重要领域核心关键技术,加强知识产权的运用、保护和科技保密能力建设,保障重大技术和工程的安全。

> **参见** 《中华人民共和国科学技术进步法》;《中华人民共和国保守国家秘密法》第九条;《中华人民共和国促进科技成果转化法》

第二十五条 【维护网络信息安全的任务】国家建设网络与信息安全保障体系,提升网络与信息安全保护能力,加强网络和信息技术的创新研究和开发应用,实现网络和信息核心技术、关键基础设施和重要领域信息系统及数据的安全可控;加强网络管理,防范、制止和依法惩治网络攻击、网络入侵、网络窃密、散布违法有害信息等网络违法犯罪行为,维护国家网络空间主权、安全和发展利益。

> **参见** 《全国人民代表大会常务委员会关于加强网络信息保护的决定》;《全国人民代表大会常务委员会关于维护互联网安全的决定》;《中华人民共和国治安管理处罚法》第四十七条、第六十八条;《中华人民共和国网络安全法》;《中华人民共和国电信条例》;《互联网信息服务管理办法》;《互联网新闻信息服务管理规定》;《中华人民共和国计算机信息系统安全保护条例》

第二十六条 【民族领域维护国家安全的任务】国家坚持和完善民族区域自治制度,巩固和发展平等团结互助和谐的社会主义民族关系。坚持各民族一律平等,加强民族交往、交流、交融,防范、制止和依法惩治民族分裂活动,维护国家统一、民族团结和社会和谐,实现各民族共同团结奋斗、共同繁荣发展。

参见 《中华人民共和国宪法》第四条;《中华人民共和国民族区域自治法》;《中华人民共和国反恐怖主义法》第六条、第八十一条;《中华人民共和国刑法》第二百四十九条、第二百五十一条

第二十七条 【宗教领域维护国家安全的任务】国家依法保护公民宗教信仰自由和正常宗教活动,坚持宗教独立自主自办的原则,防范、制止和依法惩治利用宗教名义进行危害国家安全的违法犯罪活动,反对境外势力干涉境内宗教事务,维护正常宗教活动秩序。

国家依法取缔邪教组织,防范、制止和依法惩治邪教违法犯罪活动。

案例 招远涉邪教故意杀人案(2018年4月15日最高人民法院发布3起涉国家安全典型案例)

案件适用要点:张甲、张乙、吕丙、张丁、张戊及张己(张甲之弟,时年12岁)均系"全能神"邪教组织成员。吕丙、张甲、张乙明知"全能神"系已经被国家取缔的邪教组织,仍然纠合教徒秘密聚会,制作、传播邪教组织信息,发展邪教组织成员,或者为上述行为提供便利条件,破坏国家法律、行政法规实施。2014年5月28日,为宣扬邪教、发展成员,张甲、张乙、吕丙、张丁、张戊及张己在山东招远一家麦当劳快餐厅内向周围就餐人员索要电话号码,遭被害人吴某某拒绝,张甲、吕丙遂共同指认吴某某为"恶灵",并伙同张乙、张丁、张戊及张己将吴某某杀害。法院经依法审理,以故意杀人罪、利用邪教组织破坏法律实施罪数罪并罚判处张甲、张乙死刑,判处吕丙无期徒刑;以故意杀人罪判处张丁有期徒刑十年,判处张戊有期徒刑七年。

参见 《中华人民共和国宪法》第三十六条;《全国人民代表

大会常务委员会关于取缔邪教组织、防范和惩治邪教活动的决定》；《中华人民共和国刑法》第三百条；《宗教事务条例》第三条

第二十八条 【防范和处置恐怖主义、极端主义的任务】国家反对一切形式的恐怖主义和极端主义，加强防范和处置恐怖主义的能力建设，依法开展情报、调查、防范、处置以及资金监管等工作，依法取缔恐怖活动组织和严厉惩治暴力恐怖活动。

案例 1.昆明火车站"3·01"暴恐案（2018年4月15日最高人民法院发布3起涉国家安全典型案例）

案件适用要点：2014年3月1日，一伙暴徒在昆明火车站持刀砍杀无辜群众，造成31人死亡，141人受伤，其中40人重伤。法院经依法审理，以组织、领导恐怖组织罪和故意杀人罪数罪并罚判处依斯坎达尔·某某提、吐尔洪·托合某某孜、玉山·某某提死刑；以参加恐怖组织罪和故意杀人罪数罪并罚判处帕提古丽·某某提无期徒刑。

2.张某某宣扬恐怖主义、极端主义案（2018年4月15日最高人民法院发布3起涉国家安全典型案例）

案件适用要点：2016年年初，张某某通过手机移动上网下载暴力恐怖视频和图片。2016年2月至2016年10月间，张某某先后将下载的部分暴力恐怖视频和图片上传至QQ空间，供他人浏览。法院经依法审理，认定被告人张某某犯宣扬恐怖主义、极端主义罪，判处有期徒刑二年三个月，并处罚金人民币五千元。

参见 《中华人民共和国反恐怖主义法》；《中华人民共和国刑法》第一百二十条、第一百二十条之一、第一百二十条之二、第一百二十条之三、第一百二十条之四、第一百二十条之五、第一百二十条之六；《中华人民共和国刑事诉讼法》；《中华人民共和国反洗钱法》；《涉及恐怖活动资产冻结管理办法》

第二十九条 【维护社会安全的任务】国家健全有效预防和化解社会矛盾的体制机制，健全公共安全体系，积极预防、减少和化解社会矛盾，妥善处置公共卫生、社会安全等影响国家安全和社会稳定的突发事件，促进社会和谐，维护公共安全和社会安定。

参见 《中华人民共和国突发事件应对法》第三条、第二十一条、第二十二条、第四十九条、第五十条

第三十条 【维护生态安全的任务】 国家完善生态环境保护制度体系,加大生态建设和环境保护力度,划定生态保护红线,强化生态风险的预警和防控,妥善处置突发环境事件,保障人民赖以生存发展的大气、水、土壤等自然环境和条件不受威胁和破坏,促进人与自然和谐发展。

参见 《中华人民共和国宪法》第二十六条;《中华人民共和国突发事件应对法》;《中华人民共和国环境保护法》;《中华人民共和国水污染防治法》;《中华人民共和国大气污染防治法》;《中华人民共和国噪声污染防治法》;《中华人民共和国固体废物污染环境防治法》;《中华人民共和国环境影响评价法》;《中华人民共和国土地管理法》;《中华人民共和国水土保持法》;《中华人民共和国防沙治沙法》;《中华人民共和国森林法》;《中华人民共和国草原法》;《海洋倾废管理条例》;《防治船舶污染海洋环境管理条例》;《消耗臭氧层物质管理条例》;《自然保护区条例》;《规划环境影响评价条例》;《建设项目环境保护管理条例》;《全国污染源普查条例》

第三十一条 【维护核安全的任务】 国家坚持和平利用核能和核技术,加强国际合作,防止核扩散,完善防扩散机制,加强对核设施、核材料、核活动和核废料处置的安全管理、监管和保护,加强核事故应急体系和应急能力建设,防止、控制和消除核事故对公民生命健康和生态环境的危害,不断增强有效应对和防范核威胁、核攻击的能力。

参见 《中华人民共和国突发事件应对法》;《中华人民共和国放射性污染防治法》;《中华人民共和国核安全法》;《民用核设施安全监督管理条例》;《核电厂核事故应急管理条例》;《放射性废物安全管理条例》;《放射性物品运输安全管理条例》;《核材料管制条例》;《民用核安全设备监督管理条例》;《核出口管制条例》;《核两用品及相关技术出口管制条例》

第三十二条 【维护新型领域安全的任务】 国家坚持和平探索和利用外层空间、国际海底区域和极地,增强安全进出、科学考察、开发利用的能力,加强国际合作,维护我国在外层空间、国际海底区域和极地的活动、资产和其他利益的安全。

第三十三条 【维护国家海外利益的任务】 国家依法采取必要措施,保护海外中国公民、组织和机构的安全和正当权益,保护国家的海外利益不受威胁和侵害。

> **参见** 《中华人民共和国宪法》第五十条;《中华人民共和国驻外外交人员法》第五条

第三十四条 【其他维护国家安全的任务】 国家根据经济社会发展和国家发展利益的需要,不断完善维护国家安全的任务。

第三章 维护国家安全的职责

第三十五条 【全国人大及其常委会维护国家安全的职责】 全国人民代表大会依照宪法规定,决定战争和和平的问题,行使宪法规定的涉及国家安全的其他职权。

全国人民代表大会常务委员会依照宪法规定,决定战争状态的宣布,决定全国总动员或者局部动员,决定全国或者个别省、自治区、直辖市进入紧急状态,行使宪法规定的和全国人民代表大会授予的涉及国家安全的其他职权。

> **注释** 全国人民代表大会常务委员会行使宪法规定的和全国人民代表大会授予的涉及国家安全的其他职权。
>
> 一是立法权。宪法规定全国人大常委会制定和修改除应当由全国人大制定的法律以外的其他法律,在全国人大闭会期间,对全国人大制定的法律进行部分补充和修改,但是不得同该法律的基本原则相抵触。
>
> 二是监督权。监督国务院、最高人民法院和最高人民检察院的工作。《中华人民共和国宪法》规定:"国家行政机关、监察机关、审判机关、检察机关都由人民代表大会产生,对它负责,受它监

督。"全国人大常委会依法行使监督权的主要形式，包括听取国务院、最高人民法院、最高人民检察院的专项工作报告，听取国民经济和社会发展计划、预算执行情况报告，听取决算报告和审计工作报告，进行询问、质询等。

三是人事任免权。如在全国人民代表大会闭会期间，全国人大常委会根据中央军事委员会主席的提名，决定中央军事委员会其他组成人员的人选。

四是批约权。全国人大常委会决定同外国缔结的条约和重要协定的批准和废除。

参见　《中华人民共和国宪法》第三条、第五十七条、第五十八条、第六十二条、第六十三条、第六十七条、第九十四条

第三十六条　【国家主席维护国家安全的职责】中华人民共和国主席根据全国人民代表大会的决定和全国人民代表大会常务委员会的决定，宣布进入紧急状态，宣布战争状态，发布动员令，行使宪法规定的涉及国家安全的其他职权。

注释　国家主席行使宪法规定的涉及国家安全方面的其他职权，例如，一是根据全国人民代表大会及其常务委员会的决定，公布法律。二是代表中华人民共和国，进行国事活动，接受外国使节。三是根据全国人大常委会的决定，派遣和召回驻外全权代表，批准和废除同外国缔结的条约和重要协定等。

参见　《中华人民共和国宪法》第八十条、第八十一条

第三十七条　【国务院维护国家安全的职责】国务院根据宪法和法律，制定涉及国家安全的行政法规，规定有关行政措施，发布有关决定和命令；实施国家安全法律法规和政策；依照法律规定决定省、自治区、直辖市的范围内部分地区进入紧急状态；行使宪法法律规定的和全国人民代表大会及其常务委员会授予的涉及国家安全的其他职权。

注释　本条规定，国务院还行使宪法法律规定的和全国人大及其常委会授予的涉及国家安全的其他职权。这一规定属于兜底条款。"其他职权"是指本条规定的前三项职权之外的涉及国家安全

的职权。

> **参见** 《中华人民共和国宪法》第八十五条、第八十九条；《中华人民共和国立法法》第八条、第九条、第六十五条

第三十八条 【中央军委维护国家安全的职责】中央军事委员会领导全国武装力量，决定军事战略和武装力量的作战方针，统一指挥维护国家安全的军事行动，制定涉及国家安全的军事法规，发布有关决定和命令。

> **参见** 《中华人民共和国宪法》第九十三条、第九十四条；《中华人民共和国立法法》第一百零三条；《中华人民共和国国防法》第十五条；《中华人民共和国审计法》第五十三条

第三十九条 【中央国家机关各部门维护国家安全的职责】中央国家机关各部门按照职责分工，贯彻执行国家安全方针政策和法律法规，管理指导本系统、本领域国家安全工作。

> **参见** 《中华人民共和国宪法》第九十条；《中华人民共和国反间谍法》第三条、第四条；《中华人民共和国反恐怖主义法》第八条

第四十条 【地方维护国家安全的职责】地方各级人民代表大会和县级以上地方各级人民代表大会常务委员会在本行政区域内，保证国家安全法律法规的遵守和执行。

地方各级人民政府依照法律法规规定管理本行政区域内的国家安全工作。

香港特别行政区、澳门特别行政区应当履行维护国家安全的责任。

> **参见** 《中华人民共和国宪法》第三条、第九十九条、第一百条、第一百零五条、第一百零七条、第一百一十条；《中华人民共和国地方各级人民代表大会和地方各级人民政府组织法》；《中华人民共和国立法法》第七十二条、第八十二条、第九十八条；《中华人民共和国各级人民代表大会常务委员会监督法》第八条、第十五条、第十六条、第十九条、第二十八条、第三十九条；《中华人

民共和国突发事件应对法》第七条、第十六条；《中华人民共和国环境保护法》第二十七条；《中华人民共和国国防法》第十五条、第五十一条；《中华人民共和国军事设施保护法》第三条；《中华人民共和国国防动员法》第十八条；《中华人民共和国戒严法》第五条；《中华人民共和国兵役法》第六十六条；《中华人民共和国香港特别行政区基本法》第二十三条；《中华人民共和国澳门特别行政区基本法》第二十三条

第四十一条　【司法机关维护国家安全的职责】人民法院依照法律规定行使审判权，人民检察院依照法律规定行使检察权，惩治危害国家安全的犯罪。

注释　危害国家安全的犯罪包括以下几类：

第一，刑法分则第一章"危害国家安全罪"中规定的犯罪。我国刑法中的危害国家安全罪，是指故意危害中华人民共和国国家安全的行为。主要罪名有：背叛国家罪（第一百零二条）；分裂国家罪（第一百零三条第一款）；煽动分裂国家罪（第一百零三条第二款）；武装叛乱、暴乱罪（第一百零四条）；颠覆国家政权罪（第一百零五条第一款）；煽动颠覆国家政权罪（第一百零五条第二款）；资助危害国家安全犯罪活动罪（第一百零七条）；投敌叛变罪（第一百零八条）；叛逃罪（第一百零九条）；间谍罪（第一百一十条）；为境外窃取、刺探、收买、非法提供国家秘密、情报罪（第一百一十一条）；资敌罪（第一百一十二条）。第二，刑法分则第一章之外规定的涉及国家安全的犯罪。需要指出的是，《中华人民共和国刑法》规定的"危害国家安全罪"是指狭义的"国家安全"，《中华人民共和国国家安全法》规定的"国家安全"，不只限于这几个方面，规定的是广义的国家安全，包括政治安全、经济安全、金融安全、文化安全、粮食安全、网络安全等方面的安全，因此，刑法中还有一些罪名，也属于危害国家安全的犯罪。有危害国家安全的犯罪行为的，根据罪行的轻重，可以被判处没收财产、剥夺政治权利、驱逐出境、拘役、管制、有期徒刑、无期徒刑、死刑等刑罚。

参见 《中华人民共和国宪法》第一百二十九条、第一百三十一条;《中华人民共和国人民检察院组织法》第五条;《中华人民共和国刑事诉讼法》第三条、第五条、第八条

第四十二条 【专门机关维护国家安全的职责】国家安全机关、公安机关依法搜集涉及国家安全的情报信息,在国家安全工作中依法行使侦查、拘留、预审和执行逮捕以及法律规定的其他职权。

有关军事机关在国家安全工作中依法行使相关职权。

注释 本条规定"依法行使侦查、拘留、预审和执行逮捕以及法律规定的其他职权",包含以下两方面内容:一是"依法行使侦查、拘留、预审和执行逮捕的职责",是指《中华人民共和国刑事诉讼法》规定的侦查、拘留、预审、执行逮捕等职权。二是"法律规定的其他职权",是指专门机关根据反间谍法、反恐怖主义法、人民警察法、人民武装警察法、邮政法、出境入境管理法、护照法、保守国家秘密法、治安管理处罚法、集会游行示威法、军事设施保护法等法律的规定,在履行维护国家安全职责时,可以依法行使的职权。主要包含以下几类职权:第一类是行政执法方面的职权,包括依法采取行政许可、行政处罚、行政强制等,必要时对有关人员的人身、财产进行临时性的约束或控制,对有关行政违法行为进行必要的处罚、惩戒和教育等;第二类是行政调查方面的职权,包括向有关人员了解情况,调取有关的档案、数据、资料,要求有关企业、组织提供技术支持和协助,开展有关查验工作,责令停止相关危害国家安全信息的传输等;第三类是行政管理方面的职权,根据职权法定原则,包括对有关人员、组织的日常活动进行管理,及时掌握日常情况,维护所管理领域的正常秩序等。

参见 《中华人民共和国宪法》第二十八条、第二十九条;《中华人民共和国刑法》第二编第一章;《中华人民共和国反恐怖主义法》第四十三条、第四十四条

第四十三条 【国家机关及其工作人员履职要求】国家机关及其工作人员在履行职责时,应当贯彻维护国家安全的原则。

国家机关及其工作人员在国家安全工作和涉及国家安全活动中,

45

应当严格依法履行职责，不得超越职权、滥用职权，不得侵犯个人和组织的合法权益。

参见 《中华人民共和国宪法》第五条；《中华人民共和国公务员法》第十四条、第五十九条；《中华人民共和国反间谍法》第十七条、第二十六条；《中华人民共和国行政诉讼法》第七十条；《中华人民共和国国家赔偿法》第二条；《中华人民共和国刑法》第三百九十七条

第四章 国家安全制度

第一节 一般规定

第四十四条 【基本要求和目标】 中央国家安全领导机构实行统分结合、协调高效的国家安全制度与工作机制。

第四十五条 【重点领域工作协调机制】 国家建立国家安全重点领域工作协调机制，统筹协调中央有关职能部门推进相关工作。

注释 本条规定的重点领域工作协调机制，是中央有关职能部门之间的协调机制，也就是说，国家安全重点领域工作协调机制，协调的是中央有关职能部门之间的关系。这也从侧面印证了国家安全事务特别是重点领域国家安全事务的决策权在中央。

参见 《中华人民共和国中国人民银行法》第九条

第四十六条 【督促检查和责任追究机制】 国家建立国家安全工作督促检查和责任追究机制，确保国家安全战略和重大部署贯彻落实。

注释 督促检查工作制度包括五项制度：一是限期报告制度。上级印发重要文件、召开重要会议、作出重要部署后，下级和有关部门要按规定时限报告贯彻落实情况。二是调查复核制度。对地方和部门报告的重大决策部署落实情况，要选择社会关注度高、影响面大的事项进行实地调查复核。三是情况通报制度。对重大决策部

署落实情况要适时通报,对抓落实工作成效明显的地方和部门,要总结其经验,交流推广,推动工作;对工作进展缓慢、落实不力的地方和部门,要指出问题,责成报告原因及改进意见。四是责任追究制度。发现重大决策部署落实中存在失职渎职、违纪违法等情形,要及时将有关情况和线索移送监察机关立案调查,严肃追责。五是督查调研制度。围绕经济社会发展中的重点问题、难点问题、热点问题,积极开展督查调研。

参见 《中华人民共和国民用核设施安全监督管理条例》第六条

第四十七条 【国家安全战略贯彻实施机制】各部门、各地区应当采取有效措施,贯彻实施国家安全战略。

第四十八条 【跨部门会商工作机制】国家根据维护国家安全工作需要,建立跨部门会商工作机制,就维护国家安全工作的重大事项进行会商研判,提出意见和建议。

注释 关于本条规定的"部门",应当包括中央有关职能部门和地方有关职能部门。国家安全主要是中央事权,对地方而言,守土有责,同样负有维护国家安全的职责。因此跨部门会商机制包括中央有关职能部门之间的会商,也包括地方有关部门之间的会商,但不包括中央有关职能部门和地方有关部门相互之间的"会商"。严格来讲,中央与地方之间的工作联系不叫会商,它属于本法第四十九条规定的中央和地方之间协同联动的问题。另外,本法第四十五条规定了国家安全重点领域工作协调机制,指的是中央有关职能部门之间的统筹协调而不是地方有关职能部门之间的统筹协调。这就是本法第四十五条、第四十八条以及第四十九条规定的三个机制在内涵与外延上的区别。

参见 《中华人民共和国反恐怖主义法》第四条第一款

第四十九条 【协同联动机制】国家建立中央与地方之间、部门之间、军地之间以及地区之间关于国家安全的协同联动机制。

参见 《中华人民共和国国防动员法》第三条、第二章;《中

华人民共和国突发事件应对法》第四条;《中华人民共和国反恐怖主义法》第八条第三款

第五十条　【决策咨询机制】国家建立国家安全决策咨询机制,组织专家和有关方面开展对国家安全形势的分析研判,推进国家安全的科学决策。

第二节　情报信息

第五十一条　【情报工作制度】国家健全统一归口、反应灵敏、准确高效、运转顺畅的情报信息收集、研判和使用制度,建立情报信息工作协调机制,实现情报信息的及时收集、准确研判、有效使用和共享。

第五十二条　【各部门搜集上报情报信息职责】国家安全机关、公安机关、有关军事机关根据职责分工,依法搜集涉及国家安全的情报信息。

国家机关各部门在履行职责过程中,对于获取的涉及国家安全的有关信息应当及时上报。

> **注释**　第一款将专门机关开展情报工作的职责规定为"根据职责分工,依法搜集涉及国家安全的情报信息"。其中,"根据职责分工"是指国家安全机关、公安机关和有关军事机关要按照有关法律法规和文件确定的职责分工,在本部门职责范围内,开展情报工作。"依法搜集"是指搜集情报信息的活动要严格依照法律规定的范围和权限开展,不得滥用职权、玩忽职守、徇私舞弊。
>
> 本条第二款规定的各部门上报履职中获得的涉及国家安全信息的职责,并不是要求各部门都同本条第一款规定的专门机关一样,开展搜集情报信息的专门工作,而是与本法第四十三条规定相衔接,要求各国家机关及其工作人员在履行职责时,应当强化国家安全意识,贯彻维护国家安全的原则,依法履行职责,及时关注、掌握本领域涉及国家安全的情况,并按照有关规定,将相关信息及时上报,以便国家根据维护国家安全的需要,及时掌握有关情况,制定有关政策,采取有关措施,切实维护各领域国家安全和利益。

第五十三条 【情报信息工作运用现代科技手段和加强研判分析】开展情报信息工作,应当充分运用现代科学技术手段,加强对情报信息的鉴别、筛选、综合和研判分析。

参见 《中华人民共和国反恐怖主义法》第四十五条、第四十七条、第七十七条

第五十四条 【情报信息的报送要求】情报信息的报送应当及时、准确、客观,不得迟报、漏报、瞒报和谎报。

参见 《中华人民共和国突发事件应对法》第七条、第三十七条、第三十九条;《中华人民共和国防震减灾法》第八十九条;《中华人民共和国特种设备安全法》第七十条

第三节 风险预防、评估和预警

第五十五条 【风险预防】国家制定完善应对各领域国家安全风险预案。

注释 国家安全风险预案体系,与公共安全、环境保护、卫生防疫、食品安全、资源安全领域业已建立的预防制度和预案体系并不是简单的对应或者替换关系。制定完善应对国家安全风险预案,必须以总体国家安全观为指导,统筹维护各领域国家安全。

参见 《中华人民共和国突发事件应对法》第二章;《中华人民共和国反恐怖主义法》第五十五条;《中华人民共和国环境保护法》第五条、第三十九条;《中华人民共和国防震减灾法》第三条、第八条、第十三条、第十四条、第四章、第四十七条;《中华人民共和国食品安全法》第八章;《中华人民共和国传染病防治法》;《中华人民共和国土地管理法》

第五十六条 【风险评估】国家建立国家安全风险评估机制,定期开展各领域国家安全风险调查评估。

有关部门应当定期向中央国家安全领导机构提交国家安全风险评估报告。

参见 《中华人民共和国突发事件应对法》第五条、第二十条

第五十七条 【风险预警】国家健全国家安全风险监测预警制度,根据国家安全风险程度,及时发布相应风险预警。

注释 所谓预警,是指在各领域国家安全风险发生蔓延并造成现实危害之前,根据以往总结的规律或监测得到的可能性前兆,向有关部门和社会发出紧急信号、报告危险情况,以便及时采取有效响应措施应对安全风险,避免国家重大利益因应对准备不足而造成损失。本条规定未就预警级别作统一规定,主要是考虑到国家安全风险分布于不同领域,相关应对措施具有较强专业性,难以划定统一的预警标准,需要各级各部门根据各自职责分工和风险紧急程度、危害性等等,制定预警标准,及时发布风险预警。

参见 《中华人民共和国环境保护法》;《中华人民共和国突发事件应对法》第二章、第三章;《中华人民共和国传染病防治法》第十七条、第十九条;《中华人民共和国防震减灾法》第三章、第四章;《突发公共卫生事件应急条例》;《地震监测管理条例》;《重大动物疫情应急条例》;《核电厂核事故应急管理条例》

第五十八条 【报告危害国家安全的事件】对可能即将发生或者已经发生的危害国家安全的事件,县级以上地方人民政府及其有关主管部门应当立即按照规定向上一级人民政府及其有关主管部门报告,必要时可以越级上报。

注释 对于已经发生的情况紧急的危害国家安全的事件,组织处置工作的人民政府及其有关部门可以边处置边迅速上报。必要时,即事态特别紧急严重时,可以越级上报。报告的主要内容包括:一是事件的性质、起因、危害程度和发展态势;二是已经采取的先期处置措施;三是拟采取的处置方案;四是请求上级批准的重大事项等。

第四节 审查监管

第五十九条 【国家安全审查的范围】国家建立国家安全审查和监管的制度和机制,对影响或者可能影响国家安全的外商投资、

特定物项和关键技术、网络信息技术产品和服务、涉及国家安全事项的建设项目,以及其他重大事项和活动,进行国家安全审查,有效预防和化解国家安全风险。

注释 本条是关于建立国家安全审查和监管的制度和机制以及国家安全审查范围的规定。

与防范国家安全面临风险的要求相比,国家安全审查监管制度和机制存在较大差距,不能适应形势需要,突出表现在以下几个方面:一是对国家安全审查监管缺乏统一规范和顶层制度设计,立法层次相对偏低。我国现行法律、法规、规范性文件对国家安全审查监管的规定还存在零散化、碎片化的情况,有的只局限于某一个方面或者几个方面,着眼于解决局部性问题,没有从整体上对安全审查监管作出全面规定。二是有的领域审查监管制度仍然存在空白。比如,现有审查机制对网络信息、资源、生态、社会、文化等非传统安全领域的审查还未实现有效覆盖。三是国家安全审查监管机制本身也需要随着实践的发展不断完善,进一步厘清审查职责不清,确保顺畅运行,有效沟通,充分发挥行业主管部门作用,实现审查严格、监管有力。

"其他重大事项和活动"作为兜底条款,用以补充本法未列明而确有必要进行国家安全审查的重大事项和活动,为随着经济社会发展和维护国家安全利益的需要,建立新的审查制度提供法律支撑。现实生活中,全球资源的稀缺性资源和产品出口、重要领域核心关键技术的自主知识产权转让、文化和意识形态领域活动等事项和活动,都会影响到我国的经济安全、资源安全、科技安全和文化安全,在这些领域也要根据需要适时建立国家安全审查制度。

参见 《中华人民共和国行政许可法》;《外商投资安全审查办法》

第六十条 【中央国家机关各部门国家安全审查职责】 中央国家机关各部门依照法律、行政法规行使国家安全审查职责,依法作出国家安全审查决定或者提出安全审查意见并监督执行。

注释 中央国家机关各部门依照法律、行政法规行使国家安全审查职责,包含两层含义:一是中央国家机关各部门依法直接对涉及国家安全的事项作出审查决定;二是中央国家机关各部门通过明确有关审查标准和程序要求,领导或指导本系统的基层部门,依法对涉及国家安全的事项作出审查决定。

参见　《中华人民共和国行政许可法》;《中华人民共和国反垄断法》第三十一条;《中华人民共和国对外贸易法》;《中华人民共和国核两用品及相关技术出口管制条例》;《中华人民共和国导弹及相关物项和技术出口管制条例》;《中华人民共和国军品出口管理条例》;《中华人民共和国电信条例》第十二条、第五十四条

第六十一条　【省、自治区、直辖市国家安全审查职责】省、自治区、直辖市依法负责本行政区域内有关国家安全审查和监管工作。

第五节　危机管控

第六十二条　【国家安全危机管控制度】国家建立统一领导、协同联动、有序高效的国家安全危机管控制度。

注释　根据我国宪法及其他法律,国家安全危机主要有以下三种类型:

一是战争,一般认为包括对外战争和内战两种情形。其中,对外战争一般是指遇到国家遭受武装侵犯或者必须履行国际间共同防止侵略的条约的情况,而决定采取武装行动的情形。内战一般是指遇有造成分裂国家的事实,或者即将发生国家分裂的重大事变,或者导致国家和平统一的可能性完全丧失的情况,而决定采取武装行动的情形。

二是国防动员,根据宪法和国防动员法,国家的主权、统一、领土完整和安全遭受威胁时,全国人大常委会依照宪法和有关法律的规定,决定全国总动员或者局部动员。国家主席根据全国人大常委会的决定,发布动员令。

三是紧急状态,指发生或者即将发生特别重大突发事件,需要国家机关行使紧急权力控制、消除其社会危害和威胁时,有关国家机关按照宪法、法律规定的权限决定并宣布局部地区或者全国实行的一种临时性严重危急状态。紧急状态在性质上是一种非常法律状态。

参见 《中华人民共和国国防法》第八章;《中华人民共和国国防动员法》;《中华人民共和国突发事件应对法》第四条、第六十九条

第六十三条 【管控措施决策与实施】发生危及国家安全的重大事件,中央有关部门和有关地方根据中央国家安全领导机构的统一部署,依法启动应急预案,采取管控处置措施。

注释 根据我国宪法和法律规定,有关部门和有关地方按照中央统一部署,可以采取多种管控处置措施。

一是对重大事件的发生地进行现场控制,或者对相关区域进行管制。这种控制、管制,可以减小危害的扩散范围,为重大事件的处理提供条件。如《中华人民共和国突发事件应对法》第四十九条规定,突发事件发生后,可以迅速控制危险源,标明危险区域,封锁危险场所,划定警戒区,实行交通管制以及其他控制措施。

二是对相关人员人身或其活动进行控制。这种管控措施是在特殊时期或特殊区域内,对公民基本权利的限制。如《中华人民共和国戒严法》第四条规定,戒严期间,为保证戒严的实施和维护社会治安秩序,国家可以依照本法在戒严地区内,对宪法、法律规定的公民权利和自由的行使作出特别规定。

三是实行紧急状态或者进入战争状态。在这些情形下,有关部门和有关地方可以采取特别措施来限制社会成员的行动,或者强制公民提供一定劳务或者财物。如《中华人民共和国宪法》第六十七条规定,在全国人民代表大会闭会期间,如果遇到国家遭受武装侵犯或者必须履行国际间共同防止侵略的条约的情况,全国人大常委会可以决定战争状态的宣布。《中华人民共和国戒严法》第二条规定,在发生严重危及国家的统一、安全或者社会公共安全的动乱、暴乱或者严重骚乱,不采取非常措施不足以维护社会秩序、保护人民的生命和财产安全的紧急状态时,国家可以决定实行戒严。

参见 《中华人民共和国宪法》第六十七条、第九十条;《中华人民共和国国防动员法》;《中华人民共和国人民警察法》;《中华人民共和国治安管理处罚法》;《中华人民共和国国务院组织法》第

十条;《中华人民共和国突发事件应对法》第四十九条、第五十条;《中华人民共和国戒严法》第二条、第四条、第十三条、第十四条

第六十四条　【决定进入紧急状态、战争状态或者进行全国总动员、局部动员】发生危及国家安全的特别重大事件,需要进入紧急状态、战争状态或者进行全国总动员、局部动员的,由全国人民代表大会、全国人民代表大会常务委员会或者国务院依照宪法和有关法律规定的权限和程序决定。

参见　《中华人民共和国宪法》第六十二条、第六十七条、第八十条、第八十九条;《中华人民共和国戒严法》第三条;《中华人民共和国国防动员法》第八条

第六十五条　【特别措施】国家决定进入紧急状态、战争状态或者实施国防动员后,履行国家安全危机管控职责的有关机关依照法律规定或者全国人民代表大会常务委员会规定,有权采取限制公民和组织权利、增加公民和组织义务的特别措施。

注释　关于特别措施的具体内容,我国一些法律对非常状态下采取的特别措施作出了规定。

如国防动员法规定,国家决定实施国防动员后,根据需要,可以依法在实施国防动员的区域采取五类特别措施:一是对行业系统实施的特殊管理,即"对金融、交通运输、邮政、电信、新闻出版、广播影视、信息网络、能源水源供应、医药卫生、食品和粮食供应、商业贸易等行业实行管制"。二是"对人员活动的区域、时间、方式以及物资、运载工具进出的区域进行必要的限制"。实质上是实行一定范围的区域性管理。一般限于局部地区,包括作战地区、动员地区、社会秩序遭到破坏的地区,目的是使该地区的交通秩序适应战时的需要。采取的主要措施包括:在一定区域实行交通管制,限制人员、物资、运载工具进出交通管制区域;对进出交通管制区域的人员、车辆、物资进行检查;设立禁飞区、禁航区、禁行区,禁止特定种类的物资、运载工具进出设定区域。三是"在国家机关、社会团体和企业事业单位实行特殊工作制度",如调整工作、

生产时间，减少节假日和公休时间，实施战时劳动定额；禁止或者限制人力资源在地区之间或者生产行业之间的自由流动，对人力资源市场实施统一管理。四是"为武装力量优先提供各种交通保障"。交通保障包括交通设施保障、载运工具保障和交通运输人员保障。国防动员实施后，国家应组织交通运输行业和民间交通运输资源，为武装力量优先提供各种交通保障，即按照战时资源分配的原则，对业已控制的交通运输资源作出合理的分配，尽可能优先满足武装力量集结、机动、作战和军需物资输送的需要。五是"需要采取的其他特别措施"。这是关于特别措施的兜底条款，用以补充上述几项规定未能涵盖的特别措施，如实行物资管制、紧急调配、采购物资；强制调整工业生产结构和布局，其中包括重要企业的搬迁；实行工资管制，以控制工资增长与结构变化的方式，控制社会消费的总量与结构，等等。

> **参见** 《中华人民共和国国防动员法》第十二章；《中华人民共和国戒严法》第三章；《中华人民共和国突发事件应对法》第六十九条第二款。

第六十六条 【管控措施合理性原则】履行国家安全危机管控职责的有关机关依法采取处置国家安全危机的管控措施，应当与国家安全危机可能造成的危害的性质、程度和范围相适应；有多种措施可供选择的，应当选择有利于最大程度保护公民、组织权益的措施。

第六十七条 【信息报告和发布机制】国家健全国家安全危机的信息报告和发布机制。

国家安全危机事件发生后，履行国家安全危机管控职责的有关机关，应当按照规定准确、及时报告，并依法将有关国家安全危机事件发生、发展、管控处置及善后情况统一向社会发布。

> **参见** 《中华人民共和国突发事件应对法》第七条第二款、第五十三条；《中华人民共和国固体废物污染环境防治法》第六十三条；《突发公共卫生事件应急条例》；《中华人民共和国政府信息公开条例》。

第六十八条 【及时解除管控处置措施】 国家安全威胁和危害得到控制或者消除后,应当及时解除管控处置措施,做好善后工作。

> **参见** 《中华人民共和国突发事件应对法》第五十八条、第五十九条;《中华人民共和国防汛条例》第三十六条、第三十八条

第五章 国家安全保障

第六十九条 【总体保障】 国家健全国家安全保障体系,增强维护国家安全的能力。

第七十条 【法制保障】 国家健全国家安全法律制度体系,推动国家安全法治建设。

> **注释** 我国国家安全立法主要包括以下三类:
>
> 1. 宪法。《中华人民共和国宪法》第二十八条规定,国家维护社会秩序,镇压叛国和其他危害国家安全的犯罪活动。具体到保障国家安全的规定,既有政治安全的,也有经济安全、军事安全的,还包括公民组织的具体义务等,如规定:禁止任何组织或者个人破坏社会主义制度;禁止对任何民族的歧视和压迫,禁止破坏民族团结和制造民族分裂的行为;国家在社会主义初级阶段,坚持公有制为主体、多种所有制经济共同发展的基本经济制度;国家保障国有经济的巩固和发展;反对资本主义的、封建主义的和其他腐朽思想;国家维护社会秩序,镇压叛国和其他危害国家安全的犯罪活动,制裁危害社会治安、破坏社会主义经济和其他犯罪的活动,惩办和改造犯罪分子;中华人民共和国的武装力量任务是巩固国防,抵抗侵略,保卫祖国,保卫人民的和平劳动,参加国家建设事业,努力为人民服务;保护在中国境内的外国人的合法权利和利益;任何国家机关、社会团体和个人不得强制公民信仰宗教或者不信仰宗教,不得歧视信仰宗教的公民和不信仰宗教的公民;任何人不得利用宗教进行破坏社会秩序、损害公民身体健康、妨碍国家教育制度的活动;宗教团体和宗教事务不受外国势力的支配;公民的人身自由不受侵犯;保护华侨的正当的权利和利益,保护归侨和侨眷的合法的权利和利益;公民有维护国家

统一和全国各民族团结的义务；公民必须遵守宪法和法律，保守国家秘密；公民有维护祖国的安全、荣誉和利益的义务，不得有危害祖国的安全、荣誉和利益的行为；保卫祖国、抵抗侵略是中华人民共和国每一个公民的神圣职责；国家在必要时得设立特别行政区；完成统一祖国的大业是包括台湾同胞在内的全中国人民的神圣职责，等等。

2. 专门立法。包括《中华人民共和国反间谍法》，主要规定国家安全机关反间谍侦查工作；《中华人民共和国反恐怖主义法》，主要规定防范和惩治恐怖活动，加强反恐怖主义工作；《中华人民共和国保守国家秘密法》及其实施条例，规范保密工作。维护国家统一和领土完整的立法，如《反分裂国家法》《中华人民共和国领海及毗连区法》《中华人民共和国专属经济区和大陆架法》；维护国家政治秩序和社会秩序的立法，如《中华人民共和国集会游行示威法》及其实施条例、《中华人民共和国戒严法》；维护国防和军事安全的立法，如《中华人民共和国国防法》《中华人民共和国人民防空法》《中华人民共和国国防动员法》《中华人民共和国军事设施保护法》。

3. 相关法律中涉及维护国家安全的部分条款和内容。包括大量涉及政治、经济、社会、文化、生态等领域安全的法律规定。如《中华人民共和国刑法》设单章规定危害国家安全罪和危害国防利益罪；《中华人民共和国刑事诉讼法》对于办理危害国家安全犯罪的诉讼程序有特别规定；《中华人民共和国突发事件应对法》《全国人民代表大会常务委员会关于维护互联网安全的决定》《全国人民代表大会常务委员会关于加强网络信息保护的决定》《全国人民代表大会常务委员会关于取缔邪教组织、防范和惩治邪教活动的决定》，均将维护国家安全作为立法目的；等等。

第七十一条 【经费保障】国家加大对国家安全各项建设的投入，保障国家安全工作所需经费和装备。

注释 国家安全工作经费筹措采用中央和地方共同出资原则。维护国家安全是一种国家行为，中央是国家安全工作经费来源的主体；按照守土有责原则，地方也应承担与其责任相适应的经费，分别列入中央和地方财政预算。

第七十二条 【物资保障】承担国家安全战略物资储备任务的单位,应当按照国家有关规定和标准对国家安全物资进行收储、保管和维护,定期调整更换,保证储备物资的使用效能和安全。

注释 承担国家安全战略物资储备任务的单位,是指根据相关法律法规规定,具备国家规定的资格条件,并经国务院有关主管部门审核批准,实际负责承担战略物资储备任务的企业事业单位。在我国,既有国有企业、事业单位,也有其他各类所有制单位。

承担国家安全战略物资储备任务的单位的职责:

一是国家战略物资储备行政主管部门应在广泛征求有关部门意见的基础上做好储备工作的总体规划和设计,要对战略储备物资的种类、规格、数量、储备地点、收储单位职责等作出总体安排。二是按照国家有关规定和标准对储备物资进行保管和维护。三是按照国家有关规定和标准定期调整更换储备物资。四是按照国家有关规定和标准保证储备物资的使用效能和安全。

参见 《中华人民共和国国防法》第五十四条;《中华人民共和国国防动员法》第三十三条;《中华人民共和国突发事件应对法》第三十二条;《中央储备粮管理条例》

第七十三条 【科技保障】鼓励国家安全领域科技创新,发挥科技在维护国家安全中的作用。

第七十四条 【人才保障】国家采取必要措施,招录、培养和管理国家安全工作专门人才和特殊人才。

根据维护国家安全工作的需要,国家依法保护有关机关专门从事国家安全工作人员的身份和合法权益,加大人身保护和安置保障力度。

第七十五条 【专门工作手段保障】国家安全机关、公安机关、有关军事机关开展国家安全专门工作,可以依法采取必要手段和方式,有关部门和地方应当在职责范围内提供支持和配合。

注释 "必要手段和方式",既包括一般手段,也包括特殊手段。其中,"一般手段",主要是指依法开展的一般执法活动,包括《中华人民共和国治安管理处罚法》《中华人民共和国反间谍法》

《中华人民共和国反恐怖主义法》《中华人民共和国刑事诉讼法》等法律赋予的行政执法和刑事执法职权，比如行政许可、行政处罚、行政强制以及刑事侦查中的搜查、讯问犯罪嫌疑人、询问证人、勘验、检查等，国家安全机关、公安机关和有关军事机关通过行使这些执法职权，及时掌握和了解开展国家安全专门工作所需要的情况和信息，有效防范、发现、制止和惩治危害国家安全的行为。"特殊手段"主要是根据维护国家安全的特殊需要，当一般手段无法实现维护国家安全的任务时，依法经过严格审批，由国家安全机关、公安机关、有关军事机关采取的特殊工作手段和方式。比如，刑事诉讼法规定的对危害国家安全案件的证人、鉴定人采取保护措施，对涉嫌危害国家安全案件的犯罪嫌疑人指定居所监视居住，采取技术侦查措施等；人民警察法规定的盘问、检查，遇有拒捕、暴乱、越狱、抢夺枪支或者其他暴力行为的紧急情况使用武器，采取技术侦察措施侦查犯罪，对严重危害社会治安秩序的突发事件根据情况实行现场管制等；军事设施保护法规定的对非法进入军事禁区、军事管理区，对军事禁区、军事管理区非法进行摄影、摄像、录音、勘察、测量、描绘、记述的，以及破坏、危害军事设施活动的，可以强制带离、立即制止信息传输等行为，扣押有关物品、清除相关障碍物、紧急情况下使用武器等。

本条在实践中，对于具体提供哪些支持和配合，要根据国家安全机关、公安机关、有关军事机关开展国家安全专门工作的具体需要来确定。比如，为协助及时掌握开展国家安全专门工作需要的有关情况，有关部门和地方应当依法向国家安全机关、公安机关、有关军事机关及时提供其履行职责中掌握的有关档案、资料、信息、数据等；为协助发现、调查、制止危害国家安全的行为，有关部门和地方应当配合国家安全机关、公安机关、有关军事机关开展有关工作，出具有关证明文件，协助对支持国家安全工作的人员及其近亲属采取保护措施，在职责范围内配合对有关机关专门从事国家安全工作人员的人身保护和安置保障，并严格保守过程中知悉的秘密事项；等等。

参见 《中华人民共和国刑事诉讼法》第二编第二章第八节；《中华人民共和国人民警察法》第二章；《中华人民共和国出境入境

管理法》第六章;《中华人民共和国反间谍法》第二章;《中华人民共和国反恐怖主义法》第六十一条、第六十二条;《中华人民共和国集会游行示威法》第二十七条;《中华人民共和国军事设施保护法》第四十二条

第七十六条　【宣传教育保障】国家加强国家安全新闻宣传和舆论引导,通过多种形式开展国家安全宣传教育活动,将国家安全教育纳入国民教育体系和公务员教育培训体系,增强全民国家安全意识。

参见　《中华人民共和国国防教育法》;《中华人民共和国公务员法》第十章

第六章　公民、组织的义务和权利

第七十七条　【公民和组织维护国家安全的一般义务】公民和组织应当履行下列维护国家安全的义务:
（一）遵守宪法、法律法规关于国家安全的有关规定;
（二）及时报告危害国家安全活动的线索;
（三）如实提供所知悉的涉及危害国家安全活动的证据;
（四）为国家安全工作提供便利条件或者其他协助;
（五）向国家安全机关、公安机关和有关军事机关提供必要的支持和协助;
（六）保守所知悉的国家秘密;
（七）法律、行政法规规定的其他义务。
任何个人和组织不得有危害国家安全的行为,不得向危害国家安全的个人或者组织提供任何资助或者协助。

注释　本条第一款详细规定了公民和组织在维护国家安全方面应当履行的必须要主动做出一定行为的七项积极义务,第二款规定了个人和组织在维护国家安全方面必须遵循的两项禁止性义务。

禁止性义务的法律特征是公民和组织"不得"做某个行为。一是不得有危害国家安全的行为;二是不得向危害国家安全的个人或者组织提供任何资助或者协助。为确保公民和组织严格遵守上述

"不得"做某个行为的两项禁止性义务,本法第十三条第二款明确规定:"任何个人和组织违反本法和有关法律,不履行维护国家安全义务或者从事危害国家安全活动的,依法追究法律责任。"上述规定将公民和组织在维护国家安全方面的"义务"与"责任"紧密结合在一起,通过设定法律责任来保障公民和组织自觉地履行本条所规定的各项义务。

> **参见** 《中华人民共和国宪法》第五十四条、第五十五条;《中华人民共和国反间谍法》第十八条、第二十一条、第二十二条;《中华人民共和国保守国家秘密法》第三条;《中华人民共和国反恐怖主义法》第十八条

第七十八条 【机关、人民团体、企业事业组织和其他社会组织的特殊义务】机关、人民团体、企业事业组织和其他社会组织应当对本单位的人员进行维护国家安全的教育,动员、组织本单位的人员防范、制止危害国家安全的行为。

> **参见** 《中华人民共和国反间谍法》第十九条

第七十九条 【企业事业组织配合有关部门的义务】企业事业组织根据国家安全工作的要求,应当配合有关部门采取相关安全措施。

> **注释** 本条是关于企业事业组织配合有关部门采取相关安全措施义务的规定。

为落实这一规定,《中华人民共和国反恐怖主义法》第三章专章规定了安全防范,其中第十九条规定,电信业务经营者、互联网服务提供者应当依照法律、行政法规规定,落实网络安全、信息内容监管制度和安全技术防范措施,防止含有恐怖主义、极端主义内容的信息传播;发现含有恐怖主义、极端主义内容信息的,应当立即停止传输,保存相关记录,删除相关信息,并向公安机关或者有关部门报告。第二十条规定,铁路、公路、水上、航空的货运和邮政、快递等物流运营单位应当实行安全查验制度,对客户身份进行查验,依照规定对运输、寄递物品进行安全检查或者开封验视。对禁止运输、寄递,存在重大安全隐患,或者客户拒绝安全查验的物品,不

得运输、寄递。第二十一条规定，电信、互联网、金融、住宿、长途客运、机动车租赁等业务经营者、服务提供者，应当对客户身份进行查验。对身份不明或者拒绝身份查验的，不得提供服务，等等。

　　参见　《中华人民共和国反恐怖主义法》第三章

第八十条　【公民和组织支持配合国家安全工作受法律保护】
公民和组织支持、协助国家安全工作的行为受法律保护。

　　因支持、协助国家安全工作，本人或者其近亲属的人身安全面临危险的，可以向公安机关、国家安全机关请求予以保护。公安机关、国家安全机关应当会同有关部门依法采取保护措施。

　　注释　本条是关于公民和组织支持、协助国家安全工作受法律保护的规定。

　　本条第二款规定了公民向公安机关、国家安全机关请求予以保护和公安机关、国家安全机关会同有关部门采取保护措施的要求。

　　第一，公民因支持、协助国家安全工作，本人或者其近亲属的人身安全面临危险的，可以向公安机关、国家安全机关请求予以保护。本条第二款中的"人身安全面临危险"，主要是指公民或者其近亲属因支持、协助国家安全工作，面临被胁迫、被威胁，或者面临打击报复，或者在境外人身自由和基本权利受到威胁等现实的危险。关于近亲属的范围，按照《中华人民共和国刑事诉讼法》第一百零八条规定，是指夫、妻、父、母、子、女、同胞兄弟姊妹。

　　第二，公安机关、国家安全机关应当会同有关部门依法采取保护措施。具体的保护措施，一般包括：一是在国家安全工作中，不公开有关公民的真实姓名、住址和工作单位等个人信息，对这些个人信息采取适当的保密措施，包括在有关工作记录、法律文书中使用化名以替代有关公民真实的个人信息等。使用化名替代的，要对载有有关公民真实身份信息的材料标明密级，严格保密，妥善管理。二是有关公民需要作为证人出庭作证的，要采取不暴露其外貌、真实声音的相关技术措施，使有关公民的外貌、声音等不暴露给被告人和旁听人员等。三是根据具体情况，确有必要时，对有关公民采取一定的人身安全保护措施，禁止可能对其实施打击报复的特定人员在一定期间、一定范围内接触有关公民。四是视情对有关公民的人身和住宅采取专门性保护措施，保护人身和住宅的安全。五是在极特殊的情况下，根据国家安全工作需要，可以为有关公民更换住宅、姓名等。六是根据公民面临人身安全危险的实际程度、具体情况和有关客观条件，采取其他必要的保护措施。

参见 《中华人民共和国人民警察法》第三十四条；《中华人民共和国反间谍法》第二十条；《中华人民共和国人民武装警察法》第三十九条；《中华人民共和国国防动员法》第五十五条；《中华人民共和国反恐怖主义法》第九条、第七十六条；《中华人民共和国刑事诉讼法》第一百零八条

第八十一条 【获得赔偿和抚恤优待的权利】公民和组织因支持、协助国家安全工作导致财产损失的，按照国家有关规定给予补偿；造成人身伤害或者死亡的，按照国家有关规定给予抚恤优待。

注释 本条是关于补偿和抚恤优待的规定。

一、公民和组织因支持、协助国家安全工作导致财产损失的，按照国家有关规定给予补偿

本条是从公民权利的角度出发，进一步明确规定了公民和组织因支持、协助国家安全工作导致财产损失的，有按照国家有关规定获得补偿的权利。涉及国家许多领域的其他法律，也都作了相关具体规定。例如，《中华人民共和国国防动员法》第五十八条规定："被征用的民用资源使用完毕，县级以上地方人民政府应当及时组织返还；经过改造的，应当恢复原使用功能后返还；不能修复或者灭失的，以及因征用造成直接经济损失的，按照国家有关规定给予补偿。"

二、公民和组织因支持、协助国家安全工作造成人身伤害或者死亡的，按照国家有关规定给予抚恤优待

对于从事国家安全相关工作的国家机关工作人员和军人的抚恤优待，我国法律作了明确规定。例如，《中华人民共和国人民警察法》第四十一条规定，人民警察因公致残的，与因公致残的现役军人享受国家同样的抚恤和优待。人民警察因公牺牲或者病故的，其家属与因公牺牲或者病故的现役军人家属享受国家同样的抚恤和优待。

上述法律规定主要都是针对某一个特定的国家安全领域的情形。本条进一步明确，只要是公民和组织因支持、协助国家安全工作造成人身伤害或者死亡的，都应当按照国家有关规定给予抚恤优待。

参见　《中华人民共和国宪法》第十三条；《中华人民共和国国防动员法》第五十三条、第五十八条；《中华人民共和国反间谍法》第十一条；《中华人民共和国反恐怖主义法》第七十八条；《中华人民共和国人民警察法》第三十四条、第四十一条；《中华人民共和国人民武装警察法》第二十五条、第三十八条、第三十九条；《中华人民共和国公务员法》第八十三条；《中华人民共和国突发事件应对法》第六十一条；《中华人民共和国传染病防治法》第四十五条；《中华人民共和国消防法》第五十条；《中华人民共和国国防法》第六十五条、第六十六条；《烈士褒扬条例》；《军人抚恤优待条例》；《伤残抚恤管理办法》

第八十二条　【提出批评建议以及申诉、控告和检举的权利】公民和组织对国家安全工作有向国家机关提出批评建议的权利，对国家机关及其工作人员在国家安全工作中的违法失职行为有提出申诉、控告和检举的权利。

参见　《中华人民共和国宪法》第四十一条；《中华人民共和国反间谍法》第二十六条；《中华人民共和国反恐怖主义法》第九十四条；《中华人民共和国刑法》第二百五十四条

第八十三条　【特别措施的合法性和合理性要求】在国家安全工作中，需要采取限制公民权利和自由的特别措施时，应当依法进行，并以维护国家安全的实际需要为限度。

注释　权力法定和依法行政是一项基本的宪法原则，也是对公权力行使的最基本要求。一般而言，合法性原则要求采取限制公民权利和自由的特别措施的权限、范围、条件和程序都应当依法进行。

一是按照法定的权限、范围实施特别措施。不是所有从事国家安全工作的国家机关都有权实施限制公民权利和自由的特别措施，通常涉及规定这一类措施的单行法律，都会对采取措施的主体进行明确规定。即使是有权采取措施的机关,在实施措施时也不得超越本部门的职权范围,也不能实施应当由其他机关实施的措施。

二是按照法定的条件实施特别措施。本法第六十五条规定的条件是"国家决定进入紧急状态、战争状态或者实施国防动员后",相关国家机关才可以采取特别措施。

三是按照法定的程序实施特别措施。行政强制法等法律,对于采取行政强制措施的一般程序作了规定,有关单行法律法规还对具体的特别措施的实施程序作了明确规定。

参见 《中华人民共和国戒严法》第二条、第三条、第十三条;《中华人民共和国突发事件应对法》第四十九条、第五十条、第五十八条;《中华人民共和国国防动员法》第十二章;《民用运力国防动员条例》第三十五条;《中华人民共和国人民警察使用警械和武器条例》第七条、第八条

第七章 附 则

第八十四条 【实施日期】本法自公布之日起施行。

参见 《中华人民共和国立法法》第五十七条

中华人民共和国
香港特别行政区维护国家安全法

(2020年6月30日第十三届全国人民代表大会常务委员会第二十次会议通过 2020年6月30日中华人民共和国主席令第49号公布 自公布之日起施行)

第一章 总 则

第一条 为坚定不移并全面准确贯彻"一国两制"、"港人治港"、高度自治的方针,维护国家安全,防范、制止和惩治与香港特

别行政区有关的分裂国家、颠覆国家政权、组织实施恐怖活动和勾结外国或者境外势力危害国家安全等犯罪，保持香港特别行政区的繁荣和稳定，保障香港特别行政区居民的合法权益，根据中华人民共和国宪法、中华人民共和国香港特别行政区基本法和全国人民代表大会关于建立健全香港特别行政区维护国家安全的法律制度和执行机制的决定，制定本法。

第二条　关于香港特别行政区法律地位的香港特别行政区基本法第一条和第十二条规定是香港特别行政区基本法的根本性条款。香港特别行政区任何机构、组织和个人行使权利和自由，不得违背香港特别行政区基本法第一条和第十二条的规定。

第三条　中央人民政府对香港特别行政区有关的国家安全事务负有根本责任。

香港特别行政区负有维护国家安全的宪制责任，应当履行维护国家安全的职责。

香港特别行政区行政机关、立法机关、司法机关应当依据本法和其他有关法律规定有效防范、制止和惩治危害国家安全的行为和活动。

第四条　香港特别行政区维护国家安全应当尊重和保障人权，依法保护香港特别行政区居民根据香港特别行政区基本法和《公民权利和政治权利国际公约》、《经济、社会与文化权利的国际公约》适用于香港的有关规定享有的包括言论、新闻、出版的自由，结社、集会、游行、示威的自由在内的权利和自由。

第五条　防范、制止和惩治危害国家安全犯罪，应当坚持法治原则。法律规定为犯罪行为的，依照法律定罪处刑；法律没有规定为犯罪行为的，不得定罪处刑。

任何人未经司法机关判罪之前均假定无罪。保障犯罪嫌疑人、被告人和其他诉讼参与人依法享有的辩护权和其他诉讼权利。任何人已经司法程序被最终确定有罪或者宣告无罪的，不得就同一行为再予审判或者惩罚。

第六条　维护国家主权、统一和领土完整是包括香港同胞在内的全中国人民的共同义务。

在香港特别行政区的任何机构、组织和个人都应当遵守本法和香港特别行政区有关维护国家安全的其他法律，不得从事危害国家安全的行为和活动。

香港特别行政区居民在参选或者就任公职时应当依法签署文件确认或者宣誓拥护中华人民共和国香港特别行政区基本法，效忠中华人民共和国香港特别行政区。

第二章　香港特别行政区维护国家安全的职责和机构

第一节　职　责

第七条　香港特别行政区应当尽早完成香港特别行政区基本法规定的维护国家安全立法，完善相关法律。

第八条　香港特别行政区执法、司法机关应当切实执行本法和香港特别行政区现行法律有关防范、制止和惩治危害国家安全行为和活动的规定，有效维护国家安全。

第九条　香港特别行政区应当加强维护国家安全和防范恐怖活动的工作。对学校、社会团体、媒体、网络等涉及国家安全的事宜，香港特别行政区政府应当采取必要措施，加强宣传、指导、监督和管理。

第十条　香港特别行政区应当通过学校、社会团体、媒体、网络等开展国家安全教育，提高香港特别行政区居民的国家安全意识和守法意识。

第十一条　香港特别行政区行政长官应当就香港特别行政区维护国家安全事务向中央人民政府负责，并就香港特别行政区履行维护国家安全职责的情况提交年度报告。

如中央人民政府提出要求，行政长官应当就维护国家安全特定事项及时提交报告。

第二节　机　构

第十二条　香港特别行政区设立维护国家安全委员会，负责香港特别行政区维护国家安全事务，承担维护国家安全的主要责任，并接受中央人民政府的监督和问责。

第十三条 香港特别行政区维护国家安全委员会由行政长官担任主席，成员包括政务司长、财政司长、律政司长、保安局局长、警务处处长、本法第十六条规定的警务处维护国家安全部门的负责人、入境事务处处长、海关关长和行政长官办公室主任。

香港特别行政区维护国家安全委员会下设秘书处，由秘书长领导。秘书长由行政长官提名，报中央人民政府任命。

第十四条 香港特别行政区维护国家安全委员会的职责为：

（一）分析研判香港特别行政区维护国家安全形势，规划有关工作，制定香港特别行政区维护国家安全政策；

（二）推进香港特别行政区维护国家安全的法律制度和执行机制建设；

（三）协调香港特别行政区维护国家安全的重点工作和重大行动。

香港特别行政区维护国家安全委员会的工作不受香港特别行政区任何其他机构、组织和个人的干涉，工作信息不予公开。香港特别行政区维护国家安全委员会作出的决定不受司法复核。

第十五条 香港特别行政区维护国家安全委员会设立国家安全事务顾问，由中央人民政府指派，就香港特别行政区维护国家安全委员会履行职责相关事务提供意见。国家安全事务顾问列席香港特别行政区维护国家安全委员会会议。

第十六条 香港特别行政区政府警务处设立维护国家安全的部门，配备执法力量。

警务处维护国家安全部门负责人由行政长官任命，行政长官任命前须书面征求本法第四十八条规定的机构的意见。警务处维护国家安全部门负责人在就职时应当宣誓拥护中华人民共和国香港特别行政区基本法，效忠中华人民共和国香港特别行政区，遵守法律，保守秘密。

警务处维护国家安全部门可以从香港特别行政区以外聘请合格

的专门人员和技术人员，协助执行维护国家安全相关任务。

第十七条 警务处维护国家安全部门的职责为：

（一）收集分析涉及国家安全的情报信息；

（二）部署、协调、推进维护国家安全的措施和行动；

（三）调查危害国家安全犯罪案件；

（四）进行反干预调查和开展国家安全审查；

（五）承办香港特别行政区维护国家安全委员会交办的维护国家安全工作；

（六）执行本法所需的其他职责。

第十八条 香港特别行政区律政司设立专门的国家安全犯罪案件检控部门，负责危害国家安全犯罪案件的检控工作和其他相关法律事务。该部门检控官由律政司长征得香港特别行政区维护国家安全委员会同意后任命。

律政司国家安全犯罪案件检控部门负责人由行政长官任命，行政长官任命前须书面征求本法第四十八条规定的机构的意见。律政司国家安全犯罪案件检控部门负责人在就职时应当宣誓拥护中华人民共和国香港特别行政区基本法，效忠中华人民共和国香港特别行政区，遵守法律，保守秘密。

第十九条 经行政长官批准，香港特别行政区政府财政司长应当从政府一般收入中拨出专门款项支付关于维护国家安全的开支并核准所涉及的人员编制，不受香港特别行政区现行有关法律规定的限制。财政司长须每年就该款项的控制和管理向立法会提交报告。

第三章 罪行和处罚

第一节 分裂国家罪

第二十条 任何人组织、策划、实施或者参与实施以下旨在分裂国家、破坏国家统一行为之一的，不论是否使用武力或者以武力相威胁，即属犯罪：

（一）将香港特别行政区或者中华人民共和国其他任何部分从中华人民共和国分离出去；

（二）非法改变香港特别行政区或者中华人民共和国其他任何部分的法律地位；

（三）将香港特别行政区或者中华人民共和国其他任何部分转归外国统治。

犯前款罪，对首要分子或者罪行重大的，处无期徒刑或者十年以上有期徒刑；对积极参加的，处三年以上十年以下有期徒刑；对其他参加的，处三年以下有期徒刑、拘役或者管制。

第二十一条　任何人煽动、协助、教唆、以金钱或者其他财物资助他人实施本法第二十条规定的犯罪的，即属犯罪。情节严重的，处五年以上十年以下有期徒刑；情节较轻的，处五年以下有期徒刑、拘役或者管制。

第二节　颠覆国家政权罪

第二十二条　任何人组织、策划、实施或者参与实施以下以武力、威胁使用武力或者其他非法手段旨在颠覆国家政权行为之一的，即属犯罪：

（一）推翻、破坏中华人民共和国宪法所确立的中华人民共和国根本制度；

（二）推翻中华人民共和国中央政权机关或者香港特别行政区政权机关；

（三）严重干扰、阻挠、破坏中华人民共和国中央政权机关或者香港特别行政区政权机关依法履行职能；

（四）攻击、破坏香港特别行政区政权机关履职场所及其设施，致使其无法正常履行职能。

犯前款罪，对首要分子或者罪行重大的，处无期徒刑或者十年以上有期徒刑；对积极参加的，处三年以上十年以下有期徒刑；对其他参加的，处三年以下有期徒刑、拘役或者管制。

第二十三条　任何人煽动、协助、教唆、以金钱或者其他财物资助他人实施本法第二十二条规定的犯罪的,即属犯罪。情节严重的,处五年以上十年以下有期徒刑;情节较轻的,处五年以下有期徒刑、拘役或者管制。

第三节　恐怖活动罪

第二十四条　为胁迫中央人民政府、香港特别行政区政府或者国际组织或者威吓公众以图实现政治主张,组织、策划、实施、参与实施或者威胁实施以下造成或者意图造成严重社会危害的恐怖活动之一的,即属犯罪:

(一) 针对人的严重暴力;

(二) 爆炸、纵火或者投放毒害性、放射性、传染病病原体等物质;

(三) 破坏交通工具、交通设施、电力设备、燃气设备或者其他易燃易爆设备;

(四) 严重干扰、破坏水、电、燃气、交通、通讯、网络等公共服务和管理的电子控制系统;

(五) 以其他危险方法严重危害公众健康或者安全。

犯前款罪,致人重伤、死亡或者使公私财产遭受重大损失的,处无期徒刑或者十年以上有期徒刑;其他情形,处三年以上十年以下有期徒刑。

第二十五条　组织、领导恐怖活动组织的,即属犯罪,处无期徒刑或者十年以上有期徒刑,并处没收财产;积极参加的,处三年以上十年以下有期徒刑,并处罚金;其他参加的,处三年以下有期徒刑、拘役或者管制,可以并处罚金。

本法所指的恐怖活动组织,是指实施或者意图实施本法第二十四条规定的恐怖活动罪行或者参与或者协助实施本法第二十四条规定的恐怖活动罪行的组织。

第二十六条　为恐怖活动组织、恐怖活动人员、恐怖活动实施提供培训、武器、信息、资金、物资、劳务、运输、技术或者场所等支持、协助、便利,或者制造、非法管有爆炸性、毒害性、放射性、传染病病原体等物质以及以其他形式准备实施恐怖活动的，即属犯罪。情节严重的，处五年以上十年以下有期徒刑，并处罚金或者没收财产；其他情形，处五年以下有期徒刑、拘役或者管制，并处罚金。

有前款行为，同时构成其他犯罪的，依照处罚较重的规定定罪处罚。

第二十七条　宣扬恐怖主义、煽动实施恐怖活动的，即属犯罪。情节严重的，处五年以上十年以下有期徒刑，并处罚金或者没收财产；其他情形，处五年以下有期徒刑、拘役或者管制，并处罚金。

第二十八条　本节规定不影响依据香港特别行政区法律对其他形式的恐怖活动犯罪追究刑事责任并采取冻结财产等措施。

第四节　勾结外国或者境外势力危害国家安全罪

第二十九条　为外国或者境外机构、组织、人员窃取、刺探、收买、非法提供涉及国家安全的国家秘密或者情报的；请求外国或者境外机构、组织、人员实施，与外国或者境外机构、组织、人员串谋实施，或者直接或者间接接受外国或者境外机构、组织、人员的指使、控制、资助或者其他形式的支援实施以下行为之一的，均属犯罪：

（一）对中华人民共和国发动战争，或者以武力或者武力相威胁，对中华人民共和国主权、统一和领土完整造成严重危害；

（二）对香港特别行政区政府或者中央人民政府制定和执行法律、政策进行严重阻挠并可能造成严重后果；

（三）对香港特别行政区选举进行操控、破坏并可能造成严重后果；

（四）对香港特别行政区或者中华人民共和国进行制裁、封锁或者采取其他敌对行动；

（五）通过各种非法方式引发香港特别行政区居民对中央人民政府或者香港特别行政区政府的憎恨并可能造成严重后果。

犯前款罪，处三年以上十年以下有期徒刑；罪行重大的，处无期徒刑或者十年以上有期徒刑。

本条第一款规定涉及的境外机构、组织、人员，按共同犯罪定罪处刑。

第三十条　为实施本法第二十条、第二十二条规定的犯罪，与外国或者境外机构、组织、人员串谋，或者直接或者间接接受外国或者境外机构、组织、人员的指使、控制、资助或者其他形式的支援的，依照本法第二十条、第二十二条的规定从重处罚。

第五节　其他处罚规定

第三十一条　公司、团体等法人或者非法人组织实施本法规定的犯罪的，对该组织判处罚金。

公司、团体等法人或者非法人组织因犯本法规定的罪行受到刑事处罚的，应责令其暂停运作或者吊销其执照或者营业许可证。

第三十二条　因实施本法规定的犯罪而获得的资助、收益、报酬等违法所得以及用于或者意图用于犯罪的资金和工具，应当予以追缴、没收。

第三十三条　有以下情形的，对有关犯罪行为人、犯罪嫌疑人、被告人可以从轻、减轻处罚；犯罪较轻的，可以免除处罚：

（一）在犯罪过程中，自动放弃犯罪或者自动有效地防止犯罪结果发生的；

（二）自动投案，如实供述自己的罪行的；

（三）揭发他人犯罪行为，查证属实，或者提供重要线索得以侦破其他案件的。

被采取强制措施的犯罪嫌疑人、被告人如实供述执法、司法机关未掌握的本人犯有本法规定的其他罪行的，按前款第二项规定处理。

第三十四条　不具有香港特别行政区永久性居民身份的人实施本法规定的犯罪的，可以独立适用或者附加适用驱逐出境。

不具有香港特别行政区永久性居民身份的人违反本法规定，因任何原因不对其追究刑事责任的，也可以驱逐出境。

第三十五条　任何人经法院判决犯危害国家安全罪行的，即丧失作为候选人参加香港特别行政区举行的立法会、区议会选举或者出任香港特别行政区任何公职或者行政长官选举委员会委员的资格；

曾经宣誓或者声明拥护中华人民共和国香港特别行政区基本法、效忠中华人民共和国香港特别行政区的立法会议员、政府官员及公务人员、行政会议成员、法官及其他司法人员、区议员，即时丧失该等职务，并丧失参选或者出任上述职务的资格。

前款规定资格或者职务的丧失，由负责组织、管理有关选举或者公职任免的机构宣布。

第六节　效力范围

第三十六条　任何人在香港特别行政区内实施本法规定的犯罪的，适用本法。犯罪的行为或者结果有一项发生在香港特别行政区内的，就认为是在香港特别行政区内犯罪。

在香港特别行政区注册的船舶或者航空器内实施本法规定的犯罪的，也适用本法。

第三十七条　香港特别行政区永久性居民或者在香港特别行政区成立的公司、团体等法人或者非法人组织在香港特别行政区以外实施本法规定的犯罪的，适用本法。

第三十八条　不具有香港特别行政区永久性居民身份的人在香港特别行政区以外针对香港特别行政区实施本法规定的犯罪的，适用本法。

第三十九条　本法施行以后的行为，适用本法定罪处刑。

第四章　案件管辖、法律适用和程序

第四十条　香港特别行政区对本法规定的犯罪案件行使管辖权，但本法第五十五条规定的情形除外。

第四十一条　香港特别行政区管辖危害国家安全犯罪案件的立案侦查、检控、审判和刑罚的执行等诉讼程序事宜，适用本法和香港特别行政区本地法律。

未经律政司长书面同意，任何人不得就危害国家安全犯罪案件提出检控。但该规定不影响就有关犯罪依法逮捕犯罪嫌疑人并将其羁押，也不影响该等犯罪嫌疑人申请保释。

香港特别行政区管辖的危害国家安全犯罪案件的审判循公诉程序进行。

审判应当公开进行。因为涉及国家秘密、公共秩序等情形不宜公开审理的，禁止新闻界和公众旁听全部或者一部分审理程序，但判决结果应当一律公开宣布。

第四十二条　香港特别行政区执法、司法机关在适用香港特别行政区现行法律有关羁押、审理期限等方面的规定时，应当确保危害国家安全犯罪案件公正、及时办理，有效防范、制止和惩治危害国家安全犯罪。

对犯罪嫌疑人、被告人，除非法官有充足理由相信其不会继续实施危害国家安全行为的，不得准予保释。

第四十三条　香港特别行政区政府警务处维护国家安全部门办理危害国家安全犯罪案件时，可以采取香港特别行政区现行法律准予警方等执法部门在调查严重犯罪案件时采取的各种措施，并可以采取以下措施：

（一）搜查可能存有犯罪证据的处所、车辆、船只、航空器以及其他有关地方和电子设备；

（二）要求涉嫌实施危害国家安全犯罪行为的人员交出旅行证件或者限制其离境；

（三）对用于或者意图用于犯罪的财产、因犯罪所得的收益等与犯罪相关的财产，予以冻结，申请限制令、押记令、没收令以及充公；

（四）要求信息发布人或者有关服务商移除信息或者提供协助；

（五）要求外国及境外政治性组织，外国及境外当局或者政治性组织的代理人提供资料；

（六）经行政长官批准，对有合理理由怀疑涉及实施危害国家安全犯罪的人员进行截取通讯和秘密监察；

（七）对有合理理由怀疑拥有与侦查有关的资料或者管有有关物料的人员，要求其回答问题和提交资料或者物料。

香港特别行政区维护国家安全委员会对警务处维护国家安全部

门等执法机构采取本条第一款规定措施负有监督责任。

授权香港特别行政区行政长官会同香港特别行政区维护国家安全委员会为采取本条第一款规定措施制定相关实施细则。

第四十四条 香港特别行政区行政长官应当从裁判官、区域法院法官、高等法院原讼法庭法官、上诉法庭法官以及终审法院法官中指定若干名法官,也可从暂委或者特委法官中指定若干名法官,负责处理危害国家安全犯罪案件。行政长官在指定法官前可征询香港特别行政区维护国家安全委员会和终审法院首席法官的意见。上述指定法官任期一年。

凡有危害国家安全言行的,不得被指定为审理危害国家安全犯罪案件的法官。在获任指定法官期间,如有危害国家安全言行的,终止其指定法官资格。

在裁判法院、区域法院、高等法院和终审法院就危害国家安全犯罪案件提起的刑事检控程序应当分别由各该法院的指定法官处理。

第四十五条 除本法另有规定外,裁判法院、区域法院、高等法院和终审法院应当按照香港特别行政区的其他法律处理就危害国家安全犯罪案件提起的刑事检控程序。

第四十六条 对高等法院原讼法庭进行的就危害国家安全犯罪案件提起的刑事检控程序,律政司长可基于保护国家秘密、案件具有涉外因素或者保障陪审员及其家人的人身安全等理由,发出证书指示相关诉讼毋须在有陪审团的情况下进行审理。凡律政司长发出上述证书,高等法院原讼法庭应当在没有陪审团的情况下进行审理,并由三名法官组成审判庭。

凡律政司长发出前款规定的证书,适用于相关诉讼的香港特别行政区任何法律条文关于"陪审团"或者"陪审团的裁决",均应当理解为指法官或者法官作为事实裁断者的职能。

第四十七条 香港特别行政区法院在审理案件中遇有涉及有关行为是否涉及国家安全或者有关证据材料是否涉及国家秘密的认定问题,应取得行政长官就该等问题发出的证明书,上述证明书对法院有约束力。

第五章　中央人民政府驻香港特别行政区维护国家安全机构

第四十八条　中央人民政府在香港特别行政区设立维护国家安全公署。中央人民政府驻香港特别行政区维护国家安全公署依法履行维护国家安全职责，行使相关权力。

驻香港特别行政区维护国家安全公署人员由中央人民政府维护国家安全的有关机关联合派出。

第四十九条　驻香港特别行政区维护国家安全公署的职责为：

（一）分析研判香港特别行政区维护国家安全形势，就维护国家安全重大战略和重要政策提出意见和建议；

（二）监督、指导、协调、支持香港特别行政区履行维护国家安全的职责；

（三）收集分析国家安全情报信息；

（四）依法办理危害国家安全犯罪案件。

第五十条　驻香港特别行政区维护国家安全公署应当严格依法履行职责，依法接受监督，不得侵害任何个人和组织的合法权益。

驻香港特别行政区维护国家安全公署人员除须遵守全国性法律外，还应当遵守香港特别行政区法律。

驻香港特别行政区维护国家安全公署人员依法接受国家监察机关的监督。

第五十一条　驻香港特别行政区维护国家安全公署的经费由中央财政保障。

第五十二条　驻香港特别行政区维护国家安全公署应当加强与中央人民政府驻香港特别行政区联络办公室、外交部驻香港特别行政区特派员公署、中国人民解放军驻香港部队的工作联系和工作协同。

第五十三条　驻香港特别行政区维护国家安全公署应当与香港特别行政区维护国家安全委员会建立协调机制，监督、指导香港特别行政区维护国家安全工作。

驻香港特别行政区维护国家安全公署的工作部门应当与香港特别行政区维护国家安全的有关机关建立协作机制,加强信息共享和行动配合。

第五十四条　驻香港特别行政区维护国家安全公署、外交部驻香港特别行政区特派员公署会同香港特别行政区政府采取必要措施,加强对外国和国际组织驻香港特别行政区机构、在香港特别行政区的外国和境外非政府组织和新闻机构的管理和服务。

第五十五条　有以下情形之一的,经香港特别行政区政府或者驻香港特别行政区维护国家安全公署提出,并报中央人民政府批准,由驻香港特别行政区维护国家安全公署对本法规定的危害国家安全犯罪案件行使管辖权:

（一）案件涉及外国或者境外势力介入的复杂情况,香港特别行政区管辖确有困难的;

（二）出现香港特别行政区政府无法有效执行本法的严重情况的;

（三）出现国家安全面临重大现实威胁的情况的。

第五十六条　根据本法第五十五条规定管辖有关危害国家安全犯罪案件时,由驻香港特别行政区维护国家安全公署负责立案侦查,最高人民检察院指定有关检察机关行使检察权,最高人民法院指定有关法院行使审判权。

第五十七条　根据本法第五十五条规定管辖案件的立案侦查、审查起诉、审判和刑罚的执行等诉讼程序事宜,适用《中华人民共和国刑事诉讼法》等相关法律的规定。

根据本法第五十五条规定管辖案件时,本法第五十六条规定的执法、司法机关依法行使相关权力,其为决定采取强制措施、侦查措施和司法裁判而签发的法律文书在香港特别行政区具有法律效力。对于驻香港特别行政区维护国家安全公署依法采取的措施,有关机构、组织和个人必须遵从。

第五十八条　根据本法第五十五条规定管辖案件时,犯罪嫌疑人自被驻香港特别行政区维护国家安全公署第一次讯问或者采取强制措施之日起,有权委托律师作为辩护人。辩护律师可以依法为犯罪嫌疑人、被告人提供法律帮助。

犯罪嫌疑人、被告人被合法拘捕后,享有尽早接受司法机关公正审判的权利。

第五十九条 根据本法第五十五条规定管辖案件时,任何人如果知道本法规定的危害国家安全犯罪案件情况,都有如实作证的义务。

第六十条 驻香港特别行政区维护国家安全公署及其人员依据本法执行职务的行为,不受香港特别行政区管辖。

持有驻香港特别行政区维护国家安全公署制发的证件或者证明文件的人员和车辆等在执行职务时不受香港特别行政区执法人员检查、搜查和扣押。

驻香港特别行政区维护国家安全公署及其人员享有香港特别行政区法律规定的其他权利和豁免。

第六十一条 驻香港特别行政区维护国家安全公署依据本法规定履行职责时,香港特别行政区政府有关部门须提供必要的便利和配合,对妨碍有关执行职务的行为依法予以制止并追究责任。

第六章 附 则

第六十二条 香港特别行政区本地法律规定与本法不一致的,适用本法规定。

第六十三条 办理本法规定的危害国家安全犯罪案件的有关执法、司法机关及其人员或者办理其他危害国家安全犯罪案件的香港特别行政区执法、司法机关及其人员,应当对办案过程中知悉的国家秘密、商业秘密和个人隐私予以保密。

担任辩护人或者诉讼代理人的律师应当保守在执业活动中知悉的国家秘密、商业秘密和个人隐私。

配合办案的有关机构、组织和个人应当对案件有关情况予以保密。

第六十四条 香港特别行政区适用本法时,本法规定的"有期徒刑""无期徒刑""没收财产"和"罚金"分别指"监禁""终身监禁""充公犯罪所得"和"罚款","拘役"参照适用香港特别行政区相关法律规定的"监禁""入劳役中心""入教导所","管制"参照适用香港特别行政区相关法律规定的"社会服务令""入感化院","吊销执照或者营业许可证"指香港特别行政区相关法律规定的"取消注册或者注册豁免,或者取消牌照"。

第六十五条 本法的解释权属于全国人民代表大会常务委员会。

第六十六条 本法自公布之日起施行。

中华人民共和国反恐怖主义法

(2015年12月27日第十二届全国人民代表大会常务委员会第十八次会议通过 根据2018年4月27日第十三届全国人民代表大会常务委员会第二次会议《关于修改〈中华人民共和国国境卫生检疫法〉等六部法律的决定》修正)

第一章 总 则

第一条 【立法目的】为了防范和惩治恐怖活动,加强反恐怖主义工作,维护国家安全、公共安全和人民生命财产安全,根据宪法,制定本法。

注释 本条主要规定了以下两方面的内容:

一是制定反恐怖主义法的目的。防范和惩治恐怖活动,加强反恐怖主义工作,维护国家安全、公共安全和人民生命财产安全,是制定反恐怖主义法的目的。作为一部反恐怖主义的专门法律,反恐怖主义法坚持总体国家安全观,对恐怖主义等定义、反恐怖主义工作的基本原则和工作体制机制、安全防范、情报信息、调查、应对处置、保障措施、法律责任等作了规定,对进一步健全完善国家安全法律制度体系,加强反恐怖主义工作,维护国家安全、公共安全和人民生命财产安全,具有重要的意义。

二是制定反恐怖主义法的依据。宪法规定，国家维护社会秩序，镇压叛国和其他危害国家安全的犯罪活动，制裁危害社会治安、破坏社会主义经济和其他犯罪的活动，惩办和改造犯罪分子。根据宪法的有关规定，根据总体国家安全观的要求，在现有法律规定的基础上，制定了反恐怖主义法。

第二条　【国家反对恐怖主义的基本立场】国家反对一切形式的恐怖主义，依法取缔恐怖活动组织，对任何组织、策划、准备实施、实施恐怖活动，宣扬恐怖主义，煽动实施恐怖活动，组织、领导、参加恐怖活动组织，为恐怖活动提供帮助的，依法追究法律责任。

国家不向任何恐怖活动组织和人员作出妥协，不向任何恐怖活动人员提供庇护或者给予难民地位。

第三条　【恐怖主义定义】【恐怖活动定义】【恐怖活动组织定义】【恐怖活动人员定义】【恐怖事件定义】本法所称恐怖主义，是指通过暴力、破坏、恐吓等手段，制造社会恐慌、危害公共安全、侵犯人身财产，或者胁迫国家机关、国际组织，以实现其政治、意识形态等目的的主张和行为。

本法所称恐怖活动，是指恐怖主义性质的下列行为：

（一）组织、策划、准备实施、实施造成或者意图造成人员伤亡、重大财产损失、公共设施损坏、社会秩序混乱等严重社会危害的活动的；

（二）宣扬恐怖主义，煽动实施恐怖活动，或者非法持有宣扬恐怖主义的物品，强制他人在公共场所穿戴宣扬恐怖主义的服饰、标志的；

（三）组织、领导、参加恐怖活动组织的；

（四）为恐怖活动组织、恐怖活动人员、实施恐怖活动或者恐怖活动培训提供信息、资金、物资、劳务、技术、场所等支持、协助、便利的；

（五）其他恐怖活动。

本法所称恐怖活动组织，是指三人以上为实施恐怖活动而组成的犯罪组织。

本法所称恐怖活动人员，是指实施恐怖活动的人和恐怖活动组织的成员。

本法所称恐怖事件，是指正在发生或者已经发生的造成或者可能造成重大社会危害的恐怖活动。

注释 根据本条第一款规定，本法所称恐怖主义，是指通过暴力、破坏、恐吓等手段，制造社会恐慌、危害公共安全、侵犯人身财产，或者胁迫国家机关、国际组织，以实现其政治、意识形态等目的的主张和行为。

恐怖主义主要有以下几个要素：

1. 恐怖主义表现为"主张"和"行为"。这里规定的"主张"，是通过发表文字或者发布言论等方式向他人表达出来的恐怖主义的意见、看法、理论或者思想体系，以诱骗、指使、策动他人接受这些意见、看法、理论或者思想体系，从而信奉恐怖主义，形成恐怖组织，或者从事恐怖活动。这里规定的"行为"，是指本条第二款中规定的具有该款规定性质的五类恐怖活动，既包括采取具体的暴力、破坏、恐吓等方式，制造社会恐慌，给国家、社会或者他人造成身体伤害或者财产损失的暴力恐怖活动，也包括其他类型的恐怖活动，比如，准备实施恐怖活动，宣扬恐怖主义，煽动实施恐怖活动，或者非法持有宣扬恐怖主义的物品，强制他人在公共场所穿戴宣扬恐怖主义的服饰、标志，组织、领导、参加恐怖活动组织，为恐怖活动组织、恐怖活动人员、实施恐怖活动或者恐怖活动培训提供信息、资金、物资、劳务、技术、场所等支持、协助、便利等。

2. 恐怖主义的手段包括使用暴力、破坏或者恐吓等手段。暴力或者威胁使用暴力是其最基本的手段，包括杀害、伤害他人、爆炸、纵火、投放危险物质、劫持飞机、劫持人质等。破坏，则主要是指损毁财物，破坏特定目标或者设施，如破坏公共信息网络、中断电、热、气等重要能源供应等。除了暴力和破坏手段以外，恐怖主义还会使用恐吓、强迫、强制、敲诈等以暴力、破坏为支持力量的手段造成社会恐慌，严重影响社会正常生活秩序。

3. 恐怖主义具有明确的目的性。恐怖主义的直接目的，是通过实施具体的暴力、破坏、恐吓等活动,在社会上制造恐怖气氛,恐吓政府机构、国际组织或者社会公众,从而强迫政府、国际组织等从事或者不从事某种行为。其根本目的是通过实现直接目的,最终实现其特定的政治或者意识形态等目的。"特定的政治或者意识形态等目的"是恐怖主义区别于一般的群体性案(事)件、邪教活动、黑社会性质组织活动、个人报复社会等不稳定因素引发的违法犯罪一个根本特征。

本条第二款规定了恐怖活动的定义。这一定义主要从两个方面来把握:

一是,恐怖活动是"恐怖主义性质"的行为。根据这一规定,恐怖活动是基于恐怖主义实施的符合本条第一款规定的手段、目的和社会危害等要素的行为。这是恐怖活动的本质属性。

二是,本款明确列举了恐怖活动的五种具体形式。

1. 组织、策划、准备实施、实施造成或者意图造成人员伤亡、重大财产损失、公共设施损坏、社会秩序混乱等严重社会危害的活动的。这里规定的"造成人员伤亡、重大财产损失、公共设施损坏、社会秩序混乱等严重社会危害的活动",是指带有恐怖主义性质的杀人、放火、爆炸、投放危险物质、劫机、劫持人质等暴力行为。应当注意的是,这里单独明确规定了"准备实施"恐怖活动的行为。这种"准备实施"的行为,是指为实施恐怖活动准备凶器、危险物品或者其他工具,组织恐怖活动培训或者积极参加恐怖活动培训,为实施恐怖活动与境外恐怖活动组织或者人员联络,为实施恐怖活动进行策划或者其他准备等行为。

2. 宣扬恐怖主义,煽动实施恐怖活动,或者非法持有宣扬恐怖主义的物品,强制他人在公共场所穿戴宣扬恐怖主义的服饰、标志的。除了实施暴力恐怖活动之外,恐怖活动组织和人员还通过各种方式宣扬恐怖主义,营造社会恐慌,蛊惑他人参与恐怖主义活动,煽动实施恐怖活动。这些行为具有极大的社会危害性,其中宣扬、煽动等会使他人受到恐怖主义的影响甚至被"洗脑"成为恐怖活动分子,造成或者助长恐怖主义蔓延;强制他人在公共场所穿戴恐怖主义服饰、标志在侵犯他人人身权利和正常的宗教信仰自由的同时,还会影响、控制信教群众,煽动狂热情绪,营造恐怖主义、极端主义氛围等。为维护正常的社会秩序,有效防止恐怖主义、极端主义思想滋生蔓延,2015年8月29日全国人大常委会通过的刑法修正案(九),将这些行为增加规定为犯罪。

3. 组织、领导、参加恐怖活动组织的。这里所说的"组织",是指鼓动、召集若干人建立恐怖活动组织。"领导",是指在恐怖活动组织中起指挥、决定作用的人员。"参加",是指参与到恐怖活动组织中,成为恐怖活动组织成员,并发挥一定作用的成员。

4. 为恐怖活动组织、恐怖活动人员、实施恐怖活动或者恐怖活动培训提供信息、资金、物资、劳务、技术、场所等支持、协助、便利的。实践中,恐怖活动组织、恐怖活动人员、实施恐怖活动或者恐怖活动培训,往往需要有相应的信息、资金和物资等支持,需要获得劳务、技术、场所等协助和便利。另外,也有一些组织、人员不直接从事暴力恐怖活动,而是专门为恐怖活动或者恐怖活动组织、恐怖活动人员等提供支持、协助、便利。这些帮助行为,使暴力恐怖活动更易于实施并更易于成功,具有同等的危害,也属于一种恐怖活动。

5. 其他恐怖活动。这是根据实际情况所作的兜底规定。实践中,对于本款前四项规定之外的根据第一款规定的要件可以认定为恐怖主义性质的行为,以及其他一些衍生出现的新的恐怖活动行为的表现形式,都应当及时依法确定为恐怖活动并予以惩治。

本条第三款规定了恐怖活动组织的定义。根据本款规定,本法所称恐怖活动组织,是指三人以上为实施恐怖活动而组成的犯罪组织。根据这一规定,恐怖活动组织包含以下特征:1. 人员数量为三人以上。2. 为实施恐怖活动而组成。这里所说的"恐怖活动",包括本条第二款规定的各种恐怖活动。也就是说,不仅为实施杀人、放火、投放危险物质、爆炸、劫机等暴力恐怖活动而组成的犯罪组织,为实施其他恐怖活动,比如,进行恐怖主义融资、恐怖活动培训、宣扬恐怖主义等而组成的犯罪组织,也是本款规定的恐怖活动组织。3. 属于犯罪组织。包括为实施恐怖活动而组成的较为固定的犯罪集团和三人以上为实施恐怖活动而组成的犯罪团伙。这种犯罪团伙虽然组织形态不太严密，也应当认定为恐怖活动组织。

本条第四款规定了恐怖活动人员的定义。根据本款规定，恐怖活动人员是指实施恐怖活动的人和恐怖活动组织的成员。根据这一规定，恐怖活动人员包括两种：一是，恐怖活动组织成员，包括组织、领导、参加恐怖活动组织的人员，以及在恐怖活动组织中从事恐怖活动准备、宣扬煽动、恐怖活动培训、恐怖主义融资等活动的人员。对参加了恐怖活动组织的人员，无论是否实施了恐怖活动，都应当认定为恐怖活动人员，并依照刑法第一百二十条的规定予以处罚。对于组织、领导、参加恐怖活动组织并实施杀人、爆炸、绑架等犯罪的，应当按照刑法第一百二十条第二款的规定数罪并罚。二是，不属于恐怖活动组织成员而单独实施恐怖活动的人。比如，临时参与到恐怖活动中的人员，或者自己独立实施恐怖活动的所谓的"独狼"等。根据本法的相关规定，恐怖活动人员也有两种认定渠道：一是由国家反恐怖主义工作领导机构认定，二是由人民法院在刑事诉讼中依法认定。对国家反恐怖主义工作领导机构认定的恐怖活动人员，以及人民法院依法认定的恐怖活动人员中需要予以公告的，由国家反恐怖主义工作领导机构的办事机构予以公告。

本条第五款规定了恐怖事件的定义。根据本款规定，本法所称恐怖事件，是指正在发生或者已经发生的造成或者可能造成重大社会危害的恐怖活动。恐怖事件具有以下两个特征：一是时间特征，即正在发生或者已经发生。二是重大社会危害性特征，即造成或者可能造成重大社会危害。

第四条 【反恐怖主义工作方针】【反对极端主义】国家将反恐怖主义纳入国家安全战略，综合施策，标本兼治，加强反恐怖主义的能力建设，运用政治、经济、法律、文化、教育、外交、军事等手段，开展反恐怖主义工作。

国家反对一切形式的以歪曲宗教教义或者其他方法煽动仇恨、煽动歧视、鼓吹暴力等极端主义，消除恐怖主义的思想基础。

第五条 【反恐怖主义工作原则】反恐怖主义工作坚持专门工作与群众路线相结合，防范为主、惩防结合和先发制敌、保持主动的原则。

第六条 【依法反恐】【尊重和保障人权】【禁止歧视】反恐怖主义工作应当依法进行，尊重和保障人权，维护公民和组织的合法权益。

在反恐怖主义工作中，应当尊重公民的宗教信仰自由和民族风俗习惯，禁止任何基于地域、民族、宗教等理由的歧视性做法。

第七条 【反恐怖主义工作领导机构设置及其职权】国家设立反恐怖主义工作领导机构，统一领导和指挥全国反恐怖主义工作。

设区的市级以上地方人民政府设立反恐怖主义工作领导机构，县级人民政府根据需要设立反恐怖主义工作领导机构，在上级反恐怖主义工作领导机构的领导和指挥下，负责本地区反恐怖主义工作。

注释 根据本条第二款规定，各级人民政府设立反恐怖主义工作领导机构分两种情况：一是，设区的市级以上地方人民政府，均设立反恐怖主义工作领导机构；二是，县级人民政府根据需要设立反恐怖主义工作领导机构。这里的"根据需要设立"，是指根据当地的恐怖主义形势、社会治安、民族、宗教状况，反恐怖主义工作的实际等因素综合考虑，确有需要设立反恐怖主义工作领导机构的。对根据实际情况不需要设立独立的反恐怖主义工作领导机构的，可以确定由有关部门负责相关工作。

第二款还明确了上下级反恐怖主义工作领导机构之间的关系。根据本款规定，上下级反恐怖主义工作领导机构之间是领导、指挥与被领导、指挥的关系，下级反恐怖主义领导机构要落实上级反恐怖主义工作领导机构的方针、政策，服从并执行上级反恐怖主义工作领导机构的命令，及时向上级反恐怖主义工作领导机构请示、汇报反恐怖主义的问题、情况等。

应当注意的是，反恐怖主义工作领导机构由不同的部门、机构组成。比如，公安机关、国家安全机关、人民检察院、人民法院、司法行政机关、其他有关国家机关、中国人民解放军、中国人民武装警察部队等。考虑到各地的恐怖主义形势和反恐怖主义工作实际的不同，对于反恐怖主义工作领导机构的组成、办事机构、编制、各部门的职责等具体内容，本法没有作出规定。对此，各地反恐怖主义工作领导机构可以根据本法和当地反恐怖主义工作实际情况予以确定。

第八条 【反恐怖主义工作责任制】【武装力量防范和处置恐怖活动】【反恐怖主义工作联动配合机制】公安机关、国家安全机关和人民检察院、人民法院、司法行政机关以及其他有关国家机关，应当根据分工，实行工作责任制，依法做好反恐怖主义工作。

中国人民解放军、中国人民武装警察部队和民兵组织依照本法和其他有关法律、行政法规、军事法规以及国务院、中央军事委员会的命令，并根据反恐怖主义工作领导机构的部署，防范和处置恐怖活动。

有关部门应当建立联动配合机制，依靠、动员村民委员会、居民委员会、企业事业单位、社会组织，共同开展反恐怖主义工作。

第九条 【单位和个人的反恐怖主义义务】任何单位和个人都有协助、配合有关部门开展反恐怖主义工作的义务，发现恐怖活动嫌疑或者恐怖活动嫌疑人员的，应当及时向公安机关或者有关部门报告。

第十条 【对有突出贡献的单位和个人的表彰、奖励】对举报恐怖活动或者协助防范、制止恐怖活动有突出贡献的单位和个人，以及在反恐怖主义工作中作出其他突出贡献的单位和个人，按照国家有关规定给予表彰、奖励。

第十一条 【对恐怖活动犯罪的刑事管辖权】对在中华人民共和国领域外对中华人民共和国国家、公民或者机构实施的恐怖活动犯罪，或者实施的中华人民共和国缔结、参加的国际条约所规定的恐怖活动犯罪，中华人民共和国行使刑事管辖权，依法追究刑事责任。

注释 本条规定的"在中华人民共和国领域外对中华人民共和国国家、公民或者机构实施的恐怖活动犯罪"，包括任何组织和个人在我国境外针对我国或者我国的公民、机构实施各种恐怖犯罪活动的情况。其中对中华人民共和国国家实施恐怖活动犯罪，主要是指实施危害我国国家安全和利益的恐怖活动犯罪；对中华人民共和国公民或者机构实施恐怖活动犯罪，主要是指实施恐怖活动犯罪侵犯我国公民的人身财产权利或者侵犯我国驻外使领馆、驻外企业、驻外设施的安全等。需要注意的是，这一规定不再要求法定最低刑为三年以上有期徒刑和按照犯罪地的法律也应当受到处罚的条件限制。

本条规定的"实施的中华人民共和国缔结、参加的国际条约所规定的恐怖活动犯罪"，主要是指外国人在我国境外针对其他国家或者公民实施的我国缔结、参加的反恐怖主义国际条约所规定的恐怖活动犯罪。对这类犯罪行使管辖权，属于刑法规定的普遍管辖原则。

这里所说的中华人民共和国缔结、参加的国际条约，是指已经由全国人大常委会批准的我国缔结或者参加的规定恐怖活动犯罪规定的国际条约。

第二章 恐怖活动组织和人员的认定

第十二条 【认定和公布恐怖活动组织和人员的机构】国家反恐怖主义工作领导机构根据本法第三条的规定，认定恐怖活动组织和人员，由国家反恐怖主义工作领导机构的办事机构予以公告。

> **注释** 本条规定的恐怖活动组织和人员的认定主体是"国家反恐怖主义工作领导机构"，即本法第七条规定在国家层面设立的负责统一领导和指挥全国反恐怖主义工作的领导机构，地方设立的反恐怖主义工作领导机构有权申请国家反恐怖主义领导机构认定恐怖组织和人员，但本身没有认定的权力。

第十三条 【恐怖活动组织和人员的认定申请】国务院公安部门、国家安全部门、外交部门和省级反恐怖主义工作领导机构对于需要认定恐怖活动组织和人员的，应当向国家反恐怖主义工作领导机构提出申请。

第十四条 【恐怖活动组织和人员的资金、资产冻结】金融机构和特定非金融机构对国家反恐怖主义工作领导机构的办事机构公告的恐怖活动组织和人员的资金或者其他资产，应当立即予以冻结，并按照规定及时向国务院公安部门、国家安全部门和反洗钱行政主管部门报告。

> **注释** 本条规定的"金融机构"，是指依法设立的从事金融业务的政策性银行、商业银行、信用合作社、邮政储汇机构、信托投资公司、证券公司、期货经纪公司、保险公司等；"特定非金融机构"，主要是指房地产经纪、贵金属交易、珠宝交易以及律师、公证、会计、审计等中介服务等。"资金"是指银行账户或者其他金融活动中的来往资金，包括人民币和外汇资金等。"其他资产"，是指资金以外的其他动产或者不动产等。

第十五条 【被认定为恐怖活动组织和人员的复核程序】 被认定的恐怖活动组织和人员对认定不服的，可以通过国家反恐怖主义工作领导机构的办事机构申请复核。国家反恐怖主义工作领导机构应当及时进行复核，作出维持或者撤销认定的决定。复核决定为最终决定。

国家反恐怖主义工作领导机构作出撤销认定的决定的，由国家反恐怖主义工作领导机构的办事机构予以公告；资金、资产已被冻结的，应当解除冻结。

> **注释** 本条第一款是关于被认定的恐怖活动组织和人员的相关复核程序的规定。根据本款规定，被认定的恐怖活动组织和人员对认定不服的，可以通过国家反恐怖主义工作领导机构的办事机构申请复核。国家反恐怖主义工作领导机构按照复核程序作出的复核决定为最终决定。对国家反恐怖主义工作领导机构的复核决定不服的，不能提起行政复议或者行政诉讼，复核决定为最终决定。

第十六条 【恐怖活动组织和人员的司法认定】 根据刑事诉讼法的规定，有管辖权的中级以上人民法院在审判刑事案件的过程中，可以依法认定恐怖活动组织和人员。对于在判决生效后需要由国家反恐怖主义工作领导机构的办事机构予以公告的，适用本章的有关规定。

第三章 安全防范

第十七条 【反恐怖主义宣传教育】各级人民政府和有关部门应当组织开展反恐怖主义宣传教育，提高公民的反恐怖主义意识。

教育、人力资源行政主管部门和学校、有关职业培训机构应当将恐怖活动预防、应急知识纳入教育、教学、培训的内容。

新闻、广播、电视、文化、宗教、互联网等有关单位，应当有针对性地面向社会进行反恐怖主义宣传教育。

村民委员会、居民委员会应当协助人民政府以及有关部门，加强反恐怖主义宣传教育。

第十八条 【电信业务经营者、互联网服务提供者提供技术支持和协助】电信业务经营者、互联网服务提供者应当为公安机关、国家安全机关依法进行防范、调查恐怖活动提供技术接口和解密等技术支持和协助。

注释 本条规定的电信业务经营者和互联网服务提供者，有时统称为通信服务提供者。其中，电信业务经营者指的是网络运营商和接入服务商。网络运营商是指基础电信运营商，即电信基础设施的运营者；接入服务商是向网络用户提供从用户终端到网络接入服务的主体。互联网服务提供者是指互联网内容提供者，向用户提供新闻、信息、资料、音视频、建立通讯群组的平台等内容服务。

这里所规定的技术接口，是由连接在服务器上的物理接口和软件权限共同组成的，一般是由国家按照执法需求，制定技术接口的标准，电信业务经营者、互联网服务提供者按照这一标准进行设置，为公安机关、国家安全机关获取有关数据保留必要的设备通道，使公安机关、国家安全机关能够获得与恐怖活动有关，适应反恐怖主义工作需要的有关数据，以开展对恐怖活动的防范、调查工作。

本条还规定了电信业务经营者、互联网服务提供者的解密支持和协助的义务。密码技术分为加密和解密两个反向技术。加密是指通过某种加密算法及密钥对原始信息进行重新编码，将其转化为难以理解的密文，以防止传输、存储的数据被非法截取、破坏或者篡改;解密则是将密文转换为明文的过程,能够帮助公安机关、国家安全机关在防范、调查恐怖活动过程中,将以网络通信监控手段获取的情报信息转换为可读的形式。

第十九条 【反恐怖主义网络管控】电信业务经营者、互联网服务提供者应当依照法律、行政法规规定,落实网络安全、信息内容监督制度和安全技术防范措施,防止含有恐怖主义、极端主义内容的信息传播;发现含有恐怖主义、极端主义内容的信息的,应当立即停止传输,保存相关记录,删除相关信息,并向公安机关或者有关部门报告。

网信、电信、公安、国家安全等主管部门对含有恐怖主义、极端主义内容的信息,应当按照职责分工,及时责令有关单位停止传输、删除相关信息,或者关闭相关网站、关停相关服务。有关单位应当立即执行,并保存相关记录,协助进行调查。对互联网上跨境传输的含有恐怖主义、极端主义内容的信息,电信主管部门应当采取技术措施,阻断传播。

注释 本条第一款规定了电信业务经营者和互联网服务提供者主动采取措施防止含有恐怖主义、极端主义内容的信息传播的义务。

根据《互联网信息服务管理办法》《计算机信息网络国际联网安全保护管理办法》《中华人民共和国电信条例》等的规定,电信业务经营者、互联网服务提供者的安全管理义务主要有:(1)落实信息网络安全管理制度和安全保护技术措施。互联网服务提供者应当建立相应的管理制度,包括网站安全保障制度、信息安全保密管理制度、用户信息安全管理制度等。比如,《全国人民代表大会常务委员会关于加强网络信息保护的决定》要求网络服务提供者为用户办理网站接入服务,办理固定电话、移动电话等入网手续,或者为用户提供信息发布服务,应当在与用户签订协议或者确认提供服务时,要求用户提供真实身份信息。(2)及时发现、处置违法信息。根据《中华人民共和国网络安全法》《中华人民共和国电信条例》《互联网信息服务管理办法》等规定,互联网信息服务提供者应当向上网用户提供良好的服务,并保证所提供的信息内容合法。

任何单位和个人不得利用互联网制作、复制、查阅和传播违法信息，网络服务提供者发现上述信息，应当立即停止传输该信息，采取删除网络中含有上述内容的地址、目录或者关闭服务器等处置措施，同时保留有关原始记录，并向主管部门报告。（3）在提供服务过程中，应当对网上信息和网络日志信息记录进行备份和留存。比如，《互联网信息服务管理办法》第十四条要求从事新闻、出版以及电子公告等服务项目的互联网信息服务提供者，应当记录提供的信息内容及其发布时间、互联网地址或者域名；互联网接入服务提供者应当记录上网用户的上网时间、用户账号、互联网地址或者域名、主叫电话号码等信息。互联网信息服务提供者和互联网接入服务提供者的记录备份应当保存六十日，并在有关国家机关依法查询时，予以提供。电信业务经营者、互联网服务提供者应当按照本法和有关法律、行政法规的规定，落实网络安全、信息内容监督制度和安全技术防范措施，防止含有恐怖主义、极端主义内容的信息传播；发现含有恐怖主义、极端主义内容的信息的，应当立即停止传输，在停止传输的同时，还及时保存相关记录以备查询，并在网络上删除相关信息，防止上述信息继续在网络上出现，并向公安机关或者有关部门报告。

第二十条 【物流运营单位的安全查验及信息登记制度】铁路、公路、水上、航空的货运和邮政、快递等物流运营单位应当实行安全查验制度，对客户身份进行查验，依照规定对运输、寄递物品进行安全检查或者开封验视。对禁止运输、寄递，存在重大安全隐患，或者客户拒绝安全查验的物品，不得运输、寄递。

前款规定的物流运营单位，应当实行运输、寄递客户身份、物品信息登记制度。

注释 本条第一款规定的是安全查验制度。安全查验制度包括两部分内容：一是，对客户身份的查验，这是反恐怖主义法根据安全防范工作的需要对有关物流运营单位设定的义务，可以理解为对物流寄递实行实名制。这里的客户包括单位和自然人。客户为单位的，可以依照规定查验其营业执照或者其他证明文件；客户为自然人的，可以依照规定查验其居民身份证、护照、军官证等依法可以用于证明身份的证件。二是，依照规定对运输、寄递的物品进行安全检查或者开封验视。规定对物品进行检查、验视，实际上是要求物流运营单位要了解客户委托的物品的情况，防止与恐怖活动相关的违禁品、危险品、管制物品等通过物流渠道运输传送，防止针对物流渠道实施的恐怖袭击。这里的"依照规定"，是指依照法律法规、部门规章以及各类规范性文件的规定。目前，这类规定主要有《中华人民共和国邮政法》《中华人民共和国道路运输条例》《邮政业寄递安全监督管理办法》《快递市场管理办法》等。

本款还对物流运营单位依照规定进行安全检查或者开封验视发现相关情况后如何处理作了规定。一是，客户委托物品属于禁止运输、寄递的物品的，物流运营单位应当拒绝为其提供运输、寄递服务。二是，客户委托物品虽非禁止运输、寄递物品，但由于包装、运输方式等方面的原因，不能确保安全运输或者存在重大安全隐患的，不得为其提供运输、寄递服务。三是，客户拒绝安全查验的，也不得为其提供运输、寄递服务。这里的拒绝安全查验，包括拒绝物流运营单位查验其身份，也包括拒绝查验其委托运输、寄递的物品。

本条第二款规定的是客户身份、物品信息登记制度。规定物流运营单位实行客户身份、运输寄递物品的信息登记制度，实际上就是要求对客户身份和运输寄递服务信息进行记录和保存，这也是物流寄递行业实名制的延伸。目前，相关部门规章及规范性文件中，对物流信息登记已有一些规定，如《快递市场管理办法》第三十一条规定，对不能确定安全性的可疑物品，除需要出具安全证明外，应当如实登记收寄物品的名称、规格、数量、重量、收寄时间、寄件人和收件人名址等内容，记录保存期限不得少于一年。

第二十一条 【有关业务经营者、服务提供者的客户身份查验制度】电信、互联网、金融、住宿、长途客运、机动车租赁等业务经营者、服务提供者，应当对客户身份进行查验。对身份不明或者拒绝身份查验的，不得提供服务。

注释 本条中的电信、互联网服务，既包括中国移动、中国联通、中国电信等运营商提供的通话、短信等基础通信服务，电信线路、管道等公共网络基础设施服务，还包括各宽带业务经营者提供的从用户终端到互联网的接入服务，服务器托管等相关服务，以及相关信息内容服务提供者提供的各种信息服务。

本条中的金融服务是指银行、证券、保险、信托等金融机构为客户提供的融资投资、储蓄、信贷、结算、证券买卖、商业保险和金融信息咨询等服务。

本条中的住宿服务主要是指旅馆、宾馆、酒店等有偿为顾客提供临时住宿的服务活动。

另外，本条对长途客运实行实名制管理作了明确规定，为该行业实行实名制管理提供了法律依据。此外，作为旅客运输方面比较重要的民航、铁路运输行业已经按照有关规定实行了实名制。

关于机动车租赁业实行实名制，从实际情况看，由于行业特点，一般的经营者都会严格审核客户的身份，对客户的身份进行查验。但是，这主要是经营者从保证交易安全，避免合同纠纷等的角度自发进行的。本条规定对机动车租赁业实行实名制，是从反恐安全防范的角度考虑，对该行业规定的法定义务。

第二十二条 【枪支等武器、弹药、管制器具、危险化学品、民用爆炸物品、核与放射物品、传染病病原体等物质监督管理】【特定区域、特定时间物品管制、交易限制】生产和进口单位应当依照规定对枪支等武器、弹药、管制器具、危险化学品、民用爆炸物品、核与放射物品作出电子追踪标识，对民用爆炸物品添加安检示踪标识物。

运输单位应当依照规定对运营中的危险化学品、民用爆炸物品、核与放射物品的运输工具通过定位系统实行监控。

有关单位应当依照规定对传染病病原体等物质实行严格的监督管理，严密防范传染病病原体等物质扩散或者流入非法渠道。

对管制器具、危险化学品、民用爆炸物品，国务院有关主管部门或者省级人民政府根据需要，在特定区域、特定时间，可以决定对生产、进出口、运输、销售、使用、报废实施管制，可以禁止使用现金、实物进行交易或者对交易活动作出其他限制。

注释 本条第一款是关于对相关物品作出电子追踪标识,对民用爆炸品添加安检示踪标识物的规定。本款规定包含两个方面的内容:

第一,生产和进口单位应当依照规定对枪支等武器、弹药、管制器具、危险化学品、民用爆炸物品、核与放射物品作出电子追踪标识。(1)本款规定的责任主体是生产、进口枪支等武器、弹药、管制器具、危险化学品、民用爆炸物品、核与放射物品的单位。(2)需要作出电子追踪标识的对象,是枪支等武器、弹药、管制器具、危险化学品、民用爆炸物品、核与放射物品等物品。"枪支",是指以火药或者压缩气体等为动力,利用管器具发射金属弹丸或者其他物质,足以致人伤亡或者丧失知觉的各种枪支。包括手枪、步枪、冲锋枪以及射击运动用的各种枪支,还有各种民用的狩猎用枪等。"弹药",是指子弹、火药等。"管制器具",是指国家依法进行管制,只能由特定人员持有、使用,禁止私自生产、买卖、持有的弩、匕首、三棱刮刀、弹簧刀以及类似的单刃刀、双刃刀等。"危险化学品",是指具有毒害、腐蚀、爆炸、燃烧、助燃等性质,对人体、设施、环境具有危害的剧毒化学品和其他化学品,其具体目录由国务院安全生产监督管理部门会同有关部门,根据化学品危险特性的鉴别和分类标准确定、公布。"民用爆炸物品",是指用于非军事目的、列入民用爆炸物品品名表的各类火药、炸药及其制品和雷管、导火索等点火、起爆器材,其品名表由国务院国防科技工业主管部门会同国务院公安部门制订、公布。"核与放射物品",是指含有放射性核素,并且其活度和比活度均高于国家规定的豁免值的物品,其具体分类和名录,由国务院核安全监管部门会同有关部门制定。(3)生产和进口单位应当在上述物品上作出电子追踪标识。这里所说的"电子追踪标识",是指在枪支等武器、弹药、管制器具、危险化学品、民用爆炸物品、核与放射物品上作出的,能够通过电子技术检测到的特定标记。具体标记方法,有的是在物品上打印标记,如枪支、雷管;有的在包装上印标记,如爆炸物品;有的添加到物品内部,如放射性物品就是在内部添加示踪剂。

第二,生产和进口单位应当依照规定对民用爆炸物品添加安检示踪标识物。"安检示踪标识物",是指在民用爆炸物品中添加的探测识别剂,这种添加剂不仅能够被机场、车站等有关场所的安检设备检测到,在爆炸后其残留物质还能够被有关仪器设备追踪到其来源和流向。

本条第二款是关于对运输危险化学品、民用爆炸物品、核与放射物品的运输工具实行定位监控的规定。本款规定包含以下内容:一是,明确实行定位监控的责任主体是危险化学品、民用爆炸物品、核与放射物品的运输单位。二是,定位监控的对象是运营中的运输危险化学品、民用爆炸物品、核与放射物品的运输工具。三是,运输单位应当对运营中的运输危险化学品、民用爆炸物品、核与放射物品的运输工具通过定位系统实行监控,以便于随时掌握该运输工具的位置、状态。这里的"运输工具",主要是指运输危险化学品、民用爆炸物品、核与放射物品的车辆。

本条第三款是关于防止传染病病原体等物质扩散或者流入非法渠道的规定。这里的"传染病病原体",是指能在人体或动物体内生产、繁殖,通过空气、饮食、接触等方式传播,能对人体健康造成危害的传染病菌种和毒种等致病微生物或寄生虫,如传染病病毒、立克茨氏体、细菌、螺旋体、原虫等。这里的"有关单位",主要是指因科学研究、教学、医疗、实验、制药等需要,保有传染病病原体的单位,如生化研究所、医学院校、医院、生化实验室、生物制药厂等单位。

本条第四款是关于对管制器具、危险化学品、民用爆炸物品实行特别管制和限制交易的规定。该款规定了两个方面的内容:

第一,这里的"在特定区域、特定时间实施管制"并非这种日常的管理措施,而是指因反恐怖主义工作需要,在局部地区或者临时采取的更为严格的特别管制措施。(1)管制的决定主体是国务院有关主管部门或者省级人民政府。(2)管制的对象是管制器具、危险化学品、民用爆炸物品。(3)管制的范围是在特定区域、特定时间实施管制。(4)管制可以针对管制器具、危险化学品、民用爆炸物品中的一种或者多种产品,管制的环节可以是相关产品的生产、进出口、运输、销售、使用、报废等环节中的一个或者多个环节。

第二,对管制器具、危险化学品、民用爆炸物品的交易活动,可以采取限制措施。(1)限制交易的决定主体是国务院有关主管部门或者省级人民政府。(2)限制交易的对象是管制器具、危险化学品、民用爆炸物品。(3)限制交易的范围是在特定区域、特定时间。(4)限制交易的方式,主要是禁止使用现金或者实物进行交易,也包括对交易活动作出其他限制,如对交易的数量、频次、场所等作出限制性规定。

第二十三条 【危险物品、物质流失以及发现非法物品、物质的处理】发生枪支等武器、弹药、危险化学品、民用爆炸物品、核与放射物品、传染病病原体等物质被盗、被抢、丢失或者其他流失的情形,案发单位应当立即采取必要的控制措施,并立即向公安机关报告,同时依照规定向有关主管部门报告。公安机关接到报告后,应当及时开展调查。有关主管部门应当配合公安机关开展工作。

任何单位和个人不得非法制作、生产、储存、运输、进出口、销售、提供、购买、使用、持有、报废、销毁前款规定的物品。公安机关发现的,应当予以扣押;其他主管部门发现的,应当予以扣押,并立即通报公安机关;其他单位、个人发现的,应当立即向公安机关报告。

注释 本条中"案发单位"是指发生上述物品、物质被盗、被抢、丢失或者其他流失情形的单位,包括生产、经营、进口、运输、使用等单位。"采取必要的控制措施"是指案发单位可以采取的有利于减少损失、查明流失去向的各种措施,如立即开始清点、查找,保护现场,转移其他物品、物质,限制相关人员流动等。"有关主管部门"是指除公安机关以外,其他依照有关规定对上述物品、物质负有监督管理职责的部门。

第二十四条 【对涉恐融资的监管】国务院反洗钱行政主管部门、国务院有关部门、机构依法对金融机构和特定非金融机构履行反恐怖主义融资义务的情况进行监督管理。

国务院反洗钱行政主管部门发现涉嫌恐怖主义融资的,可以依法进行调查,采取临时冻结措施。

注释 本条共分两款。第一款是对反恐融资进行监管的规定。根据该款规定，国务院反洗钱行政主管部门、国务院有关部门、机构依法对金融机构和特定非金融机构履行反恐怖主义融资义务的情况进行监督管理。《中华人民共和国反洗钱法》第四条规定，国务院反洗钱行政主管部门负责全国的反洗钱监督管理工作。国务院有关部门、机构在各自的职责范围内履行反洗钱监督管理职责。同时，《中华人民共和国反洗钱法》第三十六条规定，对涉嫌恐怖活动资金的监控适用该法；其他法律另有规定的，适用其规定。因此，反洗钱监管部门同时也是反恐怖主义融资的监管部门。关于"国务院反洗钱行政主管部门"，《中华人民共和国中国人民银行法》在中国人民银行应当履行的职责中规定，"指导、部署金融业反洗钱工作，负责反洗钱的资金监测"。《金融机构反洗钱规定》第三条规定，中国人民银行是国务院反洗钱行政主管部门，依法对金融机构的反洗钱工作进行监督管理。根据上述规定，这里的"国务院反洗钱行政主管部门"是指中国人民银行。"国务院有关部门、机构"，主要是指相关金融业监督管理机构，以及依法履行反洗钱义务的特定非金融机构的相关主管部门。金融业监督管理机构，如中国银行保险监督管理委员会、中国证券监督管理委员会，在各自的职责范围内对银行业、金融业、证券业履行包括反恐融资义务在内的反洗钱义务的情况进行监督管理。特定非金融机构，是指金融机构以外的依法履行反洗钱义务的其他机构。根据《中华人民共和国反洗钱法》第三十五条规定，应当履行反洗钱义务的特定非金融机构的范围，由国务院反洗钱行政主管部门会同国务院有关部门制定。

本条第二款是关于反洗钱行政主管部门发现涉嫌恐怖主义融资的，应当采取相应处置措施的规定。根据本款规定，国务院反洗钱行政主管部门发现涉嫌恐怖主义融资的，可以依法进行调查，采取临时冻结措施。这里的"依法"包括本法和反洗钱法。具体处置措施包括两个方面：第一，国务院反洗钱行政主管部门发现涉嫌恐怖主义融资的，可以依法进行调查。第二，国务院反洗钱行政主管部门发现涉嫌恐怖主义融资的，可以采取临时冻结措施。关于对可疑交易涉及的资金采取临时冻结措施，反洗钱法也有明确规定，主要包括：1. 经调查仍不能排除洗钱嫌疑的，应当立即向有管辖权的侦查机关报案。客户要求将调查所涉及的账户资金转往境外的，经国务院反洗钱行政主管部门负责人批准，可以采取临时冻结措施。2. 侦查机关接到报案后，对已临时冻结的资金，应当及时决定是否继续冻结。侦查机关认为需要继续冻结的，依照刑事诉讼法的规定采取冻结措施；认为不需要继续冻结的，应当立即通知国务院反洗钱行政主管部门，国务院反洗钱行政主管部门应当立即通知金融机构解除冻结。3. 临时冻结不得超过48小时。金融机构在按照国务院反洗钱行政主管部门的要求采取临时冻结措施后48小时内，未接到侦查机关继续冻结通知的，应当立即解除冻结。

第二十五条 【审计、财政、税务等部门对涉恐融资的监管职责】 审计、财政、税务等部门在依照法律、行政法规的规定对有关单位实施监督检查的过程中，发现资金流入流出涉嫌恐怖主义融资的，应当及时通报公安机关。

第二十六条 【海关对涉恐融资的监管职责】 海关在对进出境人员携带现金和无记名有价证券实施监管的过程中，发现涉嫌恐怖主义融资的，应当立即通报国务院反洗钱行政主管部门和有管辖权的公安机关。

第二十七条 【反恐怖主义工作对城乡规划的要求】 地方各级人民政府制定、组织实施城乡规划，应当符合反恐怖主义工作的需要。

地方各级人民政府应当根据需要，组织、督促有关建设单位在主要道路、交通枢纽、城市公共区域的重点部位，配备、安装公共安全视频图像信息系统等防范恐怖袭击的技防、物防设备、设施。

注释 "技防、物防设备、设施"包括视频图像信息系统、隔离防撞、安检防爆、紧急报警等设备、设施。视频图像信息系统即俗称的摄像头，一般具有视频采集功能，有的还具有人像比对、车牌识别等功能。隔离防撞设备、设施用于防范人员、车辆等的冲击、冲撞，包括防撞护栏、隔离桩、隔离防撞墩、防撞墙等。安检防爆设备包括X线安检仪、金属探测仪、液体检测仪、爆炸物探测器等安检设备、防爆罐、爆炸物现场勘察箱、危险物品储物罐等用于危险品处置的设备。

第二十八条 【公安机关等有关部门制止、处置极端主义活动的规定】【单位和个人举报极端主义的义务】公安机关和有关部门对宣扬极端主义，利用极端主义危害公共安全、扰乱公共秩序、侵犯人身财产、妨害社会管理的，应当及时予以制止，依法追究法律责任。

公安机关发现极端主义活动的，应当责令立即停止，将有关人员强行带离现场并登记身份信息，对有关物品、资料予以收缴，对非法活动场所予以查封。

任何单位和个人发现宣扬极端主义的物品、资料、信息的，应当立即向公安机关报告。

第二十九条 【对参与恐怖活动、极端主义活动尚不构成犯罪人员的帮教】【恐怖活动罪犯、极端主义罪犯的刑罚执行】对被教唆、胁迫、引诱参与恐怖活动、极端主义活动，或者参与恐怖活动、极端主义活动情节轻微，尚不构成犯罪的人员，公安机关应当组织有关部门、村民委员会、居民委员会、所在单位、就读学校、家庭和监护人对其进行帮教。

监狱、看守所、社区矫正机构应当加强对服刑的恐怖活动罪犯和极端主义罪犯的管理、教育、矫正等工作。监狱、看守所对恐怖活动罪犯和极端主义罪犯，根据教育改造和维护监管秩序的需要，可以与普通刑事罪犯混合关押，也可以个别关押。

注释 本条第一款是关于对参与恐怖活动、极端主义活动尚不构成犯罪的人员进行帮教的规定。该款规定的帮教对象包括以下两类人员：第一类是"被教唆、胁迫、引诱参与恐怖活动、极端主义活动"的人员。这里的"被教唆"，是指行为人被他人蒙蔽、哄骗、唆使、怂恿，在主观上从没有想法到有想法，或是从只有想法到付诸行动，参与到恐怖活动、极端主义活动当中。"被胁迫"，是指行为人在他人对其施加精神强制，处于恐惧状态下，不敢不参与恐怖活动、极端主义活动。"被引诱"，是指行为人被他人以实际或者虚拟的好处、利益相诱惑、引导，从而参与恐怖活动、极端主义活动。第二类是"参与恐怖活动、极端主义活动情节轻微，尚不构成犯罪"的人员。这些人虽不属于被教唆、胁迫、引诱，而是主观上明知涉嫌恐怖活动、极端主义活动而自愿、主动参与，但其中也有情节轻微，尚不构成犯罪的情形。

根据本款规定，对于上述两类人员，由公安机关组织有关社会力量对其进行帮助教育。这里规定的"帮教"，不是行政处罚，也不是刑事处罚，而是具有针对性的一项教育转化违法行为人，预防违法犯罪的措施。关于帮教的主体，根据本款规定，公安机关是帮教的组织方，帮教的参加方包括"有关部门、村民委员会、居民委员会、所在单位、就读学校、家庭和监护人"。这里的"有关部门"，主要指对上述人员负有教育、帮扶职责的部门，如教育部门、民政部门、司法部门、宗教管理部门等。"村民委员会、居民委员会"是与上述人员具有管理关系的基层组织。

第三十条 【对恐怖活动罪犯和极端主义罪犯刑满释放前的危险性评估】【对恐怖活动罪犯和极端主义罪犯的安置教育】对恐怖活动罪犯和极端主义罪犯被判处徒刑以上刑罚的，监狱、看守所应当在刑满释放前根据其犯罪性质、情节和社会危害程度，服刑期间的表现，释放后对所居住社区的影响等进行社会危险性评估。进行社会危险性评估，应当听取有关基层组织和原办案机关的意见。经评估具有社会危险性的，监狱、看守所应当向罪犯服刑地的中级人民法院提出安置教育建议，并将建议书副本抄送同级人民检察院。

罪犯服刑地的中级人民法院对于确有社会危险性的，应当在罪犯刑满释放前作出责令其在刑满释放后接受安置教育的决定。决定书副本应当抄送同级人民检察院。被决定安置教育的人员对决定不服的，可以向上一级人民法院申请复议。

安置教育由省级人民政府组织实施。安置教育机构应当每年对被安置教育人员进行评估，对于确有悔改表现，不致再危害社会的，应当及时提出解除安置教育的意见，报决定安置教育的中级人民法院作出决定。被安置教育人员有权申请解除安置教育。

人民检察院对安置教育的决定和执行实行监督。

第三十一条 【防范恐怖袭击重点目标的确定和备案】公安机关应当会同有关部门,将遭受恐怖袭击的可能性较大以及遭受恐怖袭击可能造成重大的人身伤亡、财产损失或者社会影响的单位、场所、活动、设施等确定为防范恐怖袭击的重点目标,报本级反恐怖主义工作领导机构备案。

第三十二条 【重点目标管理单位的安全防范职责】【技防、物防设备、设施三同步制度】【公共安全视频图像信息系统管理制度】【其他部门和单位的安全防范职责】重点目标的管理单位应当履行下列职责:

(一)制定防范和应对处置恐怖活动的预案、措施,定期进行培训和演练;

(二)建立反恐怖主义工作专项经费保障制度,配备、更新防范和处置设备、设施;

(三)指定相关机构或者落实责任人员,明确岗位职责;

(四)实行风险评估,实时监测安全威胁,完善内部安全管理;

(五)定期向公安机关和有关部门报告防范措施落实情况。

重点目标的管理单位应当根据城乡规划、相关标准和实际需要,对重点目标同步设计、同步建设、同步运行符合本法第二十七条规定的技防、物防设备、设施。

重点目标的管理单位应当建立公共安全视频图像信息系统值班监看、信息保存使用、运行维护等管理制度,保障相关系统正常运行。采集的视频图像信息保存期限不得少于九十日。

对重点目标以外的涉及公共安全的其他单位、场所、活动、设施,其主管部门和管理单位应当依照法律、行政法规规定,建立健全安全管理制度,落实安全责任。

注释 本条中,"同步设计"是指重点目标管理单位应当在重点目标永久建筑物的设计时,考虑到安装反恐怖主义技防、物防设备、设施的需要,为安装有关技防、物防设备、设施预留适当位置。"同步建设"是指重点目标管理单位应当在永久建筑物施工建设的同时，按照预先的设计，安装有关技防、物防设备、设施，这样既有利于合理安排组织施工，节约建设投资，缩短建设工期，也有利于有关技防、物防设备、设施管用、好用。"同步运行"是指重点目标管理单位应当将建筑物和有关技防、物防设备、设施同时投入使用，防止技防、物防设备、设施"建而不用"的现象。

第三十三条　【重要岗位人员的安全背景审查】重点目标的管理单位应当对重要岗位人员进行安全背景审查。对有不适合情形的人员，应当调整工作岗位，并将有关情况通报公安机关。

第三十四条　【对进入大型活动场所、重点目标的人员、物品和交通工具的安全检查】大型活动承办单位以及重点目标的管理单位应当依照规定，对进入大型活动场所、机场、火车站、码头、城市轨道交通站、公路长途客运站、口岸等重点目标的人员、物品和交通工具进行安全检查。发现违禁品和管制物品，应当予以扣留并立即向公安机关报告；发现涉嫌违法犯罪人员，应当立即向公安机关报告。

第三十五条　【对公共交通运输工具的安全检查和保卫】对航空器、列车、船舶、城市轨道车辆、公共电汽车等公共交通运输工具，营运单位应当依照规定配备安保人员和相应设备、设施，加强安全检查和保卫工作。

第三十六条　【公安机关和有关部门对重点目标的指导、监督职责】【对重点目标的警戒、巡逻、检查】公安机关和有关部门应当掌握重点目标的基础信息和重要动态，指导、监督重点目标的管理单位履行防范恐怖袭击的各项职责。

公安机关、中国人民武装警察部队应当依照有关规定对重点目标进行警戒、巡逻、检查。

第三十七条　【加强空域、航空器和飞行活动管理】飞行管制、民用航空、公安等主管部门应当按照职责分工，加强空域、航空器和飞行活动管理，严密防范针对航空器或者利用飞行活动实施的恐怖活动。

第三十八条　【加强国（边）境管理】【国（边）境巡逻、查验】各级人民政府和军事机关应当在重点国（边）境地段和口岸设置拦阻隔离网、视频图像采集和防越境报警设施。

公安机关和中国人民解放军应当严密组织国（边）境巡逻，依照规定对抵离国（边）境前沿、进出国（边）境管理区和国（边）境通道、口岸的人员、交通运输工具、物品，以及沿海沿边地区的船舶进行查验。

第三十九条　【恐怖活动人员、恐怖活动嫌疑人员出入境管控措施】出入境证件签发机关、出入境边防检查机关对恐怖活动人员和恐怖活动嫌疑人员，有权决定不准其出入境、不予签发出入境证件或者宣布其出境入境证件作废。

注释　这里的"出入境证件签发机关"是指依法负责发放签署护照、签证等出入境证件的主管部门，包括公安机关的出入境管理部门，外交外事部门和驻外使领馆等机构。这里的"出入境边防检查机关"是指依法设立在对外开放的港口、航空港、车站和边境通道等口岸，负责国边境边防检查的出境入境边防检查站等机构。这里的"恐怖活动人员"是指实施恐怖活动的人员和恐怖活动组织的成员，主要包括由国家反恐怖主义工作领导机构依法认定并公告的人员，也包括人民法院在审判刑事案件过程中依法认定的人员。这里的"恐怖活动嫌疑人员"是指有实施恐怖活动或者可能实施恐怖活动的嫌疑的人员，以及有参加恐怖活动组织嫌疑的人员，主要包括涉嫌恐怖活动正在被侦查或者调查的人员。需要注意的是，这里的"恐怖活动嫌疑"主要是基于有关主管部门在出入境证件发放、边防检查中，防范恐怖活动人员出入国边境，以维护证件管理和边防检查秩序的考虑，因此，与《中华人民共和国刑事诉讼法》规定的公安机关发现恐怖活动犯罪事实，依法立案侦查的犯罪嫌疑人在范围上是不完全相同的。对于申请入境的人员中，有相应的情报、信息等能够确定属于恐怖活动人员或者恐怖活动嫌疑人员的，也可以依照本条规定作出相应处理。

需要补充说明的是，本条是针对恐怖活动人员和恐怖活动嫌疑人员规定的对其出入境的管控措施。护照法、出境入境管理法对出境入境管控措施有更为全面的规定，实践中具体使用时，应根据实际情况，做好相应衔接。

第四十条 【出入境恐怖活动嫌疑人员、涉嫌恐怖活动物品的处理】 海关、出入境边防检查机关发现恐怖活动嫌疑人员或者涉嫌恐怖活动物品的，应当依法扣留，并立即移送公安机关或者国家安全机关。

第四十一条 【境外投资合作、旅游等安全风险评估制度】 国务院外交、公安、国家安全、发展改革、工业和信息化、商务、旅游等主管部门应当建立境外投资合作、旅游等安全风险评估制度，对中国在境外的公民以及驻外机构、设施、财产加强安全保护，防范和应对恐怖袭击。

> **注释** "安全风险评估"是指对境外人员、利益所面临的恐怖威胁、保护对象所处的环境、恐怖活动可能造成的影响，以及上述各项因素综合作用带来的风险发生的可能性及后果等进行评估。安全风险评估应当在综合各方面信息的基础上，重点考虑境外国家、地区地理位置，经济社会发展情况以及民族、宗教等因素，以往是否发生过恐怖袭击以及应对处置恐怖活动的能力等情况，就发生恐怖袭击的可能性、恐怖袭击可能出现的区域，对我国境外投资合作、旅游等可能造成的损害等进行评估。

第四十二条 【驻外机构的安全保护措施】 驻外机构应当建立健全安全防范制度和应对处置预案，加强对有关人员、设施、财产的安全保护。

第四章　情报信息

第四十三条 【反恐怖主义情报信息工作体制】 国家反恐怖主义工作领导机构建立国家反恐怖主义情报中心，实行跨部门、跨地区情报信息工作机制，统筹反恐怖主义情报信息工作。

有关部门应当加强反恐怖主义情报信息搜集工作，对搜集的有关线索、人员、行动类情报信息，应当依照规定及时统一归口报送国家反恐怖主义情报中心。

地方反恐怖主义工作领导机构应当建立跨部门情报信息工作机制，组织开展反恐怖主义情报信息工作，对重要的情报信息，应当及时向上级反恐怖主义工作领导机构报告，对涉及其他地方的紧急情报信息，应当及时通报相关地方。

注释 本条第一款是关于建立国家反恐怖主义情报中心和实行跨部门、跨地区情报信息工作机制的规定。这一机制可以从两个方面理解：第一，反恐怖主义情报信息的收集、汇集、分析和研判工作要实现跨部门、跨地区。第二，反恐怖主义情报信息分析、研判的成果要实现按工作需要跨部门、跨地区分享。

第四十四条 【加强情报信息基层基础工作】公安机关、国家安全机关和有关部门应当依靠群众，加强基层基础工作，建立基层情报信息工作力量，提高反恐怖主义情报信息工作能力。

第四十五条 【反恐怖主义情报信息工作中技术侦察措施的使用】公安机关、国家安全机关、军事机关在其职责范围内，因反恐怖主义情报信息工作的需要，根据国家有关规定，经过严格的批准手续，可以采取技术侦察措施。

依照前款规定获取的材料，只能用于反恐怖主义应对处置和对恐怖活动犯罪、极端主义犯罪的侦查、起诉和审判，不得用于其他用途。

注释 本条中"技术侦察措施"用的是"侦察"一词，而不是刑事诉讼法中的"侦查"一词。"侦察"一词是在针对违法犯罪行为进行调查时的习惯用语，主要包括搜集文件资料、观察、窃听、刺探、谍报侦察、雷达侦察等。而"侦查"一词，根据我国刑事诉讼法的规定，是指公安机关、人民检察院对于刑事案件，依照法律进行的收集证据、查明案情的工作和有关的强制性措施。根据本条的规定可知，这里的"技术侦察措施"是广义的，既包括有关机关在刑事立案前所采用的技术侦察措施，也包括立案后依据刑事诉讼法的规定对犯罪嫌疑人所采用的技术侦查措施。

第四十六条 【有关部门提供在安全防范工作中获取的信息的义务】有关部门对于在本法第三章规定的安全防范工作中获取的信

息,应当根据国家反恐怖主义情报中心的要求,及时提供。

第四十七条 【情报信息研判等处理及预警】国家反恐怖主义情报中心、地方反恐怖主义工作领导机构以及公安机关等有关部门应当对有关情报信息进行筛查、研判、核查、监控,认为有发生恐怖事件危险,需要采取相应的安全防范、应对处置措施的,应当及时通报有关部门和单位,并可以根据情况发出预警。有关部门和单位应当根据通报做好安全防范、应对处置工作。

第四十八条 【对国家秘密、商业秘密、个人隐私的保密】反恐怖主义工作领导机构、有关部门和单位、个人应当对履行反恐怖主义工作职责、义务过程中知悉的国家秘密、商业秘密和个人隐私予以保密。

违反规定泄露国家秘密、商业秘密和个人隐私的,依法追究法律责任。

> **注释** 本条规定的"国家秘密",依照保守国家秘密法的有关规定,是指关系国家安全和利益,依照法定程序确定,在一定时间内只限一定范围的人员知悉的事项。国家秘密包括符合上述规定的下列秘密事项:国家事务重大决策中的秘密事项;国防建设和武装力量活动中的秘密事项;外交和外事活动中的秘密事项以及对外承担保密义务的秘密事项;国民经济和社会发展中的秘密事项;科学技术中的秘密事项;维护国家安全活动和追查刑事犯罪中的秘密事项;其他经国家保密行政管理部门确定的其他秘密事项。政党的秘密事项中符合上述规定的,也属于国家秘密。国家秘密的密级分为绝密、机密、秘密三级。其中,绝密级国家秘密是最重要的国家秘密,泄露会使国家安全和利益遭受特别严重的损害;机密级国家秘密是重要的国家秘密,泄露会使国家安全和利益遭受严重的损害;秘密级国家秘密是一般的国家秘密,泄露会使国家安全和利益遭受损害。本条规定的"商业秘密",是指不为公众所知悉,能为权利人带来经济利益,具有实用性并经权利人采取保密措施的技术信息和经营信息。技术信息,包括技术配方、技术诀窍、工艺流程等。经营信息,是指采取什么方式进行经营等有关经营的重大决策以及

与自己有业务往来的客户的情况等。商业秘密都具有一定的经济价值,必须予以保护,以维护社会主义市场经济秩序。这里所规定的"个人隐私",是指公民不愿意公开的、与其人身权密切相关的、隐秘的事件或者事实,如个人财产、住址、生育能力、收养子女等。

第五章 调 查

第四十九条 【调查核实程序的启动】 公安机关接到恐怖活动嫌疑的报告或者发现恐怖活动嫌疑,需要调查核实的,应当迅速进行调查。

注释 本条第一款是关于对恐怖活动嫌疑人员采取盘问、检查、传唤,提取或者采集人体生物识别信息和生物样本等措施的规定。

盘问是指有关部门和人员为调查违法犯罪嫌疑,对嫌疑人进行盘查和询问的措施。检查,包括对场所、物品和人身的检查。检查是发现案件线索、获得原始证据,顺利、及时、准确查明恐怖活动案件事实,查获恐怖活动嫌疑人员的重要保障。传唤,是指在有些情况下,公安机关不能或不便在现场进行询问、查证的,采取通知违法犯罪嫌疑人在规定时间内到公安机关等地方接受询问、查证的调查取证方式。

需要注意的是,在采取盘问、检查和传唤时,应当按照治安管理处罚法、人民警察法等有关法律规定的盘问、检查和传唤的程序、条件和时限等要求进行。

第五十条 【盘问、检查、传唤恐怖活动嫌疑人员】【提取、采集嫌疑人员人体生物识别信息、生物样本】【询问有关人员】 公安机关调查恐怖活动嫌疑,可以依照有关法律规定对嫌疑人员进行盘问、检查、传唤,可以提取或者采集肖像、指纹、虹膜图像等人体生物识别信息和血液、尿液、脱落细胞等生物样本,并留存其签名。

公安机关调查恐怖活动嫌疑,可以通知了解有关情况的人员到公安机关或者其他地点接受询问。

**第五十一条 【向有关单位和个人收集、调取恐怖活动嫌疑相关信息和材料】公安机关调查恐怖活动嫌疑，有权向有关单位和个人收集、调取相关信息和材料。有关单位和个人应当如实提供。

第五十二条 【调查中的查询、查封、扣押、冻结等措施】公安机关调查恐怖活动嫌疑，经县级以上公安机关负责人批准，可以查询嫌疑人员的存款、汇款、债券、股票、基金份额等财产，可以采取查封、扣押、冻结措施。查封、扣押、冻结的期限不得超过二个月，情况复杂的，可以经上一级公安机关负责人批准延长一个月。

第五十三条 【对恐怖活动嫌疑人员的约束措施】公安机关调查恐怖活动嫌疑，经县级以上公安机关负责人批准，可以根据其危险程度，责令恐怖活动嫌疑人员遵守下列一项或者多项约束措施：

（一）未经公安机关批准不得离开所居住的市、县或者指定的处所；

（二）不得参加大型群众性活动或者从事特定的活动；

（三）未经公安机关批准不得乘坐公共交通工具或者进入特定的场所；

（四）不得与特定的人员会见或者通信；

（五）定期向公安机关报告活动情况；

（六）将护照等出入境证件、身份证件、驾驶证件交公安机关保存。

公安机关可以采取电子监控、不定期检查等方式对其遵守约束措施的情况进行监督。

采取前两款规定的约束措施的期限不得超过三个月。对不需要继续采取约束措施的，应当及时解除。

注释 本条第一款规定了六项约束措施。

一是，未经公安机关批准不得离开所居住的市、县或者指定的处所。"市、县"，是指直辖市、设区的市、不设区的市和县。在设区的同一市内跨区活动的，不属于离开所居住的市、县。"指定的处所"是公安机关根据调查恐怖活动的需要，对恐怖活动嫌疑人员采取指定处所的措施，处所包括两种情况：恐怖活动嫌疑人员在办案机关所在的市、县内学习、生活、工作的合法住所；对没有固定住处的，或者在住处可能妨碍调查恐怖活动的，由办案机关在办案机关所在的市、县内为恐怖活动嫌疑人员指定的居所。

二是，不得参加大型群众性活动或者从事特定的活动。根据《大型群众性活动安全管理条例》第二条规定，"大型群众性活动"是指法人或者其他组织面向社会公众举办的每场次预计参加人数达到1000人以上的各种群众活动，包括体育比赛活动、演唱会、音乐会等文艺演出活动，展览、展销等活动，游园、灯会、庙会、花会、焰火晚会等活动，以及人才招聘会、现场开奖的彩票销售等活动。不得从事特定活动，需要公安机关根据恐怖活动嫌疑人员的情况，以及可能涉及的案件的情况，结合调查需要具体确定。

三是，未经公安机关批准不得乘坐公共交通工具或者进入特定的场所。"公共交通工具"是指火车、轮船、长途客运汽车、公共电车、汽车、民用航空器等。"特定的场所"需要根据恐怖活动嫌疑以及嫌疑人员的情况具体确定。有正当理由或者合理需求，需要乘坐公共交通工具或者进入特定场所的，应当经公安机关批准。

四是，不得与特定的人员会见或者通信。特定的人员包括与所调查的恐怖活动嫌疑可能有牵连的同案人员，可能受到恐怖活动袭击的人员等。这里规定的"通信"是广义的，包括利用信件、电话、传真、手机短信，以及电子邮件、微信等互联网通信工具进行的沟通和交流。

五是，定期向公安机关报告活动情况。

六是，将护照等出入境证件、身份证件、驾驶证件等交公安机关保存。这里规定的出入境证件是指出入（中）国（边）境需要的证件，包括护照、海员证、签证等能够证明其身份以及允许进出中国的证件，港澳通行证、台胞证等允许进入大陆内地的证件。身份证件主要是指居民身份证等。驾驶证件是指交通管理部门颁发的允许驾驶机动车、船舶等证件。

第五十四条　【刑事立案侦查】【有关措施期限届满的处理】
公安机关经调查，发现犯罪事实或者犯罪嫌疑人的，应当依照刑事诉讼法的规定立案侦查。本章规定的有关期限届满，公安机关未立案侦查的，应当解除有关措施。

第六章 应对处置

第五十五条 【建立健全恐怖事件应对处置预案体系】国家建立健全恐怖事件应对处置预案体系。

国家反恐怖主义工作领导机构应当针对恐怖事件的规律、特点和可能造成的社会危害,分级、分类制定国家应对处置预案,具体规定恐怖事件应对处置的组织指挥体系和恐怖事件安全防范、应对处置程序以及事后社会秩序恢复等内容。

有关部门、地方反恐怖主义工作领导机构应当制定相应的应对处置预案。

注释 本条第一款是关于国家建立健全恐怖事件应对处置体系的总体要求。第二款从制定主体、制定原则和主要内容三个方面对国家恐怖事件应对处置预案作了规定。

从制定主体看,国家恐怖事件应对处置预案由国家反恐怖主义工作领导机构制定。国家反恐怖主义工作领导机构统一领导和指挥包括恐怖事件应对处置工作在内的全国反恐怖主义工作。

从制定原则看,国家反恐怖主义工作领导机构应当根据恐怖事件的发生的规律、特点和可能造成的社会危害,分级、分类制定处置预案。根据《国家突发公共事件总体应急预案》的相关规定,可以将恐怖事件分为四级,即:Ⅰ级(特别重大)、Ⅱ级(重大)、Ⅲ级(较大)和Ⅳ级(一般),依次用红色、橙色、黄色和蓝色表示。应对不同等级的恐怖事件应启用对应预案,采取不同程度的应对措施。根据实践中恐怖事件的不同手段和危害后果,通常可将其分为以下几类:(1)利用生物战剂、化学毒气进行大规模恐怖袭击或者攻击生产、贮存、运输生化毒物设施、工具的;(2)利用核爆炸、大规模核辐射进行袭击或者攻击核设施、核材料装运工具的;(3)利用爆炸手段,袭击党政军首脑机关、警卫现场、城市标志性建筑物、公众聚集场所、国家重要基础设施、主要军事军用设施、民生设施、航空器的;(4)大规模攻击国家机关、驻军或者民用计算机信息系统,构成重大危害的;(5)袭击外国、国际组织驻我境内代表机构及其人员寓所等重要敏感涉外场所的；（6）袭击、劫持警卫对象、国内外重要知名人士及大规模袭击、劫持平民，造成重大影响和危害的；（7）劫持航空器、轮船、火车等公共交通工具，造成严重后果的；（8）其他可能造成重大社会危害的恐怖事件。

从内容上看，预案应当对恐怖事件应对处置的组织指挥体系、恐怖事件安全防范、应对处置程序以及事后社会秩序恢复等内容作出规定。其中，"组织指挥体系"包括参加应对处置恐怖事件的各级机构的设置和职责。国家、部门和地方应成立处置恐怖事件的领导指挥机构，由参与处置的公安、民政、司法、交通运输、安全生产监督、军队、武警等部门和力量组成，负责组织协调反恐怖力量和资源，统一组织、指挥处置恐怖袭击事件，以及评估、修改处置恐怖事件应急预案等事项。指挥机构可下设办事机构，负责指挥机构的具体工作，如统一掌握恐怖事件的情报信息，向上级机构报告处置情况，接受、发布命令，协调各参加单位开展应对处置工作等。如发生重大恐怖事件，领导指挥机构可以根据需要在事发地设立现场指挥机构，具体负责事发现场的应急处置工作，掌握和控制事件发展态势。

预案中的"处置程序"通常包括以下步骤和内容：（1）信息报告。恐怖事件发生后，各地区、各部门要立即向反恐指挥机构报告，同时通报有关地区和部门，并在此基础上做好应急处置过程中有关情况的后续报告。（2）先期处置。恐怖事件发生后，事发地的政府及有关部门要根据职责权限及时、有效地进行处置，防止事态扩大。在境外发生涉及中国公民和机构的恐怖事件，我国驻外使馆、国务院有关部门和有关地方人民政府要采取措施控制事态发展，组织开展应急救援工作。（3）应急响应。对于先期处置未能控制事态的恐怖事件，要及时启动相关预案，由相应级别的指挥机构统一指挥或者指导有关地区、部门开展处置工作。（4）应急结束。在确认事件得到有效控制，相关危险因素消除后，指挥机构可决定应急结束。

第五十六条　【应对处置恐怖事件指挥体制】应对处置恐怖事件，各级反恐怖主义工作领导机构应当成立由有关部门参加的指挥机构，实行指挥长负责制。反恐怖主义工作领导机构负责人可以担任指挥长，也可以确定公安机关负责人或者反恐怖主义工作领导机构的其他成员单位负责人担任指挥长。

跨省、自治区、直辖市发生的恐怖事件或者特别重大恐怖事件的应对处置，由国家反恐怖主义工作领导机构负责指挥；在省、自治区、直辖市范围内发生的涉及多个行政区域的恐怖事件或者重大恐怖事件的应对处置，由省级反恐怖主义工作领导机构负责指挥。

第五十七条 【启动恐怖事件应对处置预案】【上级反恐怖主义工作领导机构的指导、支援】【进入紧急状态的规定】恐怖事件发生后，发生地反恐怖主义工作领导机构应当立即启动恐怖事件应对处置预案，确定指挥长。有关部门和中国人民解放军、中国人民武装警察部队、民兵组织，按照反恐怖主义工作领导机构和指挥长的统一领导、指挥，协同开展打击、控制、救援、救护等现场应对处置工作。

上级反恐怖主义工作领导机构可以对应对处置工作进行指导，必要时调动有关反恐怖主义力量进行支援。

需要进入紧急状态的，由全国人民代表大会常务委员会或者国务院依照宪法和其他有关法律规定的权限和程序决定。

注释 本条第一款对恐怖事件应对处置预案的启动以及有关部门和反恐怖主义力量参加现场处置工作作了规定。在接到恐怖事件发生的报告后，各级反恐怖主义工作领导机构应当立即反应，启动应急预案，成立指挥机构，确定指挥长。

第一款同时还对现场处置工作的参加机关、组织原则和主要任务作了规定。根据本款规定，参与现场处置的包括公安、民政、卫生、环保、财政、交通运输等相关政府部门，以及中国人民解放军、中国人民武装警察部队、民兵组织等反恐怖主义力量。

根据本款规定，现场处置主要任务包括打击、控制、救援、救护等方面，实践中通常包括以下具体事项：(1)及时判明事件的性质和危害程度。(2)视情况对现场进行管制。(3)迅速开展现场处置和救援工作。相关部门应当依照职责分工，立即组织力量开展抢救伤员、疏散人群、安置群众，封锁和隔离相关区域，排除爆炸装置、辐射源等，控制核辐射、疫情、毒情扩散，及时组织实施现场勘查、人质谈判、解救等工作。(4) 全力维护事发地的社会治安。比如关闭、封闭涵洞、水源地、重要水利工程、桥梁、车站、邮局等场所，必要时停止供电、供水、供热、供气、供油、切断通风系统。(5) 缜密侦查，严惩恐怖分子。(6) 统一报道口径，正确引导舆论。(7) 确认处置完成。在现场处置完毕后，指挥机构应组织有关部门、单位和专家进行分析评估，在确认事件得到有效控制，危害基本消除，善后工作已经展开后，判定应急结束，并向上级指挥机构提出终止处置行动的建议。

第五十八条　【发现恐怖事件或者疑似恐怖事件立即处置的规定】【现场指挥员的确定】 发现恐怖事件或者疑似恐怖事件后，公安机关应当立即进行处置，并向反恐怖主义工作领导机构报告；中国人民解放军、中国人民武装警察部队发现正在实施恐怖活动的，应当立即予以控制并将案件及时移交公安机关。

反恐怖主义工作领导机构尚未确定指挥长的，由在场处置的公安机关职级最高的人员担任现场指挥员。公安机关未能到达现场的，由在场处置的中国人民解放军或者中国人民武装警察部队职级最高的人员担任现场指挥员。现场应对处置人员无论是否属于同一单位、系统，均应当服从现场指挥员的指挥。

指挥长确定后，现场指挥员应当向其请示、报告工作或者有关情况。

第五十九条　【我国在境外的机构、人员、重要设施遭受恐怖袭击的处置】 中华人民共和国在境外的机构、人员、重要设施遭受或者可能遭受恐怖袭击的，国务院外交、公安、国家安全、商务、金融、国有资产监督管理、旅游、交通运输等主管部门应当及时启动应对处置预案。国务院外交部门应当协调有关国家采取相应措施。

中华人民共和国在境外的机构、人员、重要设施遭受严重恐怖袭击后，经与有关国家协商同意，国家反恐怖主义工作领导机构可以组织外交、公安、国家安全等部门派出工作人员赴境外开展应对处置工作。

第六十条 【优先保护直接受危害、威胁人员人身安全的规定】应对处置恐怖事件，应当优先保护直接受到恐怖活动危害、威胁人员的人身安全。

第六十一条 【恐怖事件的应对处置措施】恐怖事件发生后，负责应对处置的反恐怖主义工作领导机构可以决定由有关部门和单位采取下列一项或者多项应对处置措施：

（一）组织营救和救治受害人员，疏散、撤离并妥善安置受到威胁的人员以及采取其他救助措施；

（二）封锁现场和周边道路，查验现场人员的身份证件，在有关场所附近设置临时警戒线；

（三）在特定区域内实施空域、海（水）域管制，对特定区域内的交通运输工具进行检查；

（四）在特定区域内实施互联网、无线电、通讯管制；

（五）在特定区域内或者针对特定人员实施出境入境管制；

（六）禁止或者限制使用有关设备、设施，关闭或者限制使用有关场所，中止人员密集的活动或者可能导致危害扩大的生产经营活动；

（七）抢修被损坏的交通、电信、互联网、广播电视、供水、排水、供电、供气、供热等公共设施；

（八）组织志愿人员参加反恐怖主义救援工作，要求具有特定专长的人员提供服务；

（九）其他必要的应对处置措施。

采取前款第三项至第五项规定的应对处置措施，由省级以上反恐怖主义工作领导机构决定或者批准；采取前款第六项规定的应对处置措施，由设区的市级以上反恐怖主义工作领导机构决定。应对处置措施应当明确适用的时间和空间范围，并向社会公布。

注释 反恐怖主义工作领导机构可以决定采取的应对处置措施具体包括：

（一）组织营救和救治受害人员，疏散、撤离并妥善安置受到威胁的人员以及采取其他救助措施。本项措施是救助性措施，是针对受恐怖事件直接影响人员的救助的规定。

（二）封锁现场和周边道路，查验现场人员的身份证件，在有关场所附近设置临时警戒线。这是对现场以及周边所采取的控制措施的规定。

（三）在特定区域内实施空域、海（水）域管制，对特定区域内的交通运输工具进行检查。这是对特定区域内实施空域、海（水）域管制及对交通运输工具进行检查的处置措施的规定。

（四）在特定区域内实施互联网、无线电、通讯管制。这是在特定区域内通过技术手段对相关通信予以控制的处置措施。本项规定的处置措施包括互联网、无线电、通讯三个方面，包括在特定区域内限制或者停止互联网相关服务，停止传输、删除相关信息，或者临时关闭相关网站、通讯群组等；在特定区域内限制或者禁止无线电台（站）、无线电发射设备和辐射无线电波的非无线电设备的使用，对特定的无线电频率实施技术阻断，对无线电波的发射、辐射和传播实施强制性管理等；在特定区域内限制或者禁止长途或者本地通话以及短信服务等。

（五）在特定区域内或者针对特定人员实施出境入境管制。这是指在特定区域或者针对特定人员采取的限制或禁止进出境的处置措施。本法第三十九条规定，出入境证件签发机关、出入境边防检查机关对恐怖活动人员和恐怖活动嫌疑人员，有权决定不准其出境入境、不予签发出入境证件或者宣布其出入境证件作废。但在恐怖事件发生后，由于情况紧急有时很难在确定恐怖活动人员和恐怖活动嫌疑人员后才禁止其出境入境，因此，根据本款规定，可以在特定区域内采取临时性的边境管制措施，限制或者禁止所有的或者特定的人员出境入境。

（六）禁止或者限制使用有关设备、设施，关闭或者限制使用有关场所，中止人员密集的活动或者可能导致危害扩大的生产经营活动。比如，恐怖分子通过放火等方式制造恐怖事件的，需要根据事发现场的具体情况采取禁止或者限制电力、可燃气体或者液体传输等措施，防止危害结果的扩大。

（七）抢修被损坏的交通、电信、互联网、广播电视、供水、排水、供电、供气、供热等公共设施。

（八）组织志愿人员参加反恐怖主义救援工作，要求具有特定专长的人员提供服务。在应对处置恐怖事件过程中，有时需要在建筑、电力、医疗等领域具有特定专长的人员参与处置，而专业处置力量中可能缺乏相关人员或者相关人员数量不够，在这种情况下，可以要求具有特定专长的人员提供服务，有关人员接到要求后，必须予以配合。

（九）其他必要的应对处置措施。这是兜底性规定。规定兜底条款是及时应对、有效处置恐怖事件的需要，是指应对处置恐怖事件所必需的其他能够降低损害后果、有效进行应对处置的措施。

第六十二条 【应对处置现场使用武器的规定】人民警察、人民武装警察以及其他依法配备、携带武器的应对处置人员，对在现场持枪支、刀具等凶器或者使用其他危险方法，正在或者准备实施暴力行为的人员，经警告无效的，可以使用武器；紧急情况下或者警告后可能导致更为严重危害后果的，可以直接使用武器。

注释 本条主要规定了三个方面的内容：

一是依法使用武器的主体，包括人民警察、人民武装警察和其他依法配备、携带武器的应对处置人员。"其他依法配备、携带武器的应对处置人员"是指除人民警察和人民武装警察以外，依法配备并携带了武器，根据各级反恐怖主义工作领导机构的安排参与应对处置恐怖事件的力量或者在执勤、巡逻、履行职责中遭遇恐怖事件的力量。实践中主要包括中国人民解放军、民兵、基层治安保卫力量等。本条规定的"武器"，是指枪支、弹药等致命性的警用、军用武器。

二是依法使用武器的对象，即在现场持枪支、刀具等凶器或者使用其他危险方法，正在或者准备实施暴力行为的人员。"现场"是指应对处置恐怖事件或者遭遇恐怖事件的现场。"枪支"是指以火药或者压缩气体等为动力，利用管状器具发射金属弹丸或者其他物质,足以致人伤亡或者丧失知觉的各种枪支。"刀具"包括匕首、三棱刀、弹簧刀等能够致人伤亡的各种刀具。除枪支、刀具外,棍棒、斧具等能够致人伤亡的器具也属于本条规定的"凶器"。"其他危险方法"包括放火、使用爆炸物、投放剧毒等危险物质、驾驶机动车冲撞等给公共安全和人民群众生命安全带来严重危害的危险方法。"暴力行为"包括使用枪支、刀具等凶器杀伤、胁持人员,使用其他危险方法危害公共安全和人民群众生命安全等行为。

三是依法使用武器的程序。根据本条规定,一般情况下,应对处置人员在使用武器之前应当进行警告,如口头警告、鸣枪示警等。如果发出警告可能导致人质伤亡等更为严重的危害后果发生,可以直接使用武器。

第六十三条 【发布有关恐怖事件信息的管理】恐怖事件发生、发展和应对处置信息,由恐怖事件发生地的省级反恐怖主义工作领导机构统一发布;跨省、自治区、直辖市发生的恐怖事件,由指定的省级反恐怖主义工作领导机构统一发布。

任何单位和个人不得编造、传播虚假恐怖事件信息;不得报道、传播可能引起模仿的恐怖活动的实施细节;不得发布恐怖事件中残忍、不人道的场景;在恐怖事件的应对处置过程中,除新闻媒体经负责发布信息的反恐怖主义工作领导机构批准外,不得报道、传播现场应对处置的工作人员、人质身份信息和应对处置行动情况。

第六十四条 【恐怖事件应对处置结束后恢复生活、生产】恐怖事件应对处置结束后,各级人民政府应当组织有关部门帮助受影响的单位和个人尽快恢复生活、生产,稳定受影响地区的社会秩序和公众情绪。

第六十五条 【对恐怖事件受害人员及其近亲属的救助、保障、援助】当地人民政府应当及时给予恐怖事件受害人员及其近亲属适当的救助,并向失去基本生活条件的受害人员及其近亲属及时提供基本生活保障。卫生、医疗保障等主管部门应当为恐怖事件受害人员及其近亲属提供心理、医疗等方面的援助。

注释 本条规定的恐怖事件发生地人民政府的职责有两个方面：

一是，及时给予恐怖事件受害人员及其近亲属适当的救助。根据有关法规、文件的规定，恐怖事件受害人员及其近亲属主要可以获得以下几个方面的救助：（1）灾害救助。《自然灾害救助条例》第三十三条规定，发生事故灾难、公共卫生事件、社会安全事件等突发事件，需要由县级以上人民政府民政部门开展生活救助的，参照该条例执行。恐怖事件的应急救助，可以参照执行该条例中有关紧急转移安置受灾人员。（2）医疗救助。恐怖事件受害人及其近亲属属于最低生活保障家庭成员，或者符合《社会救助暂行办法》规定的其他条件的，可以获得医疗救助。（3）教育救助。恐怖事件受害人及其近亲属属于在义务教育阶段就学的最低生活保障家庭成员，或者符合《社会救助暂行办法》规定的其他条件的，可以获得教育救助。（4）住房救助。恐怖事件受害人及其近亲属因遭受恐怖活动侵害面临住房困难，符合《社会救助暂行办法》规定的条件的，可以获得住房救助。（5）临时救助。恐怖事件受害人及其近亲属因遭受恐怖活动侵害，家庭基本生活暂时出现严重困难的，可以获得临时救助。（6）司法救助。恐怖事件受害人及其近亲属符合《关于建立完善国家司法救助制度的意见（试行）》规定的条件，即有受到犯罪侵害，致使重伤或者严重残疾，因案件无法侦破造成生活困难，或者因加害人死亡或没有赔偿能力，无法经过诉讼获得赔偿，造成生活困难等情形的，可以获得国家司法救助。国家司法救助以支付救助金为主要方式，也包括心理治疗、社工帮助等。

二是，向失去基本生活条件的受害人员及其近亲属及时提供基本生活保障，包括在应急救援阶段对生活无着的恐怖事件受害人员及其近亲属提供食品、衣物、住房等紧急救助，对符合《社会救助暂行办法》规定的最低生活保障标准的恐怖事件受害人员及其近亲属办理最低生活保障待遇。

第六十六条　【公安机关对恐怖事件立案侦查】公安机关应当及时对恐怖事件立案侦查，查明事件发生的原因、经过和结果，依法追究恐怖活动组织、人员的刑事责任。

第六十七条 【对恐怖事件的分析总结评估】反恐怖主义工作领导机构应当对恐怖事件的发生和应对处置工作进行全面分析、总结评估，提出防范和应对处置改进措施，向上一级反恐怖主义工作领导机构报告。

第七章 国际合作

第六十八条 【开展反恐怖主义国际合作依据】中华人民共和国根据缔结或者参加的国际条约，或者按照平等互惠原则，与其他国家、地区、国际组织开展反恐怖主义合作。

> **注释** 本条是我国开展反恐怖主义国际合作的原则性规定，明确了我国可以与其他国家、地区、国际组织开展反恐怖主义合作。合作的对象是其他国家、地区和国际组织。这里的"国际组织"，包括全球性国际组织，也包括区域性、专门性的国际组织。合作的内容包括政策对话、情报信息交流、执法合作、国际资金监管合作、刑事司法协助、引渡、被判刑人移管等。
>
> 根据本条规定，我国与其他国家、地区、国际组织开展反恐怖主义合作的依据首先是我国缔结或者参加的国际条约。"缔结"是指我国作为初始缔约国参加条约的制定。"参加"是指我国加入由其他国家、国际组织制定的条约。这里的"国际条约"应当作广义的理解，包括双边的条约、协定，也包括多边的条约、公约。

第六十九条 【中央有关部门开展反恐怖主义国际合作】【边境地区开展反恐怖主义国际合作】国务院有关部门根据国务院授权，代表中国政府与外国政府和有关国际组织开展反恐怖主义政策对话、情报信息交流、执法合作和国际资金监管合作。

在不违背我国法律的前提下，边境地区的县级以上地方人民政府及其主管部门，经国务院或者中央有关部门批准，可以与相邻国家或者地区开展反恐怖主义情报信息交流、执法合作和国际资金监管合作。

注释 本条第二款对边境地区的反恐怖主义国际合作作了规定，包含以下几层含义：（1）合作主体是有边境在其辖区内的县级以上地方人民政府及其主管部门，包括县级、设区的市级和省级人民政府及其主管部门。这里的主管部门需要根据合作的具体内容来确定，实践中一般多为公安机关、国家安全机关等政府部门。(2) 合作需要经国务院或者中央有关部门批准。(3) 合作对象是相邻国家或者地区，一般是相邻国家或者地区相应级别的政府及其主管部门。(4) 合作范围包括反恐怖主义情报信息交流、执法合作和国际资金监管合作。与第一款相比，本款规定的合作内容不包括反恐怖主义政策对话。

第七十条 【涉及恐怖活动犯罪的刑事司法协助、引渡和被判刑人移管】 涉及恐怖活动犯罪的刑事司法协助、引渡和被判刑人移管，依照有关法律规定执行。

注释 刑事司法协助有广义与狭义之分：广义的刑事司法协助包括引渡、被判刑人移管、诉讼转移、外国刑事判决的承认和执行以及其他诉讼行为。狭义的刑事司法协助是指一国应另一国的请求，通过本国司法机关的活动为使请求国的刑事诉讼顺利进行而提供有关案件的证据、文书送达等帮助，不包括引渡、被判刑人移管、诉讼转移、外国刑事判决的承认和执行等。本条所规定的刑事司法协助与引渡、被判刑人移管并列，是指狭义的刑事司法协助。

第七十一条 【国务院有关部门出境执行反恐怖主义任务】【军事力量出境执行反恐怖主义任务】 经与有关国家达成协议，并报国务院批准，国务院公安部门、国家安全部门可以派员出境执行反恐怖主义任务。

中国人民解放军、中国人民武装警察部队派员出境执行反恐怖主义任务，由中央军事委员会批准。

注释 本条第一款对国务院公安部门、国家安全部门派员出境执行反恐怖主义任务作了规定，包含两层含义：1. 派员出境执行反恐怖主义任务的主体是国务院公安部门和国家安全部门，即公安部和国家安全部。省级及省级以下公安机关和国家安全机关均无权派员出境执行反恐怖主义任务。2. 国务院公安部门、国家安全部门派员出境执行反恐怖主义任务需要满足两个前提条件：一是经与有关国家达成协议。这里的"有关国家"，是指拟出境执行任务的地区所属的国家。二是报国务院批准。国务院公安部门、国家安全部门派员出境执行反恐怖主义任务应当同时满足以上两个条件，二者缺一不可。

第七十二条 【通过国际合作取得的材料的使用】通过反恐怖主义国际合作取得的材料可以在行政处罚、刑事诉讼中作为证据使用，但我方承诺不作为证据使用的除外。

第八章 保障措施

第七十三条 【反恐怖主义工作经费保障】国务院和县级以上地方各级人民政府应当按照事权划分，将反恐怖主义工作经费分别列入同级财政预算。

国家对反恐怖主义重点地区给予必要的经费支持，对应对处置大规模恐怖事件给予经费保障。

第七十四条 【建立反恐怖主义专业力量】【建立反恐怖主义工作力量、志愿者队伍】公安机关、国家安全机关和有关部门，以及中国人民解放军、中国人民武装警察部队，应当依照法律规定的职责，建立反恐怖主义专业力量，加强专业训练，配备必要的反恐怖主义专业设备、设施。

县级、乡级人民政府根据需要，指导有关单位、村民委员会、居民委员会建立反恐怖主义工作力量、志愿者队伍，协助、配合有关部门开展反恐怖主义工作。

第七十五条 【因从事或协助、配合反恐怖主义工作导致伤残或者死亡人员的待遇】对因履行反恐怖主义工作职责或者协助、配合有关部门开展反恐怖主义工作导致伤残或者死亡的人员，按照国家有关规定给予相应的待遇。

第七十六条 【对反恐怖主义工作相关人员的保护措施】因报告和制止恐怖活动,在恐怖活动犯罪案件中作证,或者从事反恐怖主义工作,本人或者其近亲属的人身安全面临危险的,经本人或其近亲属提出申请,公安机关、有关部门应当采取下列一项或者多项保护措施:

(一)不公开真实姓名、住址和工作单位等个人信息;
(二)禁止特定的人接触被保护人员;
(三)对人身和住宅采取专门性保护措施;
(四)变更被保护人员的姓名,重新安排住所和工作单位;
(五)其他必要的保护措施。

公安机关、有关部门应当依照前款规定,采取不公开被保护单位的真实名称、地址,禁止特定的人接近被保护单位,对被保护单位办公、经营场所采取专门性保护措施,以及其他必要的保护措施。

第七十七条 【科技反恐】国家鼓励、支持反恐怖主义科学研究和技术创新,开发和推广使用先进的反恐怖主义技术、设备。

第七十八条 【履行反恐怖主义职责时的征用制度】【对因开展反恐怖主义工作造成损害的赔偿、补偿制度】公安机关、国家安全机关、中国人民解放军、中国人民武装警察部队因履行反恐怖主义职责的紧急需要,根据国家有关规定,可以征用单位和个人的财产。任务完成后应当及时归还或者恢复原状,并依照规定支付相应费用;造成损失的,应当补偿。

因开展反恐怖主义工作对有关单位和个人的合法权益造成损害的,应当依法给予赔偿、补偿。有关单位和个人有权依法请求赔偿、补偿。

第九章 法律责任

第七十九条 【对恐怖活动依法追究刑事责任】组织、策划、准备实施、实施恐怖活动，宣扬恐怖主义，煽动实施恐怖活动，非法持有宣扬恐怖主义的物品，强制他人在公共场所穿戴宣扬恐怖主义的服饰、标志，组织、领导、参加恐怖活动组织，为恐怖活动组织、恐怖活动人员、实施恐怖活动或者恐怖活动培训提供帮助的，依法追究刑事责任。

注释 根据本条规定，实施本法所规定的各种恐怖活动的，依照刑法有关规定追究刑事责任。

第一，组织、策划、准备实施、实施恐怖活动。其中的"恐怖活动"可以理解为本法第三条列举的恐怖活动中的第一项"造成或者意图造成人员伤亡、重大财产损失、公共设施损坏、社会秩序混乱等严重社会危害的活动"，即是指具体的恐怖主义破坏活动，如恐怖主义性质的爆炸、绑架、劫持航空器等。前述行为分别按照《中华人民共和国刑法》相关犯罪追究，如恐怖活动人员实施放火、爆炸、投放危险物质行为的，依照《中华人民共和国刑法》第一百一十四条、第一百一十五条的规定定罪处罚；实施杀人、绑架行为的，依照《中华人民共和国刑法》第二百三十二条、第二百三十九条的规定定罪处罚。对准备实施此类恐怖活动的，则需要区分情况作不同处理：一般情况下，如果恐怖活动人员准备实施具体恐怖活动，并且符合刑法总则关于犯罪预备、犯罪未遂的规定的，依照其准备实施的相关犯罪的预备犯、未遂犯处理。实践中还存在这样一种情况，即恐怖活动人员积极准备实施恐怖活动，如收集爆炸物、准备凶器等，但尚未确定具体的犯罪方式、犯罪对象等，对其按照某具体犯罪的预备犯、未遂犯处理存在困难。针对这种情况，《中华人民共和国刑法》第一百二十条之二规定了准备实施恐怖活动罪，有下列情形之一的，处五年以下有期徒刑、拘役、管制或者剥夺政治权利，并处罚金；情节严重的，处五年以上有期徒刑，并处罚金或者没收财产：1. 为实施恐怖活动准备凶器、危险物品或者其他工具的；2. 组织恐怖活动培训或者积极参加恐怖活动培训的；3. 为实施恐怖活动与境外恐怖活动组织或者人员联络的；4. 为实施恐怖活动进行策划或者其他准备的。因此，对于准备实施恐怖活动，符合《中华人民共和国刑法》第一百二十条之二规定的,可以以准备实施恐怖活动罪追究刑事责任。

第二,宣扬恐怖主义、煽动实施恐怖活动。这里的"宣扬恐怖主义",是指以各种方式散布、传播恐怖主义观念、思想和主张的行为;"煽动实施恐怖活动",是指以各种方式对他人进行要求、鼓动、怂恿,意图使他人产生犯意,去实施恐怖活动的行为。根据《中华人民共和国刑法》第一百二十条之三的规定,以制作、散发宣扬恐怖主义的图书、音频视频资料或者其他物品,或者通过讲授、发布信息等方式宣扬恐怖主义的,或者煽动实施恐怖活动的,处五年以下有期徒刑、拘役、管制或者剥夺政治权利,并处罚金;情节严重的,处五年以上有期徒刑,并处罚金或者没收财产。

第三,非法持有宣扬恐怖主义的物品。根据《中华人民共和国刑法》第一百二十条之六的规定,明知是宣扬恐怖主义、极端主义的图书、音频视频资料或者其他物品而非法持有,情节严重的,处三年以下有期徒刑、拘役或者管制,并处或者单处罚金。

第四,强制他人在公共场所穿戴宣扬恐怖主义的服饰、标志。根据《中华人民共和国刑法》第一百二十条之五的规定,以暴力、胁迫等方式强制他人在公共场所穿着、佩戴宣扬恐怖主义、极端主义服饰、标志的,处三年以下有期徒刑、拘役或者管制,并处罚金。

第五,组织、领导、参加恐怖组织。根据《中华人民共和国刑法》第一百二十条的规定,组织、领导恐怖活动组织的,处十年以上有期徒刑或者无期徒刑,并处没收财产;积极参加的,处三年以上十年以下有期徒刑,并处罚金;其他参加的,处三年以下有期徒刑、拘役、管制或者剥夺政治权利,可以并处罚金。犯本罪并实施杀人、爆炸、绑架等犯罪的,依照数罪并罚的规定处罚。

第六,为恐怖活动组织、恐怖活动人员、实施恐怖活动或者恐怖活动培训提供帮助。对这种恐怖活动,《中华人民共和国刑法》第一百二十条之一作了明确规定,资助恐怖活动组织、实施恐怖活动的个人的,或者资助恐怖活动培训的,处五年以下有期徒刑、拘役、管制或者剥夺政治权利,并处罚金;情节严重的,处五年以上有期徒刑，并处罚金或者没收财产。为恐怖活动组织、实施恐怖活动或者恐怖活动培训招募、运送人员的，依照前款的规定处罚。单位犯前两款罪的，对单位判处罚金，并对其直接负责的主管人员和其他直接责任人员，依照第一款的规定处罚。此外，根据刑法总则关于共同犯罪的规定，除上述以资助、招募运送人员的方式帮助恐怖活动的应当依照《中华人民共和国刑法》第一百二十条之一的规定处理之外，对于实施了其他帮助行为的，还可以作为相关恐怖活动犯罪的帮助犯追究刑事责任。

第八十条 【对宣扬恐怖主义、极端主义等行为，以及为实施恐怖活动、极端主义活动提供帮助行为的处罚】参与下列活动之一，情节轻微，尚不构成犯罪的，由公安机关处十日以上十五日以下拘留，可以并处一万元以下罚款：

（一）宣扬恐怖主义、极端主义或者煽动实施恐怖活动、极端主义活动的；

（二）制作、传播、非法持有宣扬恐怖主义、极端主义的物品的；

（三）强制他人在公共场所穿戴宣扬恐怖主义、极端主义的服饰、标志的；

（四）为宣扬恐怖主义、极端主义或者实施恐怖主义、极端主义活动提供信息、资金、物资、劳务、技术、场所等支持、协助、便利的。

注释 本条第二项是制作、传播、非法持有宣扬恐怖主义、极端主义的物品的行为。含有恐怖主义、极端主义的物品，是恐怖主义、极端主义的观念和主张的具体承载物、宣传物，包括了图书、期刊、音频视频资料、电子出版物或者传单、图片、标语、报纸、标识、标志、电子信息等。这里的"制作"，是指编写、出版、印刷、复制、裁剪、拼接含有恐怖主义、极端主义的物品。"传播"，是指通过发行、当面散发、以邮寄、手机短信、电子邮件等方式发送、通过网络、即时通信工具公开发帖、转载、推送等，使他人接触到恐怖主义、极端主义信息的行为。"非法持有"，是指明知是宣扬恐怖主义、极端主义的图书、音频视频资料或者其他物品而非法持有。

第三项是强制他人在公共场所穿戴宣扬恐怖主义、极端主义的服饰、标志的行为。这里的"强制",是指对他人施以压力,迫使他人就范。这里的"公共场所",包括群众进行公开活动的各类场所,如商店、影剧院、体育场、街道、菜市场等;也包括各类单位,如机关、团体、事业单位的办公场所,企业生产经营场所,医院、学校、幼儿园等;还包括公共交通工具,如火车、轮船、长途客运汽车、公共电车、汽车、民用航空器等。这里规定的"宣扬恐怖主义、极端主义的服饰、标志",指的是穿着、佩戴的服饰、标志包含了恐怖主义、极端主义的符号、旗帜、徽记、文字、口号、标语、图形或者带有恐怖主义、极端主义的色彩和样式,容易使人联想到恐怖主义、极端主义。

第八十一条 【对利用极端主义破坏国家法律制度实施行为的处罚】利用极端主义,实施下列行为之一,情节轻微,尚不构成犯罪的,由公安机关处五日以上十五日以下拘留,可以并处一万元以下罚款:

(一)强迫他人参加宗教活动,或者强迫他人向宗教活动场所、宗教教职人员提供财物或者劳务的;

(二)以恐吓、骚扰等方式驱赶其他民族或者有其他信仰的人员离开居住地的;

(三)以恐吓、骚扰等方式干涉他人与其他民族或者有其他信仰的人员交往、共同生活的;

(四)以恐吓、骚扰等方式干涉他人生活习俗、方式和生产经营的;

(五)阻碍国家机关工作人员依法执行职务的;

(六)歪曲、诋毁国家政策、法律、行政法规,煽动、教唆抵制人民政府依法管理的;

(七)煽动、胁迫群众损毁或者故意损毁居民身份证、户口簿等国家法定证件以及人民币的;

(八)煽动、胁迫他人以宗教仪式取代结婚、离婚登记的;

（九）煽动、胁迫未成年人不接受义务教育的；
（十）其他利用极端主义破坏国家法律制度实施的。

注释 本条共列举了十项行为。

第一项是强迫他人参加宗教活动，或者强迫他人向宗教活动场所、宗教教职人员提供财物或者劳务的行为。这里的"强迫"，是指通过行为或者心理上的强制，使他人产生压力，改变原先的行为，或者迫使其违背意志进行一定的活动。这里的"宗教活动"，包括合法的宗教仪式和活动，也包括非法的带有宗教色彩的仪式、集会、学经班、习武班等。这里的"财物或者劳务"，指资金、物品、体力劳动、技术服务等。

第二项是以恐吓、骚扰等方式驱赶其他民族或者有其他信仰的人员离开居住地的行为。这里的"恐吓、骚扰等方式"，目的是使受害者产生其自身或家庭近亲属等受到人身伤害、财产损失的担忧和恐惧，从而不得不为一定的行为，如邮寄凶器、粉末状物品等以警示人身危险等。不法行为的对象为"其他民族或者有其他信仰的人员"，即与行为人分属不同民族，或者有不同信仰的人员，包括不信仰任何宗教的人员。不法行为要达到的目标是让受害者离开、搬离、撤离原先的居住地。

第三项是以恐吓、骚扰等方式干涉他人与其他民族或者有其他信仰的人员交往、共同生活的行为。这里的"恐吓、骚扰等方式"与第二项的含义类似。由于本项行为的受害者有的与行为人属于相同民族或者持相同信仰，因此，这里的行为方式也包括歪曲宗教教义，以"地狱"等宗教惩罚为由，施加精神恐吓。不法行为的目的是干涉他人与其他民族或者有其他信仰的人员交往、共同生活，以破坏受害者与不同民族、不同信仰人员交往、共同生活的愿望，实现民族或者不同信仰的人群之间的隔离，在一定区域内形成极端主义氛围和生活方式。

第四项是以恐吓、骚扰等方式干涉他人生活习俗、方式和生产经营的行为。这里的"恐吓、骚扰等方式"与第二项的行为相同。不法行为的目的是干涉他人既有的生活习俗、方式和生产经营的行为，要求他人的生活、生产符合极端主义的方式和要求等。

第五项是阻碍国家机关工作人员依法执行职务的行为。这里的"阻碍"，是指以较为轻微的暴力、威胁方法阻挠、妨碍国家机关工作人员依照法律规定执行自己的职务，致使依法执行职务的活动无法正常进行。

第六项是歪曲、诋毁国家政策、法律、行政法规，煽动、教唆抵制人民政府依法管理的行为。这里的"歪曲、诋毁"，是指罔顾事实、编造谣言、曲解原意、抹黑栽赃的行为。歪曲、诋毁的对象是"国家政策、法律、行政法规"。这里的"煽动、教唆"，是指以各种方式对他人进行要求、鼓动、怂恿、引导、唆使，意图使他人产生违法的意图，去实施所煽动的行为。一般来说，煽动的对象和所实施的行为并不特定，教唆的对象和所实施的行为则有具体的指向。这里的"抵制"，表现为排斥、抗拒和不服从，使人民政府依法进行的行政管理工作无法落实实施。

第七项是煽动、胁迫群众损毁或者故意损毁居民身份证、户口簿等国家法定证件以及人民币的行为。这里所说的"煽动"与第六项的行为相同。"胁迫"，是指通过暴力、威胁或者以给被胁迫人或者其亲属等造成人身、心理、经济等方面的损害为要挟，对他人形成心理强制，迫使其从事胁迫者希望其实施的特定行为。胁迫的方式可以是通过暴力手段，也可以是通过言语威胁或者对被胁迫者的利益进行限制、剥夺等方式。实践中，还出现以关爱朋友、教友、亲情等为借口，或者以孤立、排斥等方法施加压力的情况。这里的"损毁居民身份证、户口簿等国家法定证件"，包括采取焚毁、毁坏、丢弃等方式毁损居民身份证、户口簿、护照、结婚证、军官证、法律职业资格证等国家法定证件。损毁人民币的行为包括焚毁、毁坏人民币，在人民币上打印极端主义的图案、标语、文字等，目的是干扰民众的生产生活秩序，破坏区域的金融秩序，宣扬极端主义，以及抵制国家对社会经济生活的管理。

第八项是煽动、胁迫他人以宗教仪式取代结婚、离婚登记的行为。

第九项是煽动、胁迫未成年人不接受义务教育的行为。这里的"煽动、胁迫"与第七项的行为相同。具体表现为不让未成年人入学接受义务教育,让已入学的未成年人辍学,放弃接受义务教育;不允许未成年人学习汉语等特定学科;让未成年人外出学经、习武、接受极端主义培训等。

第十项是其他利用极端主义破坏国家法律制度实施的行为。本项是兜底性规定。

在实践中应当注意,在适用本条时,应当严格把握"利用极端主义"的要件,对于实施本条行为但是没有利用极端主义的,应当根据具体情况分别处理。如有些人出于狭隘思想或者愚昧等原因,对宗教教义、民族风俗习惯产生不正确的理解,并进而破坏国家法律制度实施的,如果构成犯罪,按照刑法的有关规定定罪处罚;情节轻微,不构成犯罪的,依照治安管理处罚法等其他行政法规予以行政处罚或者进行批评、教育。

第八十二条 【窝藏、包庇恐怖活动犯罪和极端主义犯罪的违法行为的法律责任】明知他人有恐怖活动犯罪、极端主义犯罪行为,窝藏、包庇,情节轻微,尚不构成犯罪的,或者在司法机关向其调查有关情况、收集有关证据时,拒绝提供的,由公安机关处十日以上十五日以下拘留,可以并处一万元以下罚款。

第八十三条 【不履行冻结涉恐资产义务的处罚】金融机构和特定非金融机构对国家反恐怖主义工作领导机构的办事机构公告的恐怖活动组织及恐怖活动人员的资金或者其他资产,未立即予以冻结的,由公安机关处二十万元以上五十万元以下罚款,并对直接负责的董事、高级管理人员和其他直接责任人员处十万元以下罚款;情节严重的,处五十万元以上罚款,并对直接负责的董事、高级管理人员和其他直接责任人员,处十万元以上五十万元以下罚款,可以并处五日以上十五日以下拘留。

注释 这里的"金融机构",是指依法设立的从事金融业务的政策性银行、商业银行、信用合作社、邮政储汇机构、信托投资公司、证券公司、期货经纪公司、保险公司等;"特定非金融机构",主要是指房地产经纪、贵金属交易、珠宝交易、非金融支付以及拍卖、典当、律师、公证、会计、审计等中介服务机构。

第八十四条 【对电信业务经营者、互联网服务提供者不履行反恐怖主义义务的处罚】 电信业务经营者、互联网服务提供者有下列情形之一的,由主管部门处二十万元以上五十万元以下罚款,并对其直接负责的主管人员和其他直接责任人员处十万元以下罚款;情节严重的,处五十万元以上罚款,并对其直接负责的主管人员和其他直接责任人员,处十万元以上五十万元以下罚款,可以由公安机关对其直接负责的主管人员和其他直接责任人员,处五日以上十五日以下拘留:

(一)未依照规定为公安机关、国家安全机关依法进行防范、调查恐怖活动提供技术接口和解密等技术支持和协助的;

(二)未按照主管部门的要求,停止传输、删除含有恐怖主义、极端主义内容的信息,保存相关记录,关闭相关网站或者关停相关服务的;

(三)未落实网络安全、信息内容监督制度和安全技术防范措施,造成含有恐怖主义、极端主义内容的信息传播,情节严重的。

注释 本条对电信业务经营者、互联网服务提供者列举了三项予以处罚的行为。第一项规定的未依照规定为公安机关、国家安全机关依法进行防范、调查恐怖活动提供技术接口和解密等技术支持和协助,具体包括以下行为:电信业务经营者、互联网服务提供者未按照国家标准,在有关设备上配置供公安机关、国家安全机关防范、调查恐怖活动使用的技术接口的;在公安机关、国家安全机关防范、调查恐怖活动的过程中,拒绝通过技术接口为公安机关、国家安全机关获取有关数据保留必要的技术通道,使公安机关、国家安全机关难以获得有关数据,无法顺利开展对恐怖活动的防范、调查工作的;对于公安机关、国家安全机关在防范、调查恐怖活动中需要对在网络传输过程中加密的信息进行解密时,拒绝向公安机关、国家安全机关提供技术支持的等。

本条第二项规定的未按照主管部门的要求,停止传输、删除含有恐怖主义、极端主义内容的信息,保存相关记录,关闭相关网站或者关停相关服务的,指的是当网信、电信、公安、国家安全等主管部门对网络上出现含有恐怖主义、极端主义内容的信息的，要求电信业务经营者、互联网服务提供者采取有关措施时，电信业务经营者、互联网服务提供者拒绝采取措施或者未依照要求采取措施。

本条第三项规定的未落实网络安全、信息内容监督制度和安全技术防范措施，造成含有恐怖主义、极端主义内容的信息传播，情节严重的行为，包含了需要同时具备的两个方面：一是，未按照有关法律、行政法规的规定，落实网络安全、信息内容监督制度和安全技术防范措施。二是，造成含有恐怖主义、极端主义内容的信息传播，情节严重的。

第八十五条　【对物流运营单位违反安全查验及信息登记义务的处罚】铁路、公路、水上、航空的货运和邮政、快递等物流运营单位有下列情形之一的，由主管部门处十万元以上五十万元以下罚款，并对其直接负责的主管人员和其他直接责任人员处十万元以下罚款：

（一）未实行安全查验制度，对客户身份进行查验，或者未依照规定对运输、寄递物品进行安全检查或者开封验视的；

（二）对禁止运输、寄递，存在重大安全隐患，或者客户拒绝安全查验的物品予以运输、寄递的；

（三）未实行运输、寄递客户身份、物品信息登记制度的。

注释　根据本条规定，铁路、公路、水上、航空的货运和邮政、快递等运营单位未履行上述相关安全防范义务的行为，包括三种情形：1. 未实行安全查验制度，对客户身份未进行查验，或者未依照规定对运输、寄递物品进行安全检查或者开封验视的；2. 对禁止运输、寄递，存在重大安全隐患，或者客户拒绝安全查验的物品予以运输、寄递的；3. 未实行运输、寄递客户身份、物品信息登记制度的。

实践中应当注意的是，《铁路安全管理条例》第一百条规定，铁路运输企业承运未接受安全检查的货物，承运不符合安全规定、可能危害铁路运输安全的货物的，由铁路监管部门责令改正，处二万元以上十万元以下的罚款。该管理条例是国务院通过的行政法规，《中华人民共和国反恐怖主义法》是全国人大常委会通过的法律，按照上位法优于下位法的原则，法律应当优先于行政法规予以适用。因此，对铁路运输企业承运未接受安全检查的货物，承运不符合安全规定、可能危害铁路运输安全的货物的行为，应当依照本条的规定进行处罚。

第八十六条 【对电信、互联网、金融、住宿、长途客运、机动车租赁等行业违反查验客户身份义务的处罚】电信、互联网、金融业务经营者、服务提供者未按规定对客户身份进行查验，或者对身份不明、拒绝身份查验的客户提供服务的，主管部门应当责令改正；拒不改正的，处二十万元以上五十万元以下罚款，并对其直接负责的主管人员和其他直接责任人员处十万元以下罚款；情节严重的，处五十万元以上罚款，并对其直接负责的主管人员和其他直接责任人员，处十万元以上五十万元以下罚款。

住宿、长途客运、机动车租赁等业务经营者、服务提供者有前款规定情形的，由主管部门处十万元以上五十万元以下罚款，并对其直接负责的主管人员和其他直接责任人员处十万元以下罚款。

第八十七条 【对违反危险物品、物质安全管理的法律责任】违反本法规定，有下列情形之一的，由主管部门给予警告，并责令改正；拒不改正的，处十万元以下罚款，并对其直接负责的主管人员和其他直接责任人员处一万元以下罚款：

（一）未依照规定对枪支等武器、弹药、管制器具、危险化学品、民用爆炸物品、核与放射物品作出电子追踪标识，对民用爆炸物品添加安检示踪标识物的；

（二）未依照规定对运营中的危险化学品、民用爆炸物品、核与放射物品的运输工具通过定位系统实行监控的；

（三）未依照规定对传染病病原体等物质实行严格的监督管理，情节严重的；

（四）违反国务院有关主管部门或者省级人民政府对管制器具、危险化学品、民用爆炸物品决定的管制或者限制交易措施的。

第八十八条 【对重点目标的管理、营运单位和大型活动承办单位违反本法有关规定的法律责任】防范恐怖袭击重点目标的管理、营运单位违反本法规定，有下列情形之一的，由公安机关给予警告，并责令改正；拒不改正的，处十万元以下罚款，并对其直接负责的主管人员和其他直接责任人员处一万元以下罚款：

（一）未制定防范和应对处置恐怖活动的预案、措施的；

（二）未建立反恐怖主义工作专项经费保障制度，或者未配备防范和处置设备、设施的；

（三）未落实工作机构或者责任人员的；

（四）未对重要岗位人员进行安全背景审查，或者未将有不适合情形的人员调整工作岗位的；

（五）对公共交通运输工具未依照规定配备安保人员和相应设备、设施的；

（六）未建立公共安全视频图像信息系统值班监看、信息保存使用、运行维护等管理制度的。

大型活动承办单位以及重点目标的管理单位未依照规定对进入大型活动场所、机场、火车站、码头、城市轨道交通站、公路长途客运站、口岸等重点目标的人员、物品和交通工具进行安全检查的，公安机关应当责令改正；拒不改正的，处十万元以下罚款，并对其直接负责的主管人员和其他直接责任人员处一万元以下罚款。

第八十九条　【对恐怖活动嫌疑人员违反约束措施的处罚】恐怖活动嫌疑人员违反公安机关责令其遵守的约束措施的，由公安机关给予警告，并责令改正；拒不改正的，处五日以上十五日以下拘留。

第九十条　【对新闻媒体等单位违法违规报道恐怖事件的处罚】新闻媒体等单位编造、传播虚假恐怖事件信息，报道、传播可能引起模仿的恐怖活动的实施细节，发布恐怖事件中残忍、不人道的场景，或者未经批准，报道、传播现场应对处置的工作人员、人质身份信息和应对处置行动情况的，由公安机关处二十万元以下罚款，并对其直接负责的主管人员和其他直接责任人员，处五日以上十五日以下拘留，可以并处五万元以下罚款。

个人有前款规定行为的，由公安机关处五日以上十五日以下拘留，可以并处一万元以下罚款。

第九十一条　【对拒不配合开展反恐怖主义工作的处罚】拒不

配合有关部门开展反恐怖主义安全防范、情报信息、调查、应对处置工作的,由主管部门处二千元以下罚款;造成严重后果的,处五日以上十五日以下拘留,可以并处一万元以下罚款。

单位有前款规定行为的,由主管部门处五万元以下罚款;造成严重后果的,处十万元以下罚款;并对其直接负责的主管人员和其他直接责任人员依照前款规定处罚。

第九十二条　【对阻碍反恐怖主义工作的行为及其处罚】阻碍有关部门开展反恐怖主义工作的,由公安机关处五日以上十五日以下拘留,可以并处五万元以下罚款。

单位有前款规定行为的,由公安机关处二十万元以下罚款,并对其直接负责的主管人员和其他直接责任人员依照前款规定处罚。

阻碍人民警察、人民解放军、人民武装警察依法执行职务的,从重处罚。

第九十三条　【对违反反恐怖主义法的单位限制或者剥夺经营资格】单位违反本法规定,情节严重的,由主管部门责令停止从事相关业务、提供相关服务或者责令停产停业;造成严重后果的,吊销有关证照或者撤销登记。

第九十四条　【反恐怖主义工作人员的渎职侵权行为及其处罚】【单位和个人的检举控告权】反恐怖主义工作领导机构、有关部门的工作人员在反恐怖主义工作中滥用职权、玩忽职守、徇私舞弊,或者有违反规定泄露国家秘密、商业秘密和个人隐私等行为,构成犯罪的,依法追究刑事责任;尚不构成犯罪的,依法给予处分。

反恐怖主义工作领导机构、有关部门及其工作人员在反恐怖主义工作中滥用职权、玩忽职守、徇私舞弊或者有其他违法违纪行为的,任何单位和个人有权向有关部门检举、控告。有关部门接到检举、控告后,应当及时处理并回复检举、控告人。

第九十五条　【解除反恐怖主义法规定的查封等措施】对依照本法规定查封、扣押、冻结、扣留、收缴的物品、资金等,经审查发现与恐怖主义无关的,应当及时解除有关措施,予以退还。

第九十六条　【对行政处罚、行政强制措施不服的救济】有关单位和个人对依照本法作出的行政处罚和行政强制措施决定不服的,可以依法申请行政复议或者提起行政诉讼。

第十章　附　　则

第九十七条　【生效日期及相关法律的效力】本法自2016年1月1日起施行。2011年10月29日第十一届全国人民代表大会常务委员会第二十三次会议通过的《全国人民代表大会常务委员会关于加强反恐怖工作有关问题的决定》同时废止。

中华人民共和国国防法

（1997年3月14日第八届全国人民代表大会第五次会议通过　根据2009年8月27日第十一届全国人民代表大会常务委员会第十次会议《关于修改部分法律的决定》修正　2020年12月26日第十三届全国人民代表大会常务委员会第二十四次会议修订）

第一章　总　　则

第一条　为了建设和巩固国防,保障改革开放和社会主义现代化建设的顺利进行,实现中华民族伟大复兴,根据宪法,制定本法。

第二条　国家为防备和抵抗侵略,制止武装颠覆和分裂,保卫国家主权、统一、领土完整、安全和发展利益所进行的军事活动,以及与军事有关的政治、经济、外交、科技、教育等方面的活动,适用本法。

第三条　国防是国家生存与发展的安全保障。

国家加强武装力量建设,加强边防、海防、空防和其他重大安全领域防卫建设,发展国防科研生产,普及全民国防教育,完善国防动员体系,实现国防现代化。

第四条　国防活动坚持以马克思列宁主义、毛泽东思想、邓小平理论、"三个代表"重要思想、科学发展观、习近平新时代中国特色社会主义思想为指导，贯彻习近平强军思想，坚持总体国家安全观，贯彻新时代军事战略方针，建设与我国国际地位相称、与国家安全和发展利益相适应的巩固国防和强大武装力量。

第五条 国家对国防活动实行统一的领导。

第六条 中华人民共和国奉行防御性国防政策，独立自主、自力更生地建设和巩固国防，实行积极防御，坚持全民国防。

国家坚持经济建设和国防建设协调、平衡、兼容发展，依法开展国防活动，加快国防和军队现代化，实现富国和强军相统一。

第七条 保卫祖国、抵抗侵略是中华人民共和国每一个公民的神圣职责。

中华人民共和国公民应当依法履行国防义务。

一切国家机关和武装力量、各政党和各人民团体、企业事业组织、社会组织和其他组织，都应当支持和依法参与国防建设，履行国防职责，完成国防任务。

第八条 国家和社会尊重、优待军人，保障军人的地位和合法权益，开展各种形式的拥军优属活动，让军人成为全社会尊崇的职业。

中国人民解放军和中国人民武装警察部队开展拥政爱民活动，巩固军政军民团结。

第九条 中华人民共和国积极推进国际军事交流与合作，维护世界和平，反对侵略扩张行为。

第十条 对在国防活动中作出贡献的组织和个人，依照有关法律、法规的规定给予表彰和奖励。

第十一条 任何组织和个人违反本法和有关法律，拒绝履行国防义务或者危害国防利益的，依法追究法律责任。

公职人员在国防活动中，滥用职权、玩忽职守、徇私舞弊的，依法追究法律责任。

第二章　国家机构的国防职权

第十二条 全国人民代表大会依照宪法规定，决定战争和和平的问题，并行使宪法规定的国防方面的其他职权。

全国人民代表大会常务委员会依照宪法规定，决定战争状态的宣布，决定全国总动员或者局部动员，并行使宪法规定的国防方面的其他职权。

第十三条 中华人民共和国主席根据全国人民代表大会的决定和全国人民代表大会常务委员会的决定，宣布战争状态，发布动员令，并行使宪法规定的国防方面的其他职权。

第十四条 国务院领导和管理国防建设事业，行使下列职权：

（一）编制国防建设的有关发展规划和计划；

（二）制定国防建设方面的有关政策和行政法规；

（三）领导和管理国防科研生产；

（四）管理国防经费和国防资产；

（五）领导和管理国民经济动员工作和人民防空、国防交通等方面的建设和组织实施工作；

（六）领导和管理拥军优属工作和退役军人保障工作；

（七）与中央军事委员会共同领导民兵的建设，征兵工作，边防、海防、空防和其他重大安全领域防卫的管理工作；

（八）法律规定的与国防建设事业有关的其他职权。

第十五条 中央军事委员会领导全国武装力量，行使下列职权：

（一）统一指挥全国武装力量；

（二）决定军事战略和武装力量的作战方针；

（三）领导和管理中国人民解放军、中国人民武装警察部队的建设，制定规划、计划并组织实施；

（四）向全国人民代表大会或者全国人民代表大会常务委员会提出议案；

（五）根据宪法和法律，制定军事法规，发布决定和命令；

（六）决定中国人民解放军、中国人民武装警察部队的体制和编制，规定中央军事委员会机关部门、战区、军兵种和中国人民武装警察部队等单位的任务和职责；

（七）依照法律、军事法规的规定，任免、培训、考核和奖惩武装力量成员；

（八）决定武装力量的武器装备体制，制定武器装备发展规划、计划，协同国务院领导和管理国防科研生产；

（九）会同国务院管理国防经费和国防资产；

（十）领导和管理人民武装动员、预备役工作；

（十一）组织开展国际军事交流与合作；

（十二）法律规定的其他职权。

第十六条 中央军事委员会实行主席负责制。

第十七条 国务院和中央军事委员会建立协调机制，解决国防事务的重大问题。

中央国家机关与中央军事委员会机关有关部门可以根据情况召开会议，协调解决有关国防事务的问题。

第十八条 地方各级人民代表大会和县级以上地方各级人民代表大会常务委员会在本行政区域内，保证有关国防事务的法律、法规的遵守和执行。

地方各级人民政府依照法律规定的权限，管理本行政区域内的征兵、民兵、国民经济动员、人民防空、国防交通、国防设施保护，以及退役军人保障和拥军优属等工作。

第十九条 地方各级人民政府和驻地军事机关根据需要召开军地联席会议，协调解决本行政区域内有关国防事务的问题。

军地联席会议由地方人民政府的负责人和驻地军事机关的负责人共同召集。军地联席会议的参加人员由会议召集人确定。

军地联席会议议定的事项，由地方人民政府和驻地军事机关根据各自职责和任务分工办理，重大事项应当分别向上级报告。

第三章 武装力量

第二十条 中华人民共和国的武装力量属于人民。它的任务是巩固国防，抵抗侵略，保卫祖国，保卫人民的和平劳动，参加国家建设事业，全心全意为人民服务。

第二十一条 中华人民共和国的武装力量受中国共产党领导。武装力量中的中国共产党组织依照中国共产党章程进行活动。

第二十二条 中华人民共和国的武装力量，由中国人民解放军、中国人民武装警察部队、民兵组成。

中国人民解放军由现役部队和预备役部队组成，在新时代的使命任务是为巩固中国共产党领导和社会主义制度，为捍卫国家主权、统一、领土完整，为维护国家海外利益，为促进世界和平与发展，提供战略支撑。现役部队是国家的常备军，主要担负防卫作战任务，按照规定执行非战争军事行动任务。预备役部队按照规定进行军事训练、执行防卫作战任务和非战争军事行动任务；根据国家发布的动员令，由中央军事委员会下达命令转为现役部队。

中国人民武装警察部队担负执勤、处置突发社会安全事件、防范和处置恐怖活动、海上维权执法、抢险救援和防卫作战以及中央军事委员会赋予的其他任务。

民兵在军事机关的指挥下，担负战备勤务、执行非战争军事行动任务和防卫作战任务。

第二十三条 中华人民共和国的武装力量必须遵守宪法和法律。

第二十四条 中华人民共和国武装力量建设坚持走中国特色强军之路，坚持政治建军、改革强军、科技强军、人才强军、依法治军，加强军事训练，开展政治工作，提高保障水平，全面推进军事理论、军队组织形态、军事人员和武器装备现代化，构建中国特色现代作战体系，全面提高战斗力，努力实现党在新时代的强军目标。

第二十五条 中华人民共和国武装力量的规模应当与保卫国家主权、安全、发展利益的需要相适应。

第二十六条 中华人民共和国的兵役分为现役和预备役。军人和预备役人员的服役制度由法律规定。

中国人民解放军、中国人民武装警察部队依照法律规定实行衔级制度。

第二十七条 中国人民解放军、中国人民武装警察部队在规定岗位实行文职人员制度。

第二十八条 中国人民解放军军旗、军徽是中国人民解放军的象征和标志。中国人民武装警察部队旗、徽是中国人民武装警察部队的象征和标志。

公民和组织应当尊重中国人民解放军军旗、军徽和中国人民武装警察部队旗、徽。

中国人民解放军军旗、军徽和中国人民武装警察部队旗、徽的图案、样式以及使用管理办法由中央军事委员会规定。

第二十九条 国家禁止任何组织或者个人非法建立武装组织，禁止非法武装活动，禁止冒充军人或者武装力量组织。

第四章 边防、海防、空防和其他重大安全领域防卫

第三十条 中华人民共和国的领陆、领水、领空神圣不可侵犯。国家建设强大稳固的现代边防、海防和空防，采取有效的防卫和管理措施，保卫领陆、领水、领空的安全，维护国家海洋权益。

国家采取必要的措施，维护在太空、电磁、网络空间等其他重大安全领域的活动、资产和其他利益的安全。

第三十一条 中央军事委员会统一领导边防、海防、空防和其他重大安全领域的防卫工作。

中央国家机关、地方各级人民政府和有关军事机关，按照规定的职权范围，分工负责边防、海防、空防和其他重大安全领域的管理和防卫工作，共同维护国家的安全和利益。

第三十二条 国家根据边防、海防、空防和其他重大安全领域防卫的需要，加强防卫力量建设，建设作战、指挥、通信、测控、导航、防护、交通、保障等国防设施。各级人民政府和军事机关应当依照法律、法规的规定，保障国防设施的建设，保护国防设施的安全。

第五章 国防科研生产和军事采购

第三十三条 国家建立和完善国防科技工业体系，发展国防科研生产，为武装力量提供性能先进、质量可靠、配套完善、便于操

作和维修的武器装备以及其他适用的军用物资,满足国防需要。

第三十四条 国防科技工业实行军民结合、平战结合、军品优先、创新驱动、自主可控的方针。

国家统筹规划国防科技工业建设,坚持国家主导、分工协作、专业配套、开放融合,保持规模适度、布局合理的国防科研生产能力。

第三十五条 国家充分利用全社会优势资源,促进国防科学技术进步,加快技术自主研发,发挥高新技术在武器装备发展中的先导作用,增加技术储备,完善国防知识产权制度,促进国防科技成果转化,推进科技资源共享和协同创新,提高国防科研能力和武器装备技术水平。

第三十六条 国家创造有利的环境和条件,加强国防科学技术人才培养,鼓励和吸引优秀人才进入国防科研生产领域,激发人才创新活力。

国防科学技术工作者应当受到全社会的尊重。国家逐步提高国防科学技术工作者的待遇,保护其合法权益。

第三十七条 国家依法实行军事采购制度,保障武装力量所需武器装备和物资、工程、服务的采购供应。

第三十八条 国家对国防科研生产实行统一领导和计划调控;注重发挥市场机制作用,推进国防科研生产和军事采购活动公平竞争。

国家为承担国防科研生产任务和接受军事采购的组织和个人依法提供必要的保障条件和优惠政策。地方各级人民政府应当依法对承担国防科研生产任务和接受军事采购的组织和个人给予协助和支持。

承担国防科研生产任务和接受军事采购的组织和个人应当保守秘密,及时高效完成任务,保证质量,提供相应的服务保障。

国家对供应武装力量的武器装备和物资、工程、服务,依法实行质量责任追究制度。

第六章 国防经费和国防资产

第三十九条 国家保障国防事业的必要经费。国防经费的增长应当与国防需求和国民经济发展水平相适应。

国防经费依法实行预算管理。

第四十条 国家为武装力量建设、国防科研生产和其他国防建设直接投入的资金、划拨使用的土地等资源,以及由此形成的用于国防目的的武器装备和设备设施、物资器材、技术成果等属于国防资产。

国防资产属于国家所有。

第四十一条 国家根据国防建设和经济建设的需要,确定国防资产的规模、结构和布局,调整和处分国防资产。

国防资产的管理机构和占有、使用单位,应当依法管理国防资产,充分发挥国防资产的效能。

第四十二条 国家保护国防资产不受侵害,保障国防资产的安全、完整和有效。

禁止任何组织或者个人破坏、损害和侵占国防资产。未经国务院、中央军事委员会或者国务院、中央军事委员会授权的机构批准,国防资产的占有、使用单位不得改变国防资产用于国防的目的。国防资产中的技术成果,在坚持国防优先、确保安全的前提下,可以根据国家有关规定用于其他用途。

国防资产的管理机构或者占有、使用单位对不再用于国防目的的国防资产,应当按照规定报批,依法改作其他用途或者进行处置。

第七章 国防教育

第四十三条 国家通过开展国防教育,使全体公民增强国防观念、强化忧患意识、掌握国防知识、提高国防技能、发扬爱国主义精神,依法履行国防义务。

普及和加强国防教育是全社会的共同责任。

第四十四条 国防教育贯彻全民参与、长期坚持、讲求实效的方针,实行经常教育与集中教育相结合、普及教育与重点教育相结合、理论教育与行为教育相结合的原则。

第四十五条 国防教育主管部门应当加强国防教育的组织管理,其他有关部门应当按照规定的职责做好国防教育工作。

军事机关应当支持有关机关和组织开展国防教育工作,依法提供有关便利条件。

一切国家机关和武装力量、各政党和各人民团体、企业事业组织、社会组织和其他组织,都应当组织本地区、本部门、本单位开展国防教育。

学校的国防教育是全民国防教育的基础。各级各类学校应当设置适当的国防教育课程,或者在有关课程中增加国防教育的内容。普通高等学校和高中阶段学校应当按照规定组织学生军事训练。

公职人员应当积极参加国防教育,提升国防素养,发挥在全民国防教育中的模范带头作用。

第四十六条 各级人民政府应当将国防教育纳入国民经济和社会发展计划,保障国防教育所需的经费。

第八章 国防动员和战争状态

第四十七条 中华人民共和国的主权、统一、领土完整、安全和发展利益遭受威胁时,国家依照宪法和法律规定,进行全国总动员或者局部动员。

第四十八条 国家将国防动员准备纳入国家总体发展规划和计划,完善国防动员体制,增强国防动员潜力,提高国防动员能力。

第四十九条 国家建立战略物资储备制度。战略物资储备应当规模适度、储存安全、调用方便、定期更换,保障战时的需要。

第五十条 国家国防动员领导机构、中央国家机关、中央军事委员会机关有关部门按照职责分工,组织国防动员准备和实施工作。

一切国家机关和武装力量、各政党和各人民团体、企业事业组织、社会组织、其他组织和公民，都必须依照法律规定完成国防动员准备工作；在国家发布动员令后，必须完成规定的国防动员任务。

第五十一条 国家根据国防动员需要，可以依法征收、征用组织和个人的设备设施、交通工具、场所和其他财产。

县级以上人民政府对被征收、征用者因征收、征用所造成的直接经济损失，按照国家有关规定给予公平、合理的补偿。

第五十二条 国家依照宪法规定宣布战争状态，采取各种措施集中人力、物力和财力，领导全体公民保卫祖国、抵抗侵略。

第九章 公民、组织的国防义务和权利

第五十三条 依照法律服兵役和参加民兵组织是中华人民共和国公民的光荣义务。

各级兵役机关和基层人民武装机构应当依法办理兵役工作，按照国务院和中央军事委员会的命令完成征兵任务，保证兵员质量。有关国家机关、人民团体、企业事业组织、社会组织和其他组织，应当依法完成民兵和预备役工作，协助完成征兵任务。

第五十四条 企业事业组织和个人承担国防科研生产任务或者接受军事采购，应当按照要求提供符合质量标准的武器装备或者物资、工程、服务。

企业事业组织和个人应当按照国家规定在与国防密切相关的建设项目中贯彻国防要求，依法保障国防建设和军事行动的需要。车站、港口、机场、道路等交通设施的管理、运营单位应当为军人和军用车辆、船舶的通行提供优先服务，按照规定给予优待。

第五十五条 公民应当接受国防教育。

公民和组织应当保护国防设施，不得破坏、危害国防设施。

公民和组织应当遵守保密规定，不得泄露国防方面的国家秘密，不得非法持有国防方面的秘密文件、资料和其他秘密物品。

第五十六条 公民和组织应当支持国防建设，为武装力量的军事训练、战备勤务、防卫作战、非战争军事行动等活动提供便利条

件或者其他协助。

国家鼓励和支持符合条件的公民和企业投资国防事业，保障投资者的合法权益并依法给予政策优惠。

第五十七条 公民和组织有对国防建设提出建议的权利，有对危害国防利益的行为进行制止或者检举的权利。

第五十八条 民兵、预备役人员和其他公民依法参加军事训练，担负战备勤务、防卫作战、非战争军事行动等任务时，应当履行自己的职责和义务；国家和社会保障其享有相应的待遇，按照有关规定对其实行抚恤优待。

公民和组织因国防建设和军事活动在经济上受到直接损失的，可以依照国家有关规定获得补偿。

第十章 军人的义务和权益

第五十九条 军人必须忠于祖国，忠于中国共产党，履行职责，英勇战斗，不怕牺牲，捍卫祖国的安全、荣誉和利益。

第六十条 军人必须模范地遵守宪法和法律，遵守军事法规，执行命令，严守纪律。

第六十一条 军人应当发扬人民军队的优良传统，热爱人民，保护人民，积极参加社会主义现代化建设，完成抢险救灾等任务。

第六十二条 军人应当受到全社会的尊崇。

国家建立军人功勋荣誉表彰制度。

国家采取有效措施保护军人的荣誉、人格尊严，依照法律规定对军人的婚姻实行特别保护。

军人依法履行职责的行为受法律保护。

第六十三条 国家和社会优待军人。

国家建立与军事职业相适应、与国民经济发展相协调的军人待遇保障制度。

第六十四条 国家建立退役军人保障制度，妥善安置退役军人，维护退役军人的合法权益。

第六十五条　国家和社会抚恤优待残疾军人，对残疾军人的生活和医疗依法给予特别保障。

因战、因公致残或者致病的残疾军人退出现役后，县级以上人民政府应当及时接收安置，并保障其生活不低于当地的平均生活水平。

第六十六条　国家和社会优待军人家属，抚恤优待烈士家属和因公牺牲、病故军人的家属。

第十一章　对外军事关系

第六十七条　中华人民共和国坚持互相尊重主权和领土完整、互不侵犯、互不干涉内政、平等互利、和平共处五项原则，维护以联合国为核心的国际体系和以国际法为基础的国际秩序，坚持共同、综合、合作、可持续的安全观，推动构建人类命运共同体，独立自主地处理对外军事关系，开展军事交流与合作。

第六十八条　中华人民共和国遵循以联合国宪章宗旨和原则为基础的国际关系基本准则，依照国家有关法律运用武装力量，保护海外中国公民、组织、机构和设施的安全，参加联合国维和、国际救援、海上护航、联演联训、打击恐怖主义等活动，履行国际安全义务，维护国家海外利益。

第六十九条　中华人民共和国支持国际社会实施的有利于维护世界和地区和平、安全、稳定的与军事有关的活动，支持国际社会为公正合理地解决国际争端以及国际军备控制、裁军和防扩散所做的努力，参与安全领域多边对话谈判，推动制定普遍接受、公正合理的国际规则。

第七十条　中华人民共和国在对外军事关系中遵守同外国、国际组织缔结或者参加的有关条约和协定。

第十二章　附　　则

第七十一条　本法所称军人，是指在中国人民解放军服现役的军官、军士、义务兵等人员。

本法关于军人的规定，适用于人民武装警察。

第七十二条 中华人民共和国特别行政区的防务，由特别行政区基本法和有关法律规定。

第七十三条 本法自2021年1月1日起施行。

中华人民共和国国防教育法

（2001年4月28日第九届全国人民代表大会常务委员会第二十一次会议通过　根据2018年4月27日第十三届全国人民代表大会常务委员会第二次会议《关于修改〈中华人民共和国国境卫生检疫法〉等六部法律的决定》修正）

第一章　总　　则

第一条 为了普及和加强国防教育，发扬爱国主义精神，促进国防建设和社会主义精神文明建设，根据国防法和教育法，制定本法。

第二条 国防教育是建设和巩固国防的基础，是增强民族凝聚力、提高全民素质的重要途径。

第三条 国家通过开展国防教育，使公民增强国防观念，掌握基本的国防知识，学习必要的军事技能，激发爱国热情，自觉履行国防义务。

第四条 国防教育贯彻全民参与、长期坚持、讲求实效的方针，实行经常教育与集中教育相结合、普及教育与重点教育相结合、理论教育与行为教育相结合的原则，针对不同对象确定相应的教育内容分类组织实施。

第五条 中华人民共和国公民都有接受国防教育的权利和义务。

普及和加强国防教育是全社会的共同责任。

一切国家机关和武装力量、各政党和各社会团体、各企业事业组织以及基层群众性自治组织，都应当根据各自的实际情况组织本地区、本部门、本单位开展国防教育。

第六条 国务院领导全国的国防教育工作。中央军事委员会协同国务院开展全民国防教育。

地方各级人民政府领导本行政区域内的国防教育工作。驻地军事机关协助和支持地方人民政府开展国防教育。

第七条 国家国防教育工作机构规划、组织、指导和协调全国的国防教育工作。

县级以上地方负责国防教育工作的机构组织、指导、协调和检查本行政区域内的国防教育工作。

第八条 教育、退役军人事务、文化宣传等部门,在各自职责范围内负责国防教育工作。

征兵、国防科研生产、国民经济动员、人民防空、国防交通、军事设施保护等工作的主管部门,依照本法和有关法律、法规的规定,负责国防教育工作。

工会、共产主义青年团、妇女联合会以及其他有关社会团体,协助人民政府开展国防教育。

第九条 中国人民解放军、中国人民武装警察部队按照中央军事委员会的有关规定开展国防教育。

第十条 国家支持、鼓励社会组织和个人开展有益于国防教育的活动。

第十一条 国家和社会对在国防教育工作中作出突出贡献的组织和个人,采取各种形式给予表彰和奖励。

第十二条 国家设立全民国防教育日。

第二章 学校国防教育

第十三条 学校的国防教育是全民国防教育的基础,是实施素质教育的重要内容。

教育行政部门应当将国防教育列入工作计划,加强对学校国防教育的组织、指导和监督,并对学校国防教育工作定期进行考核。

第十四条 小学和初级中学应当将国防教育的内容纳入有关课

程,将课堂教学与课外活动相结合,对学生进行国防教育。

有条件的小学和初级中学可以组织学生开展以国防教育为主题的少年军校活动。教育行政部门、共产主义青年团组织和其他有关部门应当加强对少年军校活动的指导与管理。

小学和初级中学可以根据需要聘请校外辅导员,协助学校开展多种形式的国防教育活动。

第十五条 高等学校、高级中学和相当于高级中学的学校应当将课堂教学与军事训练相结合,对学生进行国防教育。

高等学校应当设置适当的国防教育课程,高级中学和相当于高级中学的学校应当在有关课程中安排专门的国防教育内容,并可以在学生中开展形式多样的国防教育活动。

高等学校、高级中学和相当于高级中学的学校学生的军事训练,由学校负责军事训练的机构或者军事教员按照国家有关规定组织实施。军事机关应当协助学校组织学生的军事训练。

第十六条 学校应当将国防教育列入学校的工作和教学计划,采取有效措施,保证国防教育的质量和效果。

学校组织军事训练活动,应当采取措施,加强安全保障。

第十七条 负责培训国家工作人员的各类教育机构,应当将国防教育纳入培训计划,设置适当的国防教育课程。

国家根据需要选送地方和部门的负责人到有关军事院校接受培训,学习和掌握履行领导职责所必需的国防知识。

第三章 社会国防教育

第十八条 国家机关应当根据各自的工作性质和特点,采取多种形式对工作人员进行国防教育。

国家机关工作人员应当具备基本的国防知识。从事国防建设事业的国家机关工作人员,必须学习和掌握履行职责所必需的国防知识。

各地区、各部门的领导人员应当依法履行组织、领导本地区、本部门开展国防教育的职责。

第十九条 企业事业组织应当将国防教育列入职工教育计划,结合政治教育、业务培训、文化体育等活动,对职工进行国防教育。

承担国防科研生产、国防设施建设、国防交通保障等任务的企业事业组织,应当根据所担负的任务,制定相应的国防教育计划,有针对性地对职工进行国防教育。

社会团体应当根据各自的活动特点开展国防教育。

第二十条 军区、省军区(卫戍区、警备区)、军分区(警备区)和县、自治县、市、市辖区的人民武装部按照国家和军队的有关规定,结合政治教育和组织整顿、军事训练、执行勤务、征兵工作以及重大节日、纪念日活动,对民兵、预备役人员进行国防教育。

民兵、预备役人员的国防教育,应当以基干民兵、第一类预备役人员和担任领导职务的民兵、预备役人员为重点,建立和完善制度,保证受教育的人员、教育时间和教育内容的落实。

第二十一条 城市居民委员会、农村村民委员会应当将国防教育纳入社区、农村社会主义精神文明建设的内容,结合征兵工作、拥军优属以及重大节日、纪念日活动,对居民、村民进行国防教育。

城市居民委员会、农村村民委员会可以聘请退役军人协助开展国防教育。

第二十二条 文化、新闻、出版、广播、电影、电视等部门和单位应当根据形势和任务的要求,采取多种形式开展国防教育。

中央和省、自治区、直辖市以及设区的市的广播电台、电视台、报刊应当开设国防教育节目或者栏目,普及国防知识。

第二十三条 烈士陵园、革命遗址和其他具有国防教育功能的博物馆、纪念馆、科技馆、文化馆、青少年宫等场所,应当为公民接受国防教育提供便利,对有组织的国防教育活动实行优惠或者免费;依照本法第二十八条的规定被命名为国防教育基地的,应当对有组织的中小学生免费开放;在全民国防教育日向社会免费开放。

第四章 国防教育的保障

第二十四条 各级人民政府应当将国防教育纳入国民经济和社

会发展计划,并根据开展国防教育的需要,在财政预算中保障国防教育所需的经费。

第二十五条 国家机关、事业单位、社会团体开展国防教育所需的经费,在本单位预算经费内列支;企业开展国防教育所需经费,在本单位职工教育经费中列支。

学校组织学生军事训练所需的经费,按照国家有关规定执行。

第二十六条 国家鼓励社会组织和个人捐赠财产,资助国防教育的开展。

社会组织和个人资助国防教育的财产,由依法成立的国防教育基金组织或者其他公益性社会组织依法管理。

国家鼓励社会组织和个人提供或者捐赠所收藏的具有国防教育意义的实物用于国防教育。使用单位对提供使用的实物应当妥善保管,使用完毕,及时归还。

第二十七条 国防教育经费和社会组织、个人资助国防教育的财产,必须用于国防教育事业,任何单位或者个人不得挪用、克扣。

第二十八条 本法第二十三条规定的场所,具备下列条件的,经省、自治区、直辖市人民政府批准,可以命名为国防教育基地:

(一)有明确的国防教育主题内容;

(二)有健全的管理机构和规章制度;

(三)有相应的国防教育设施;

(四)有必要的经费保障;

(五)有显著的社会教育效果。

国防教育基地应当加强建设,不断完善,充分发挥国防教育的功能。被命名的国防教育基地不再具备前款规定条件的,由原批准机关撤销命名。

第二十九条 各级人民政府应当加强对国防教育基地的规划、建设和管理,并为其发挥作用提供必要的保障。

各级人民政府应当加强对具有国防教育意义的文物的收集、整理、保护工作。

第三十条 全民国防教育使用统一的国防教育大纲。国防教育大纲由国家国防教育工作机构组织制定。

适用于不同地区、不同类别教育对象的国防教育教材,由有关部门或者地方依据国防教育大纲并结合本地区、本部门的特点组织编写。

第三十一条 各级国防教育工作机构应当组织、协调有关部门做好国防教育教员的选拔、培训和管理工作,加强国防教育师资队伍建设。

国防教育教员应当从热爱国防教育事业、具有基本的国防知识和必要的军事技能的人员中选拔。

第三十二条 中国人民解放军和中国人民武装警察部队应当根据需要和可能,为驻地有组织的国防教育活动选派军事教员,提供必要的军事训练场地、设施以及其他便利条件。

在国庆节、中国人民解放军建军节和全民国防教育日,经批准的军营可以向社会开放。军营开放的办法由中央军事委员会规定。

第五章 法律责任

第三十三条 国家机关、社会团体、企业事业组织以及其他社会组织违反本法规定,拒不开展国防教育活动的,由人民政府有关部门或者上级机关给予批评教育,并责令限期改正;拒不改正,造成恶劣影响的,对负有直接责任的主管人员依法给予行政处分。

第三十四条 违反本法规定,挪用、克扣国防教育经费的,由有关主管部门责令限期归还;对负有直接责任的主管人员和其他直接责任人员依法给予行政处分;构成犯罪的,依法追究刑事责任。

第三十五条 侵占、破坏国防教育基地设施、损毁展品的,由有关主管部门给予批评教育,并责令限期改正;有关责任人应当依法承担相应的民事责任。

有前款所列行为,违反治安管理规定的,由公安机关依法给予治安管理处罚;构成犯罪的,依法追究刑事责任。

第三十六条 寻衅滋事,扰乱国防教育工作和活动秩序的,或者盗用国防教育名义骗取钱财的，由有关主管部门给予批评教育，并予以制止；违反治安管理规定的，由公安机关依法给予治安管理处罚；构成犯罪的，依法追究刑事责任。

第三十七条 负责国防教育的国家工作人员玩忽职守、滥用职权、徇私舞弊的，依法给予行政处分；构成犯罪的，依法追究刑事责任。

第六章 附 则

第三十八条 本法自公布之日起施行。

中华人民共和国军事设施保护法

（1990年2月23日第七届全国人民代表大会常务委员会第十二次会议通过 根据2009年8月27日第十一届全国人民代表大会常务委员会第十次会议《关于修改部分法律的决定》第一次修正 根据2014年6月27日第十二届全国人民代表大会常务委员会第九次会议《关于修改〈中华人民共和国军事设施保护法〉的决定》第二次修正 2021年6月10日第十三届全国人民代表大会常务委员会第二十九次会议修订 2021年6月10日中华人民共和国主席令第87号公布 自2021年8月1日起施行）

第一章 总 则

第一条 为了保护军事设施的安全，保障军事设施的使用效能和军事活动的正常进行，加强国防现代化建设，巩固国防，抵御侵略，根据宪法，制定本法。

第二条 本法所称军事设施，是指国家直接用于军事目的的下列建筑、场地和设备：

（一）指挥机关，地上和地下的指挥工程、作战工程；

（二）军用机场、港口、码头；

（三）营区、训练场、试验场；

（四）军用洞库、仓库；

（五）军用信息基础设施，军用侦察、导航、观测台站，军用测量、导航、助航标志；

（六）军用公路、铁路专用线，军用输电线路，军用输油、输水、输气管道；

（七）边防、海防管控设施；

（八）国务院和中央军事委员会规定的其他军事设施。

前款规定的军事设施，包括军队为执行任务必需设置的临时设施。

第三条 军事设施保护工作坚持中国共产党的领导。各级人民政府和军事机关应当共同保护军事设施，维护国防利益。

国务院、中央军事委员会按照职责分工，管理全国的军事设施保护工作。地方各级人民政府会同有关军事机关，管理本行政区域内的军事设施保护工作。

有关军事机关应当按照规定的权限和程序，提出需要地方人民政府落实的军事设施保护需求，地方人民政府应当会同有关军事机关制定具体保护措施并予以落实。

设有军事设施的地方，有关军事机关和县级以上地方人民政府应当建立军地军事设施保护协调机制，相互配合，监督、检查军事设施的保护工作，协调解决军事设施保护工作中的问题。

第四条 中华人民共和国的组织和公民都有保护军事设施的义务。

禁止任何组织或者个人破坏、危害军事设施。

任何组织或者个人对破坏、危害军事设施的行为，都有权检举、控告。

第五条 国家统筹兼顾经济建设、社会发展和军事设施保护，促进经济社会发展和军事设施保护相协调。

第六条 国家对军事设施实行分类保护、确保重点的方针。军事设施的分类和保护标准，由国务院和中央军事委员会规定。

第七条 国家对因设有军事设施、经济建设受到较大影响的地方，采取相应扶持政策和措施。具体办法由国务院和中央军事委员会规定。

第八条 对在军事设施保护工作中做出突出贡献的组织和个人，依照有关法律、法规的规定给予表彰和奖励。

第二章 军事禁区、军事管理区的划定

第九条 军事禁区、军事管理区根据军事设施的性质、作用、安全保密的需要和使用效能的要求划定，具体划定标准和确定程序，由国务院和中央军事委员会规定。

本法所称军事禁区，是指设有重要军事设施或者军事设施安全保密要求高、具有重大危险因素，需要国家采取特殊措施加以重点保护，依照法定程序和标准划定的军事区域。

本法所称军事管理区，是指设有较重要军事设施或者军事设施安全保密要求较高、具有较大危险因素，需要国家采取特殊措施加以保护，依照法定程序和标准划定的军事区域。

第十条 军事禁区、军事管理区由国务院和中央军事委员会确定，或者由有关军事机关根据国务院和中央军事委员会的规定确定。

军事禁区、军事管理区的撤销或者变更，依照前款规定办理。

第十一条 陆地和水域的军事禁区、军事管理区的范围，由省、自治区、直辖市人民政府和有关军级以上军事机关共同划定，或者由省、自治区、直辖市人民政府、国务院有关部门和有关军级以上军事机关共同划定。空中军事禁区和特别重要的陆地、水域军事禁区的范围，由国务院和中央军事委员会划定。

军事禁区、军事管理区的范围调整，依照前款规定办理。

第十二条 军事禁区、军事管理区应当由县级以上地方人民政府按照国家统一规定的样式设置标志牌。

第十三条 军事禁区、军事管理区范围的划定或者调整，应当

在确保军事设施安全保密和使用效能的前提下，兼顾经济建设、生态环境保护和当地居民的生产生活。

因军事设施建设需要划定或者调整军事禁区、军事管理区范围的，应当在军事设施建设项目开工建设前完成。但是，经战区级以上军事机关批准的除外。

第十四条 军事禁区、军事管理区范围的划定或者调整，需要征收、征用土地、房屋等不动产，压覆矿产资源，或者使用海域、空域等的，依照有关法律、法规的规定办理。

第十五条 军队为执行任务设置的临时军事设施需要划定陆地、水域临时军事禁区、临时军事管理区范围的，由县级以上地方人民政府和有关团级以上军事机关共同划定，并各自向上一级机关备案。其中，涉及有关海事管理机构职权的，应当在划定前征求其意见。划定之后，由县级以上地方人民政府或者有关海事管理机构予以公告。

军队执行任务结束后，应当依照前款规定的程序及时撤销划定的陆地、水域临时军事禁区、临时军事管理区。

第三章　军事禁区的保护

第十六条 军事禁区管理单位应当根据具体条件，按照划定的范围，为陆地军事禁区修筑围墙、设置铁丝网等障碍物，为水域军事禁区设置障碍物或者界线标志。

水域军事禁区的范围难以在实际水域设置障碍物或者界线标志的，有关海事管理机构应当向社会公告水域军事禁区的位置和边界。海域的军事禁区应当在海图上标明。

第十七条 禁止陆地、水域军事禁区管理单位以外的人员、车辆、船舶等进入军事禁区，禁止航空器在陆地、水域军事禁区上空进行低空飞行，禁止对军事禁区进行摄影、摄像、录音、勘察、测量、定位、描绘和记述。但是，经有关军事机关批准的除外。

禁止航空器进入空中军事禁区，但依照国家有关规定获得批准的除外。

使用军事禁区的摄影、摄像、录音、勘察、测量、定位、描绘和记述资料,应当经有关军事机关批准。

第十八条 在陆地军事禁区内,禁止建造、设置非军事设施,禁止开发利用地下空间。但是,经战区级以上军事机关批准的除外。

在水域军事禁区内,禁止建造、设置非军事设施,禁止从事水产养殖、捕捞以及其他妨碍军用舰船行动、危害军事设施安全和使用效能的活动。

第十九条 在陆地、水域军事禁区内采取的防护措施不足以保证军事设施安全保密和使用效能,或者陆地、水域军事禁区内的军事设施具有重大危险因素的,省、自治区、直辖市人民政府和有关军事机关,或者省、自治区、直辖市人民政府、国务院有关部门和有关军事机关根据军事设施性质、地形和当地经济建设、社会发展情况,可以在共同划定陆地、水域军事禁区范围的同时,在禁区外围共同划定安全控制范围,并在其外沿设置安全警戒标志。

安全警戒标志由县级以上地方人民政府按照国家统一规定的样式设置,地点由军事禁区管理单位和当地县级以上地方人民政府共同确定。

水域军事禁区外围安全控制范围难以在实际水域设置安全警戒标志的,依照本法第十六条第二款的规定执行。

第二十条 划定陆地、水域军事禁区外围安全控制范围,不改变原土地及土地附着物、水域的所有权。在陆地、水域军事禁区外围安全控制范围内,当地居民可以照常生产生活,但是不得进行爆破、射击以及其他危害军事设施安全和使用效能的活动。

因划定军事禁区外围安全控制范围影响不动产所有权人或者用益物权人行使权利的,依照有关法律、法规的规定予以补偿。

第四章 军事管理区的保护

第二十一条 军事管理区管理单位应当根据具体条件,按照划定的范围,为军事管理区修筑围墙、设置铁丝网或者界线标志。

第二十二条　军事管理区管理单位以外的人员、车辆、船舶等进入军事管理区，或者对军事管理区进行摄影、摄像、录音、勘察、测量、定位、描绘和记述，必须经军事管理区管理单位批准。

第二十三条　在陆地军事管理区内，禁止建造、设置非军事设施，禁止开发利用地下空间。但是，经军级以上军事机关批准的除外。

在水域军事管理区内，禁止从事水产养殖；未经军级以上军事机关批准，不得建造、设置非军事设施；从事捕捞或者其他活动，不得影响军用舰船的战备、训练、执勤等行动。

第二十四条　划为军事管理区的军民合用港口的水域，实行军地分区管理；在地方管理的水域内需要新建非军事设施的，必须事先征得军事设施管理单位的同意。

划为军事管理区的军民合用机场、港口、码头的管理办法，由国务院和中央军事委员会规定。

第五章　没有划入军事禁区、军事管理区的军事设施的保护

第二十五条　没有划入军事禁区、军事管理区的军事设施，军事设施管理单位应当采取措施予以保护；军队团级以上管理单位也可以委托当地人民政府予以保护。

第二十六条　在没有划入军事禁区、军事管理区的军事设施一定距离内进行采石、取土、爆破等活动，不得危害军事设施的安全和使用效能。

第二十七条　没有划入军事禁区、军事管理区的作战工程外围应当划定安全保护范围。作战工程的安全保护范围，应当根据作战工程性质、地形和当地经济建设、社会发展情况，由省、自治区、直辖市人民政府和有关军事机关共同划定，或者由省、自治区、直辖市人民政府、国务院有关部门和有关军事机关共同划定。在作战工程布局相对集中的地区，作战工程安全保护范围可以连片划定。

县级以上地方人民政府应当按照有关规定为作战工程安全保护范围设置界线标志。

作战工程安全保护范围的撤销或者调整，依照前款规定办理。

第二十八条　划定作战工程安全保护范围，不改变原土地及土地附着物的所有权。在作战工程安全保护范围内，当地居民可以照常生产生活，但是不得进行开山采石、采矿、爆破；从事修筑建筑物、构筑物、道路和进行农田水利基本建设、采伐林木等活动，不得危害作战工程安全和使用效能。

因划定作战工程安全保护范围影响不动产所有权人或者用益物权人行使权利的，依照有关法律、法规的规定予以补偿。

禁止私自开启封闭的作战工程，禁止破坏作战工程的伪装，禁止阻断进出作战工程的通道。未经作战工程管理单位师级以上的上级主管军事机关批准，不得对作战工程进行摄影、摄像、录音、勘察、测量、定位、描绘和记述，不得在作战工程内存放非军用物资器材或者从事种植、养殖等生产活动。

新建工程和建设项目，确实难以避开作战工程的，应当按照国家有关规定提出拆除或者迁建、改建作战工程的申请；申请未获批准的，不得拆除或者迁建、改建作战工程。

第二十九条　在军用机场净空保护区域内，禁止修建超出机场净空标准的建筑物、构筑物或者其他设施，不得从事影响飞行安全和机场助航设施使用效能的活动。

军用机场管理单位应当定期检查机场净空保护情况，发现修建的建筑物、构筑物或者其他设施超过军用机场净空保护标准的，应当及时向有关军事机关和当地人民政府主管部门报告。有关军事机关和当地人民政府主管部门应当依照本法规定及时处理。

第三十条　有关军事机关应当向地方人民政府通报当地军用机场净空保护有关情况和需求。

地方人民政府应当向有关军事机关通报可能影响军用机场净空保护的当地有关国土空间规划和高大建筑项目建设计划。

地方人民政府应当制定保护措施，督促有关单位对军用机场净空保护区域内的高大建筑物、构筑物或者其他设施设置飞行障碍标志。

第三十一条 军民合用机场以及由军队管理的保留旧机场、直升机起落坪的净空保护工作，适用军用机场净空保护的有关规定。

公路飞机跑道的净空保护工作，参照军用机场净空保护的有关规定执行。

第三十二条 地方各级人民政府和有关军事机关采取委托看管、分段负责等方式，实行军民联防，保护军用管线安全。

地下军用管线应当设立路由标石或者永久性标志，易遭损坏的路段、部位应当设置标志牌。已经公布具体位置、边界和路由的海域水下军用管线应当在海图上标明。

第三十三条 在军用无线电固定设施电磁环境保护范围内，禁止建造、设置影响军用无线电固定设施使用效能的设备和电磁障碍物体，不得从事影响军用无线电固定设施电磁环境的活动。

军用无线电固定设施电磁环境的保护措施，由军地无线电管理机构按照国家无线电管理相关规定和标准共同确定。

军事禁区、军事管理区内无线电固定设施电磁环境的保护，适用前两款规定。

军用无线电固定设施电磁环境保护涉及军事系统与非军事系统间的无线电管理事宜的，按照国家无线电管理的有关规定执行。

第三十四条 未经国务院和中央军事委员会批准或者国务院和中央军事委员会授权的机关批准，不得拆除、移动边防、海防管控设施，不得在边防、海防管控设施上搭建、设置民用设施。在边防、海防管控设施周边安排建设项目，不得危害边防、海防管控设施安全和使用效能。

第三十五条 任何组织和个人不得损毁或者擅自移动军用测量标志。在军用测量标志周边安排建设项目，不得危害军用测量标志安全和使用效能。

军用测量标志的保护，依照有关法律、法规的规定执行。

第六章 管理职责

第三十六条 县级以上地方人民政府编制国民经济和社会发展规划、安排可能影响军事设施保护的建设项目，国务院有关部门、地方人民政府编制国土空间规划等规划，应当兼顾军事设施保护的需要，并按照规定书面征求有关军事机关的意见。必要时，可以由地方人民政府会同有关部门、有关军事机关对建设项目进行评估。

国务院有关部门或者县级以上地方人民政府有关部门审批前款规定的建设项目，应当审查征求军事机关意见的情况；对未按规定征求军事机关意见的，应当要求补充征求意见；建设项目内容在审批过程中发生的改变可能影响军事设施保护的，应当再次征求有关军事机关的意见。

有关军事机关应当自收到征求意见函之日起三十日内提出书面答复意见；需要请示上级军事机关或者需要勘察、测量、测试的，答复时间可以适当延长，但通常不得超过九十日。

第三十七条 军队编制军事设施建设规划、组织军事设施项目建设，应当考虑地方经济建设、生态环境保护和社会发展的需要，符合国土空间规划等规划的总体要求，并进行安全保密环境评估和环境影响评价。涉及国土空间规划等规划的，应当征求国务院有关部门、地方人民政府的意见，尽量避开生态保护红线、自然保护地、地方经济建设热点区域和民用设施密集区域。确实不能避开，需要将生产生活设施拆除或者迁建的，应当依法进行。

第三十八条 县级以上地方人民政府安排建设项目或者开辟旅游景点，应当避开军事设施。确实不能避开，需要将军事设施拆除、迁建或者改作民用的，由省、自治区、直辖市人民政府或者国务院有关部门和战区级军事机关商定，并报国务院和中央军事委员会批准或者国务院和中央军事委员会授权的机关批准；需要将军事设施改建的，由有关军事机关批准。

因前款原因将军事设施拆除、迁建、改建或者改作民用的，由提出需求的地方人民政府依照有关规定给予有关军事机关政策支持或者经费补助。将军事设施迁建、改建涉及用地用海用岛的，地方人民政府应当依法及时办理相关手续。

第三十九条　军事设施因军事任务调整、周边环境变化和自然损毁等原因，失去使用效能并无需恢复重建的，军事设施管理单位应当按照规定程序及时报国务院和中央军事委员会批准或者国务院和中央军事委员会授权的机关批准，予以拆除或者改作民用。

军队执行任务结束后，应当及时将设置的临时军事设施拆除。

第四十条　军用机场、港口实行军民合用的，需经国务院和中央军事委员会批准。军用码头实行军民合用的，需经省、自治区、直辖市人民政府或者国务院有关部门会同战区级军事机关批准。

第四十一条　军事禁区、军事管理区和没有划入军事禁区、军事管理区的军事设施，县级以上地方人民政府应当会同军事设施管理单位制定具体保护措施，可以公告施行。

划入军事禁区、军事管理区的军事设施的具体保护措施，应当随军事禁区、军事管理区范围划定方案一并报批。

第四十二条　各级军事机关应当严格履行保护军事设施的职责，教育军队人员爱护军事设施，保守军事设施秘密，建立健全保护军事设施的规章制度，监督、检查、解决军事设施保护工作中的问题。

有关军事机关应当支持配合军事设施保护执法、司法活动。

第四十三条　军事设施管理单位应当认真执行有关保护军事设施的规章制度，建立军事设施档案，对军事设施进行检查、维护。

军事设施管理单位对军事设施的重要部位应当采取安全监控和技术防范措施，并及时根据军事设施保护需要和科技进步升级完善。

军事设施管理单位不得将军事设施用于非军事目的，但因执行应急救援等紧急任务的除外。

第四十四条　军事设施管理单位应当了解掌握军事设施周边建设项目等情况，发现可能危害军事设施安全和使用效能的，应当及时向有关军事机关和当地人民政府主管部门报告，并配合有关部门依法处理。

第四十五条　军事禁区、军事管理区的管理单位应当依照有关法律、法规的规定，保护军事禁区、军事管理区内的生态环境、自然资源和文物。

第四十六条　军事设施管理单位必要时应当向县级以上地方人民政府提供地下、水下军用管线的位置资料。地方进行建设时，当地人民政府应当对地下、水下军用管线予以保护。

第四十七条　各级人民政府应当加强国防和军事设施保护教育，使全体公民增强国防观念，保护军事设施，保守军事设施秘密，制止破坏、危害军事设施的行为。

第四十八条　县级以上地方人民政府应当会同有关军事机关，定期组织检查和评估本行政区域内军事设施保护情况，督促限期整改影响军事设施保护的隐患和问题，完善军事设施保护措施。

第四十九条　国家实行军事设施保护目标责任制和考核评价制度，将军事设施保护目标完成情况作为对地方人民政府、有关军事机关和军事设施管理单位及其负责人考核评价的内容。

第五十条　军事禁区、军事管理区需要公安机关协助维护治安管理秩序的，经国务院和中央军事委员会决定或者由有关军事机关提请省、自治区、直辖市公安机关批准，可以设立公安机构。

第五十一条　违反本法规定，有下列情形之一的，军事设施管理单位的执勤人员应当予以制止：

（一）非法进入军事禁区、军事管理区或者在陆地、水域军事禁区上空低空飞行的；

（二）对军事禁区、军事管理区非法进行摄影、摄像、录音、勘察、测量、定位、描绘和记述的；

（三）进行破坏、危害军事设施的活动的。

第五十二条　有本法第五十一条所列情形之一，不听制止的，军事设施管理单位依照国家有关规定，可以采取下列措施：

（一）强制带离、控制非法进入军事禁区、军事管理区或者驾驶、操控航空器在陆地、水域军事禁区上空低空飞行的人员，对违法情节严重的人员予以扣留并立即移送公安、国家安全等有管辖权的机关；

（二）立即制止信息传输等行为，扣押用于实施违法行为的器材、工具或者其他物品，并移送公安、国家安全等有管辖权的机关；

（三）在紧急情况下，清除严重危害军事设施安全和使用效能的障碍物；

（四）在危及军事设施安全或者执勤人员生命安全等紧急情况下依法使用武器。

军人、军队文职人员和军队其他人员有本法第五十一条所列情形之一的，依照军队有关规定处理。

第七章 法律责任

第五十三条 违反本法第十七条、第十八条、第二十三条规定，擅自进入水域军事禁区，在水域军事禁区内从事水产养殖、捕捞，在水域军事管理区内从事水产养殖，或者在水域军事管理区内从事捕捞等活动影响军用舰船行动的，由交通运输、渔业等主管部门给予警告，责令离开，没收渔具、渔获物。

第五十四条 违反本法第十八条、第二十三条、第二十四条规定，在陆地、水域军事禁区、军事管理区内建造、设置非军事设施，擅自开发利用陆地军事禁区、军事管理区地下空间，或者在划为军事管理区的军民合用港口地方管理的水域未征得军事设施管理单位同意建造、设置非军事设施的，由住房和城乡建设、自然资源、交通运输、渔业等主管部门责令停止兴建活动，对已建成的责令限期拆除。

第五十五条 违反本法第二十八条第一款规定，在作战工程安全保护范围内开山采石、采矿、爆破的，由自然资源、生态环境等主管部门以及公安机关责令停止违法行为，没收采出的产品和违法所得；修筑建筑物、构筑物、道路或者进行农田水利基本建设影响作战工程安全和使用效能的，由自然资源、生态环境、交通运输、农业农村、住房和城乡建设等主管部门给予警告，责令限期改正。

第五十六条 违反本法第二十八条第三款规定,私自开启封闭的作战工程,破坏作战工程伪装,阻断作战工程通道,将作战工程用于存放非军用物资器材或者种植、养殖等生产活动的,由公安机关以及自然资源等主管部门责令停止违法行为,限期恢复原状。

第五十七条 违反本法第二十八条第四款、第三十四条规定,擅自拆除、迁建、改建作战工程,或者擅自拆除、移动边防、海防管控设施的,由住房和城乡建设主管部门、公安机关等责令停止违法行为,限期恢复原状。

第五十八条 违反本法第二十九条第一款规定,在军用机场净空保护区域内修建超出军用机场净空保护标准的建筑物、构筑物或者其他设施的,由住房和城乡建设、自然资源主管部门责令限期拆除超高部分。

第五十九条 违反本法第三十三条规定,在军用无线电固定设施电磁环境保护范围内建造、设置影响军用无线电固定设施使用效能的设备和电磁障碍物体,或者从事影响军用无线电固定设施电磁环境的活动的,由自然资源、生态环境等主管部门以及无线电管理机构给予警告,责令限期改正;逾期不改正的,查封干扰设备或者强制拆除障碍物。

第六十条 有下列行为之一的,适用《中华人民共和国治安管理处罚法》第二十三条的处罚规定:

(一)非法进入军事禁区、军事管理区或者驾驶、操控航空器在陆地、水域军事禁区上空低空飞行,不听制止的;

(二)在军事禁区外围安全控制范围内,或者在没有划入军事禁区、军事管理区的军事设施一定距离内,进行危害军事设施安全和使用效能的活动,不听制止的;

(三)在军用机场净空保护区域内,进行影响飞行安全和机场助航设施使用效能的活动,不听制止的;

(四)对军事禁区、军事管理区非法进行摄影、摄像、录音、勘察、测量、定位、描绘和记述,不听制止的;

(五)其他扰乱军事禁区、军事管理区管理秩序和危害军事设施安全的行为，情节轻微，尚不够刑事处罚的。

第六十一条　违反国家规定，故意干扰军用无线电设施正常工作的，或者对军用无线电设施产生有害干扰，拒不按照有关主管部门的要求改正的，依照《中华人民共和国治安管理处罚法》第二十八条的规定处罚。

第六十二条　毁坏边防、海防管控设施以及军事禁区、军事管理区的围墙、铁丝网、界线标志或者其他军事设施的，依照《中华人民共和国治安管理处罚法》第三十三条的规定处罚。

第六十三条　有下列行为之一，构成犯罪的，依法追究刑事责任：

（一）破坏军事设施的；

（二）过失损坏军事设施，造成严重后果的；

（三）盗窃、抢夺、抢劫军事设施的装备、物资、器材的；

（四）泄露军事设施秘密，或者为境外的机构、组织、人员窃取、刺探、收买、非法提供军事设施秘密的；

（五）破坏军用无线电固定设施电磁环境，干扰军用无线电通讯，情节严重的；

（六）其他扰乱军事禁区、军事管理区管理秩序和危害军事设施安全的行为，情节严重的。

第六十四条　军人、军队文职人员和军队其他人员有下列行为之一，按照军队有关规定给予处分；构成犯罪的，依法追究刑事责任：

（一）有本法第五十三条至第六十三条规定行为的；

（二）擅自将军事设施用于非军事目的，或者有其他滥用职权行为的；

（三）擅离职守或者玩忽职守的。

第六十五条　公职人员在军事设施保护工作中有玩忽职守、滥用职权、徇私舞弊等行为的，依法给予处分；构成犯罪的，依法追究刑事责任。

第六十六条　违反本法规定，破坏、危害军事设施的，属海警机构职权范围的,由海警机构依法处理。

违反本法规定,有其他破坏、危害军事设施行为的,由有关主管部门依法处理。

第六十七条 违反本法规定,造成军事设施损失的,依法承担赔偿责任。

第六十八条 战时违反本法的,依法从重追究法律责任。

第八章 附 则

第六十九条 中国人民武装警察部队所属军事设施的保护,适用本法。

第七十条 国防科技工业重要武器装备的科研、生产、试验、存储等设施的保护,参照本法有关规定执行。具体办法和设施目录由国务院和中央军事委员会规定。

第七十一条 国务院和中央军事委员会根据本法制定实施办法。

第七十二条 本法自 2021 年 8 月 1 日起施行。

反分裂国家法

(2005 年 3 月 14 日第十届全国人民代表大会第三次会议通过 2005 年 3 月 14 日中华人民共和国主席令第 34 号公布 自公布之日起施行)

第一条 为了反对和遏制"台独"分裂势力分裂国家,促进祖国和平统一,维护台湾海峡地区和平稳定,维护国家主权和领土完整,维护中华民族的根本利益,根据宪法,制定本法。

第二条 世界上只有一个中国,大陆和台湾同属一个中国,中国的主权和领土完整不容分割。维护国家主权和领土完整是包括台湾同胞在内的全中国人民的共同义务。

台湾是中国的一部分。国家绝不允许"台独"分裂势力以任何名义、任何方式把台湾从中国分裂出去。

第三条　台湾问题是中国内战的遗留问题。

解决台湾问题，实现祖国统一，是中国的内部事务，不受任何外国势力的干涉。

第四条　完成统一祖国的大业是包括台湾同胞在内的全中国人民的神圣职责。

第五条　坚持一个中国原则，是实现祖国和平统一的基础。

以和平方式实现祖国统一，最符合台湾海峡两岸同胞的根本利益。国家以最大的诚意，尽最大的努力，实现和平统一。

国家和平统一后，台湾可以实行不同于大陆的制度，高度自治。

第六条　国家采取下列措施，维护台湾海峡地区和平稳定，发展两岸关系：

（一）鼓励和推动两岸人员往来，增进了解，增强互信；

（二）鼓励和推动两岸经济交流与合作，直接通邮通航通商，密切两岸经济关系，互利互惠；

（三）鼓励和推动两岸教育、科技、文化、卫生、体育交流，共同弘扬中华文化的优秀传统；

（四）鼓励和推动两岸共同打击犯罪；

（五）鼓励和推动有利于维护台湾海峡地区和平稳定、发展两岸关系的其他活动。

国家依法保护台湾同胞的权利和利益。

第七条　国家主张通过台湾海峡两岸平等的协商和谈判，实现和平统一。协商和谈判可以有步骤、分阶段进行，方式可以灵活多样。

台湾海峡两岸可以就下列事项进行协商和谈判：

（一）正式结束两岸敌对状态；

（二）发展两岸关系的规划；

（三）和平统一的步骤和安排；

（四）台湾当局的政治地位；

（五）台湾地区在国际上与其地位相适应的活动空间；

（六）与实现和平统一有关的其他任何问题。

第八条 "台独"分裂势力以任何名义、任何方式造成台湾从中国分裂出去的事实，或者发生将会导致台湾从中国分裂出去的重大事变，或者和平统一的可能性完全丧失，国家得采取非和平方式及其他必要措施，捍卫国家主权和领土完整。

依照前款规定采取非和平方式及其他必要措施，由国务院、中央军事委员会决定和组织实施，并及时向全国人民代表大会常务委员会报告。

第九条 依照本法规定采取非和平方式及其他必要措施并组织实施时，国家尽最大可能保护台湾平民和在台湾的外国人的生命财产安全和其他正当权益，减少损失；同时，国家依法保护台湾同胞在中国其他地区的权利和利益。

第十条 本法自公布之日起施行。

中华人民共和国保守国家秘密法

（1988年9月5日第七届全国人民代表大会常务委员会第三次会议通过 2010年4月29日第十一届全国人民代表大会常务委员会第十四次会议修订 2010年4月29日中华人民共和国主席令第28号公布 自2010年10月1日起施行）

第一章 总 则

第一条 为了保守国家秘密，维护国家安全和利益，保障改革开放和社会主义建设事业的顺利进行，制定本法。

第二条 国家秘密是关系国家安全和利益，依照法定程序确定，在一定时间内只限一定范围的人员知悉的事项。

第三条 国家秘密受法律保护。

一切国家机关、武装力量、政党、社会团体、企业事业单位和公民都有保守国家秘密的义务。

任何危害国家秘密安全的行为，都必须受到法律追究。

第四条 保守国家秘密的工作（以下简称保密工作），实行积极防范、突出重点、依法管理的方针，既确保国家秘密安全，又便利信息资源合理利用。

法律、行政法规规定公开的事项，应当依法公开。

第五条 国家保密行政管理部门主管全国的保密工作。县级以上地方各级保密行政管理部门主管本行政区域的保密工作。

第六条 国家机关和涉及国家秘密的单位（以下简称机关、单位）管理本机关和本单位的保密工作。

中央国家机关在其职权范围内，管理或者指导本系统的保密工作。

第七条 机关、单位应当实行保密工作责任制，健全保密管理制度，完善保密防护措施，开展保密宣传教育，加强保密检查。

第八条 国家对在保守、保护国家秘密以及改进保密技术、措施等方面成绩显著的单位或者个人给予奖励。

第二章　国家秘密的范围和密级

第九条 下列涉及国家安全和利益的事项，泄露后可能损害国家在政治、经济、国防、外交等领域的安全和利益的，应当确定为国家秘密：

（一）国家事务重大决策中的秘密事项；

（二）国防建设和武装力量活动中的秘密事项；

（三）外交和外事活动中的秘密事项以及对外承担保密义务的秘密事项；

（四）国民经济和社会发展中的秘密事项；

（五）科学技术中的秘密事项；

（六）维护国家安全活动和追查刑事犯罪中的秘密事项；

（七）经国家保密行政管理部门确定的其他秘密事项。

政党的秘密事项中符合前款规定的，属于国家秘密。

第十条 国家秘密的密级分为绝密、机密、秘密三级。

绝密级国家秘密是最重要的国家秘密,泄露会使国家安全和利益遭受特别严重的损害;机密级国家秘密是重要的国家秘密,泄露会使国家安全和利益遭受严重的损害;秘密级国家秘密是一般的国家秘密,泄露会使国家安全和利益遭受损害。

第十一条 国家秘密及其密级的具体范围,由国家保密行政管理部门分别会同外交、公安、国家安全和其他中央有关机关规定。

军事方面的国家秘密及其密级的具体范围,由中央军事委员会规定。

国家秘密及其密级的具体范围的规定,应当在有关范围内公布,并根据情况变化及时调整。

第十二条 机关、单位负责人及其指定的人员为定密责任人,负责本机关、本单位的国家秘密确定、变更和解除工作。

机关、单位确定、变更和解除本机关、本单位的国家秘密,应当由承办人提出具体意见,经定密责任人审核批准。

第十三条 确定国家秘密的密级,应当遵守定密权限。

中央国家机关、省级机关及其授权的机关、单位可以确定绝密级、机密级和秘密级国家秘密;设区的市、自治州一级的机关及其授权的机关、单位可以确定机密级和秘密级国家秘密。具体的定密权限、授权范围由国家保密行政管理部门规定。

机关、单位执行上级确定的国家秘密事项,需要定密的,根据所执行的国家秘密事项的密级确定。下级机关、单位认为本机关、本单位产生的有关定密事项属于上级机关、单位的定密权限,应当先行采取保密措施,并立即报请上级机关、单位确定;没有上级机关、单位的,应当立即提请有相应定密权限的业务主管部门或者保密行政管理部门确定。

公安、国家安全机关在其工作范围内按照规定的权限确定国家秘密的密级。

第十四条 机关、单位对所产生的国家秘密事项,应当按照国家秘密及其密级的具体范围的规定确定密级,同时确定保密期限和知悉范围。

第十五条　国家秘密的保密期限，应当根据事项的性质和特点，按照维护国家安全和利益的需要，限定在必要的期限内；不能确定期限的，应当确定解密的条件。

国家秘密的保密期限，除另有规定外，绝密级不超过三十年，机密级不超过二十年，秘密级不超过十年。

机关、单位应当根据工作需要，确定具体的保密期限、解密时间或者解密条件。

机关、单位对在决定和处理有关事项工作过程中确定需要保密的事项，根据工作需要决定公开的，正式公布时即视为解密。

第十六条　国家秘密的知悉范围，应当根据工作需要限定在最小范围。

国家秘密的知悉范围能够限定到具体人员的，限定到具体人员；不能限定到具体人员的，限定到机关、单位，由机关、单位限定到具体人员。

国家秘密的知悉范围以外的人员，因工作需要知悉国家秘密的，应当经过机关、单位负责人批准。

第十七条　机关、单位对承载国家秘密的纸介质、光介质、电磁介质等载体（以下简称国家秘密载体）以及属于国家秘密的设备、产品，应当做出国家秘密标志。

不属于国家秘密的，不应当做出国家秘密标志。

第十八条　国家秘密的密级、保密期限和知悉范围，应当根据情况变化及时变更。国家秘密的密级、保密期限和知悉范围的变更，由原定密机关、单位决定，也可以由其上级机关决定。

国家秘密的密级、保密期限和知悉范围变更的，应当及时书面通知知悉范围内的机关、单位或者人员。

第十九条　国家秘密的保密期限已满的，自行解密。

机关、单位应当定期审核所确定的国家秘密。对在保密期限内因保密事项范围调整不再作为国家秘密事项，或者公开后不会损害国家安全和利益，不需要继续保密的，应当及时解密；对需要延长保密期限的，应当在原保密期限届满前重新确定保密期限。提前解密或者延长保密期限的，由原定密机关、单位决定，也可以由其上级机关决定。

第二十条　机关、单位对是否属于国家秘密或者属于何种密级不明确或者有争议的，由国家保密行政管理部门或者省、自治区、直辖市保密行政管理部门确定。

第三章　保密制度

第二十一条　国家秘密载体的制作、收发、传递、使用、复制、保存、维修和销毁，应当符合国家保密规定。

绝密级国家秘密载体应当在符合国家保密标准的设施、设备中保存，并指定专人管理；未经原定密机关、单位或者其上级机关批准，不得复制和摘抄；收发、传递和外出携带，应当指定人员负责，并采取必要的安全措施。

第二十二条　属于国家秘密的设备、产品的研制、生产、运输、使用、保存、维修和销毁，应当符合国家保密规定。

第二十三条　存储、处理国家秘密的计算机信息系统（以下简称涉密信息系统）按照涉密程度实行分级保护。

涉密信息系统应当按照国家保密标准配备保密设施、设备。保密设施、设备应当与涉密信息系统同步规划，同步建设，同步运行。

涉密信息系统应当按照规定，经检查合格后，方可投入使用。

第二十四条　机关、单位应当加强对涉密信息系统的管理，任何组织和个人不得有下列行为：

（一）将涉密计算机、涉密存储设备接入互联网及其他公共信息网络；

（二）在未采取防护措施的情况下，在涉密信息系统与互联网及其他公共信息网络之间进行信息交换；

（三）使用非涉密计算机、非涉密存储设备存储、处理国家秘密信息；

（四）擅自卸载、修改涉密信息系统的安全技术程序、管理程序；

（五）将未经安全技术处理的退出使用的涉密计算机、涉密存储设备赠送、出售、丢弃或者改作其他用途。

第二十五条　机关、单位应当加强对国家秘密载体的管理，任何组织和个人不得有下列行为：

（一）非法获取、持有国家秘密载体；

（二）买卖、转送或者私自销毁国家秘密载体；

（三）通过普通邮政、快递等无保密措施的渠道传递国家秘密载体；

（四）邮寄、托运国家秘密载体出境；

（五）未经有关主管部门批准，携带、传递国家秘密载体出境。

第二十六条　禁止非法复制、记录、存储国家秘密。

禁止在互联网及其他公共信息网络或者未采取保密措施的有线和无线通信中传递国家秘密。

禁止在私人交往和通信中涉及国家秘密。

第二十七条　报刊、图书、音像制品、电子出版物的编辑、出版、印制、发行，广播节目、电视节目、电影的制作和播放，互联网、移动通信网等公共信息网络及其他传媒的信息编辑、发布，应当遵守有关保密规定。

第二十八条　互联网及其他公共信息网络运营商、服务商应当配合公安机关、国家安全机关、检察机关对泄密案件进行调查；发现利用互联网及其他公共信息网络发布的信息涉及泄露国家秘密的，应当立即停止传输，保存有关记录，向公安机关、国家安全机关或者保密行政管理部门报告；应当根据公安机关、国家安全机关或者保密行政管理部门的要求，删除涉及泄露国家秘密的信息。

第二十九条　机关、单位公开发布信息以及对涉及国家秘密的工程、货物、服务进行采购时，应当遵守保密规定。

第三十条　机关、单位对外交往与合作中需要提供国家秘密事项，或者任用、聘用的境外人员因工作需要知悉国家秘密的，应当报国务院有关主管部门或者省、自治区、直辖市人民政府有关主管部门批准，并与对方签订保密协议。

第三十一条　举办会议或者其他活动涉及国家秘密的，主办单位应当采取保密措施,并对参加人员进行保密教育,提出具体保密要求。

第三十二条　机关、单位应当将涉及绝密级或者较多机密级、秘密级国家秘密的机构确定为保密要害部门,将集中制作、存放、保管国家秘密载体的专门场所确定为保密要害部位,按照国家保密规定和标准配备、使用必要的技术防护设施、设备。

第三十三条　军事禁区和属于国家秘密不对外开放的其他场所、部位,应当采取保密措施,未经有关部门批准,不得擅自决定对外开放或者扩大开放范围。

第三十四条　从事国家秘密载体制作、复制、维修、销毁,涉密信息系统集成,或者武器装备科研生产等涉及国家秘密业务的企业事业单位,应当经过保密审查,具体办法由国务院规定。

机关、单位委托企业事业单位从事前款规定的业务,应当与其签订保密协议,提出保密要求,采取保密措施。

第三十五条　在涉密岗位工作的人员(以下简称涉密人员),按照涉密程度分为核心涉密人员、重要涉密人员和一般涉密人员,实行分类管理。

任用、聘用涉密人员应当按照有关规定进行审查。

涉密人员应当具有良好的政治素质和品行,具有胜任涉密岗位所要求的工作能力。

涉密人员的合法权益受法律保护。

第三十六条　涉密人员上岗应当经过保密教育培训,掌握保密知识技能,签订保密承诺书,严格遵守保密规章制度,不得以任何方式泄露国家秘密。

第三十七条　涉密人员出境应当经有关部门批准,有关机关认为涉密人员出境将对国家安全造成危害或者对国家利益造成重大损失的,不得批准出境。

第三十八条　涉密人员离岗离职实行脱密期管理。涉密人员在脱密期内,应当按照规定履行保密义务,不得违反规定就业,不得以任何方式泄露国家秘密。

第三十九条　机关、单位应当建立健全涉密人员管理制度，明确涉密人员的权利、岗位责任和要求，对涉密人员履行职责情况开展经常性的监督检查。

第四十条　国家工作人员或者其他公民发现国家秘密已经泄露或者可能泄露时，应当立即采取补救措施并及时报告有关机关、单位。机关、单位接到报告后，应当立即作出处理，并及时向保密行政管理部门报告。

第四章　监督管理

第四十一条　国家保密行政管理部门依照法律、行政法规的规定，制定保密规章和国家保密标准。

第四十二条　保密行政管理部门依法组织开展保密宣传教育、保密检查、保密技术防护和泄密案件查处工作，对机关、单位的保密工作进行指导和监督。

第四十三条　保密行政管理部门发现国家秘密确定、变更或者解除不当的，应当及时通知有关机关、单位予以纠正。

第四十四条　保密行政管理部门对机关、单位遵守保密制度的情况进行检查，有关机关、单位应当配合。保密行政管理部门发现机关、单位存在泄密隐患的，应当要求其采取措施，限期整改；对存在泄密隐患的设施、设备、场所，应当责令停止使用；对严重违反保密规定的涉密人员，应当建议有关机关、单位给予处分并调离涉密岗位；发现涉嫌泄露国家秘密的，应当督促、指导有关机关、单位进行调查处理。涉嫌犯罪的，移送司法机关处理。

第四十五条　保密行政管理部门对保密检查中发现的非法获取、持有的国家秘密载体，应当予以收缴。

第四十六条　办理涉嫌泄露国家秘密案件的机关，需要对有关事项是否属于国家秘密以及属于何种密级进行鉴定的，由国家保密行政管理部门或者省、自治区、直辖市保密行政管理部门鉴定。

第四十七条　机关、单位对违反保密规定的人员不依法给予处分的,保密行政管理部门应当建议纠正,对拒不纠正的,提请其上一级机关或者监察机关对该机关、单位负有责任的领导人员和直接责任人员依法予以处理。

第五章 法律责任

第四十八条 违反本法规定,有下列行为之一的,依法给予处分;构成犯罪的,依法追究刑事责任:

(一)非法获取、持有国家秘密载体的;

(二)买卖、转送或者私自销毁国家秘密载体的;

(三)通过普通邮政、快递等无保密措施的渠道传递国家秘密载体的;

(四)邮寄、托运国家秘密载体出境,或者未经有关主管部门批准,携带、传递国家秘密载体出境的;

(五)非法复制、记录、存储国家秘密的;

(六)在私人交往和通信中涉及国家秘密的;

(七)在互联网及其他公共信息网络或者未采取保密措施的有线和无线通信中传递国家秘密的;

(八)将涉密计算机、涉密存储设备接入互联网及其他公共信息网络的;

(九)在未采取防护措施的情况下,在涉密信息系统与互联网及其他公共信息网络之间进行信息交换的;

(十)使用非涉密计算机、非涉密存储设备存储、处理国家秘密信息的;

(十一)擅自卸载、修改涉密信息系统的安全技术程序、管理程序的;

(十二)将未经安全技术处理的退出使用的涉密计算机、涉密存储设备赠送、出售、丢弃或者改作其他用途的。

有前款行为尚不构成犯罪,且不适用处分的人员,由保密行政管理部门督促其所在机关、单位予以处理。

第四十九条　机关、单位违反本法规定，发生重大泄密案件的，由有关机关、单位依法对直接负责的主管人员和其他直接责任人员给予处分；不适用处分的人员，由保密行政管理部门督促其主管部门予以处理。

机关、单位违反本法规定，对应当定密的事项不定密，或者对不应当定密的事项定密，造成严重后果的，由有关机关、单位依法对直接负责的主管人员和其他直接责任人员给予处分。

第五十条　互联网及其他公共信息网络运营商、服务商违反本法第二十八条规定的，由公安机关或者国家安全机关、信息产业主管部门按照各自职责分工依法予以处罚。

第五十一条　保密行政管理部门的工作人员在履行保密管理职责中滥用职权、玩忽职守、徇私舞弊的，依法给予处分；构成犯罪的，依法追究刑事责任。

第六章　附　则

第五十二条　中央军事委员会根据本法制定中国人民解放军保密条例。

第五十三条　本法自2010年10月1日起施行。

中华人民共和国
保守国家秘密法实施条例

（2014年1月17日中华人民共和国国务院令第646号公布　自2014年3月1日起施行）

第一章　总　则

第一条　根据《中华人民共和国保守国家秘密法》（以下简称保密法）的规定，制定本条例。

第二条　国家保密行政管理部门主管全国的保密工作。县级以上地方各级保密行政管理部门在上级保密行政管理部门指导下，主管本行政区域的保密工作。

第三条　中央国家机关在其职权范围内管理或者指导本系统的保密工作，监督执行保密法律法规，可以根据实际情况制定或者会同有关部门制定主管业务方面的保密规定。

第四条　县级以上人民政府应当加强保密基础设施建设和关键保密科技产品的配备。

省级以上保密行政管理部门应当加强关键保密科技产品的研发工作。

保密行政管理部门履行职责所需的经费，应当列入本级人民政府财政预算。机关、单位开展保密工作所需经费应当列入本机关、本单位的年度财政预算或者年度收支计划。

第五条　机关、单位不得将依法应当公开的事项确定为国家秘密，不得将涉及国家秘密的信息公开。

第六条　机关、单位实行保密工作责任制。机关、单位负责人对本机关、本单位的保密工作负责，工作人员对本岗位的保密工作负责。

机关、单位应当根据保密工作需要设立保密工作机构或者指定人员专门负责保密工作。

机关、单位及其工作人员履行保密工作责任制情况应当纳入年度考评和考核内容。

第七条　各级保密行政管理部门应当组织开展经常性的保密宣传教育。机关、单位应当定期对本机关、本单位工作人员进行保密形势、保密法律法规、保密技术防范等方面的教育培训。

第二章　国家秘密的范围和密级

第八条　国家秘密及其密级的具体范围（以下称保密事项范围）应当明确规定国家秘密具体事项的名称、密级、保密期限、知悉范围。

保密事项范围应当根据情况变化及时调整。制定、修订保密事项范围应当充分论证，听取有关机关、单位和相关领域专家的意见。

第九条 机关、单位负责人为本机关、本单位的定密责任人，根据工作需要，可以指定其他人员为定密责任人。

专门负责定密的工作人员应当接受定密培训，熟悉定密职责和保密事项范围，掌握定密程序和方法。

第十条 定密责任人在职责范围内承担有关国家秘密确定、变更和解除工作。具体职责是：

（一）审核批准本机关、本单位产生的国家秘密的密级、保密期限和知悉范围；

（二）对本机关、本单位产生的尚在保密期限内的国家秘密进行审核，作出是否变更或者解除的决定；

（三）对是否属于国家秘密和属于何种密级不明确的事项先行拟定密级，并按照规定的程序报保密行政管理部门确定。

第十一条 中央国家机关、省级机关以及设区的市、自治州级机关可以根据保密工作需要或者有关机关、单位的申请，在国家保密行政管理部门规定的定密权限、授权范围内作出定密授权。

定密授权应当以书面形式作出。授权机关应当对被授权机关、单位履行定密授权的情况进行监督。

中央国家机关、省级机关作出的授权，报国家保密行政管理部门备案；设区的市、自治州级机关作出的授权，报省、自治区、直辖市保密行政管理部门备案。

第十二条 机关、单位应当在国家秘密产生的同时，由承办人依据有关保密事项范围拟定密级、保密期限和知悉范围，报定密责任人审核批准，并采取相应保密措施。

第十三条 机关、单位对所产生的国家秘密，应当按照保密事项范围的规定确定具体的保密期限；保密事项范围没有规定具体保密期限的，可以根据工作需要，在保密法规定的保密期限内确定；不能确定保密期限的，应当确定解密条件。

国家秘密的保密期限，自标明的制发日起计算；不能标明制发日的，确定该国家秘密的机关、单位应当书面通知知悉范围内的机关、单位和人员，保密期限自通知之日起计算。

第十四条 机关、单位应当按照保密法的规定，严格限定国家秘密的知悉范围，对知悉机密级以上国家秘密的人员，应当作出书面记录。

第十五条 国家秘密载体以及属于国家秘密的设备、产品的明显部位应当标注国家秘密标志。国家秘密标志应当标注密级和保密期限。国家秘密的密级和保密期限发生变更的，应当及时对原国家秘密标志作出变更。

无法标注国家秘密标志的，确定该国家秘密的机关、单位应当书面通知知悉范围内的机关、单位和人员。

第十六条 机关、单位对所产生的国家秘密，认为符合保密法有关解密或者延长保密期限规定的，应当及时解密或者延长保密期限。

机关、单位对不属于本机关、本单位产生的国家秘密，认为符合保密法有关解密或者延长保密期限规定的，可以向原定密机关、单位或者其上级机关、单位提出建议。

已经依法移交各级国家档案馆的属于国家秘密的档案，由原定密机关、单位按照国家有关规定进行解密审核。

第十七条 机关、单位被撤销或者合并的，该机关、单位所确定国家秘密的变更和解除，由承担其职能的机关、单位负责，也可以由其上级机关、单位或者保密行政管理部门指定的机关、单位负责。

第十八条 机关、单位发现本机关、本单位国家秘密的确定、变更和解除不当的，应当及时纠正；上级机关、单位发现下级机关、单位国家秘密的确定、变更和解除不当的，应当及时通知其纠正，也可以直接纠正。

第十九条 机关、单位对符合保密法的规定，但保密事项范围没有规定的不明确事项，应当先行拟定密级、保密期限和知悉范围，采取相应的保密措施，并自拟定之日起10日内报有关部门确定。拟定为绝密级的事项和中央国家机关拟定的机密级、秘密级的事项，报国家保密行政管理部门确定；其他机关、单位拟定的机密级、秘密级的事项，报省、自治区、直辖市保密行政管理部门确定。

保密行政管理部门接到报告后，应当在10日内作出决定。省、自治区、直辖市保密行政管理部门还应当将所作决定及时报国家保密行政管理部门备案。

第二十条 机关、单位对已定密事项是否属于国家秘密或者属于何种密级有不同意见的，可以向原定密机关、单位提出异议，由原定密机关、单位作出决定。

机关、单位对原定密机关、单位未予处理或者对作出的决定仍有异议的，按照下列规定办理：

（一）确定为绝密级的事项和中央国家机关确定的机密级、秘密级的事项，报国家保密行政管理部门确定。

（二）其他机关、单位确定的机密级、秘密级的事项，报省、自治区、直辖市保密行政管理部门确定；对省、自治区、直辖市保密行政管理部门作出的决定有异议的，可以报国家保密行政管理部门确定。

在原定密机关、单位或者保密行政管理部门作出决定前，对有关事项应当按照主张密级中的最高密级采取相应的保密措施。

第三章 保密制度

第二十一条 国家秘密载体管理应当遵守下列规定：

（一）制作国家秘密载体，应当由机关、单位或者经保密行政管理部门保密审查合格的单位承担，制作场所应当符合保密要求。

（二）收发国家秘密载体，应当履行清点、编号、登记、签收手续。

（三）传递国家秘密载体，应当通过机要交通、机要通信或者其他符合保密要求的方式进行。

（四）复制国家秘密载体或者摘录、引用、汇编属于国家秘密的内容，应当按照规定报批，不得擅自改变原件的密级、保密期限和知悉范围，复制件应当加盖复制机关、单位戳记，并视同原件进行管理。

（五）保存国家秘密载体的场所、设施、设备，应当符合国家保密要求。

（六）维修国家秘密载体，应当由本机关、本单位专门技术人员负责。确需外单位人员维修的，应当由本机关、本单位的人员现场监督；确需在本机关、本单位以外维修的，应当符合国家保密规定。

（七）携带国家秘密载体外出，应当符合国家保密规定，并采取可靠的保密措施；携带国家秘密载体出境的，应当按照国家保密规定办理批准和携带手续。

第二十二条　销毁国家秘密载体应当符合国家保密规定和标准，确保销毁的国家秘密信息无法还原。

销毁国家秘密载体应当履行清点、登记、审批手续，并送交保密行政管理部门设立的销毁工作机构或者保密行政管理部门指定的单位销毁。机关、单位确因工作需要，自行销毁少量国家秘密载体的，应当使用符合国家保密标准的销毁设备和方法。

第二十三条　涉密信息系统按照涉密程度分为绝密级、机密级、秘密级。机关、单位应当根据涉密信息系统存储、处理信息的最高密级确定系统的密级，按照分级保护要求采取相应的安全保密防护措施。

第二十四条　涉密信息系统应当由国家保密行政管理部门设立或者授权的保密测评机构进行检测评估，并经设区的市、自治州级以上保密行政管理部门审查合格，方可投入使用。

公安、国家安全机关的涉密信息系统投入使用的管理办法，由国家保密行政管理部门会同国务院公安、国家安全部门另行规定。

第二十五条　机关、单位应当加强涉密信息系统的运行使用管理，指定专门机构或者人员负责运行维护、安全保密管理和安全审计，定期开展安全保密检查和风险评估。

涉密信息系统的密级、主要业务应用、使用范围和使用环境等发生变化或者涉密信息系统不再使用的，应当按照国家保密规定及时向保密行政管理部门报告,并采取相应措施。

第二十六条　机关、单位采购涉及国家秘密的工程、货物和服务的,应当根据国家保密规定确定密级,并符合国家保密规定和标准。机关、单位应当对提供工程、货物和服务的单位提出保密管理要求,并与其签订保密协议。

政府采购监督管理部门、保密行政管理部门应当依法加强对涉及国家秘密的工程、货物和服务采购的监督管理。

第二十七条　举办会议或者其他活动涉及国家秘密的,主办单位应当采取下列保密措施:

(一)根据会议、活动的内容确定密级,制定保密方案,限定参加人员范围;

(二)使用符合国家保密规定和标准的场所、设施、设备;

(三)按照国家保密规定管理国家秘密载体;

(四)对参加人员提出具体保密要求。

第二十八条　企业事业单位从事国家秘密载体制作、复制、维修、销毁,涉密信息系统集成或者武器装备科研生产等涉及国家秘密的业务(以下简称涉密业务),应当由保密行政管理部门或者保密行政管理部门会同有关部门进行保密审查。保密审查不合格的,不得从事涉密业务。

第二十九条　从事涉密业务的企业事业单位应当具备下列条件:

(一)在中华人民共和国境内依法成立3年以上的法人,无违法犯罪记录;

(二)从事涉密业务的人员具有中华人民共和国国籍;

(三)保密制度完善,有专门的机构或者人员负责保密工作;

(四)用于涉密业务的场所、设施、设备符合国家保密规定和标准;

(五)具有从事涉密业务的专业能力;

(六)法律、行政法规和国家保密行政管理部门规定的其他条件。

第三十条　涉密人员的分类管理、任(聘)用审查、脱密期管理、权益保障等具体办法，由国家保密行政管理部门会同国务院有关主管部门制定。

第四章　监督管理

第三十一条　机关、单位应当向同级保密行政管理部门报送本机关、本单位年度保密工作情况。下级保密行政管理部门应当向上级保密行政管理部门报送本行政区域年度保密工作情况。

第三十二条　保密行政管理部门依法对机关、单位执行保密法律法规的下列情况进行检查：

（一）保密工作责任制落实情况；

（二）保密制度建设情况；

（三）保密宣传教育培训情况；

（四）涉密人员管理情况；

（五）国家秘密确定、变更和解除情况；

（六）国家秘密载体管理情况；

（七）信息系统和信息设备保密管理情况；

（八）互联网使用保密管理情况；

（九）保密技术防护设施设备配备使用情况；

（十）涉密场所及保密要害部门、部位管理情况；

（十一）涉密会议、活动管理情况；

（十二）信息公开保密审查情况。

第三十三条　保密行政管理部门在保密检查过程中，发现有泄密隐患的，可以查阅有关材料、询问人员、记录情况；对有关设施、设备、文件资料等可以依法先行登记保存，必要时进行保密技术检测。有关机关、单位及其工作人员对保密检查应当予以配合。

保密行政管理部门实施检查后，应当出具检查意见，对需要整改的，应当明确整改内容和期限。

第三十四条　机关、单位发现国家秘密已经泄露或者可能泄露的，应当立即采取补救措施，并在24小时内向同级保密行政管理部门和上级主管部门报告。

地方各级保密行政管理部门接到泄密报告的,应当在24小时内逐级报至国家保密行政管理部门。

第三十五条 保密行政管理部门对公民举报、机关和单位报告、保密检查发现、有关部门移送的涉嫌泄露国家秘密的线索和案件,应当依法及时调查或者组织、督促有关机关、单位调查处理。调查工作结束后,认为有违反保密法律法规的事实,需要追究责任的,保密行政管理部门可以向有关机关、单位提出处理建议。有关机关、单位应当及时将处理结果书面告知同级保密行政管理部门。

第三十六条 保密行政管理部门收缴非法获取、持有的国家秘密载体,应当进行登记并出具清单,查清密级、数量、来源、扩散范围等,并采取相应的保密措施。

保密行政管理部门可以提请公安、工商行政管理等有关部门协助收缴非法获取、持有的国家秘密载体,有关部门应当予以配合。

第三十七条 国家保密行政管理部门或者省、自治区、直辖市保密行政管理部门应当依据保密法律法规和保密事项范围,对办理涉嫌泄露国家秘密案件的机关提出鉴定的事项是否属于国家秘密、属于何种密级作出鉴定。

保密行政管理部门受理鉴定申请后,应当自受理之日起30日内出具鉴定结论;不能按期出具鉴定结论的,经保密行政管理部门负责人批准,可以延长30日。

第三十八条 保密行政管理部门及其工作人员应当按照法定的职权和程序开展保密审查、保密检查和泄露国家秘密案件查处工作,做到科学、公正、严格、高效,不得利用职权谋取利益。

第五章 法律责任

第三十九条 机关、单位发生泄露国家秘密案件不按照规定报告或者未采取补救措施的,对直接负责的主管人员和其他直接责任人员依法给予处分。

第四十条 在保密检查或者泄露国家秘密案件查处中,有关机关、单位及其工作人员拒不配合,弄虚作假,隐匿、销毁证据,或者以其他方式逃避、妨碍保密检查或者泄露国家秘密案件查处的,对直接负责的主管人员和其他直接责任人员依法给予处分。

企业事业单位及其工作人员协助机关、单位逃避、妨碍保密检查或者泄露国家秘密案件查处的,由有关主管部门依法予以处罚。

第四十一条 经保密审查合格的企业事业单位违反保密管理规定的,由保密行政管理部门责令限期整改,逾期不改或者整改后仍不符合要求的,暂停涉密业务;情节严重的,停止涉密业务。

第四十二条 涉密信息系统未按照规定进行检测评估和审查而投入使用的,由保密行政管理部门责令改正,并建议有关机关、单位对直接负责的主管人员和其他直接责任人员依法给予处分。

第四十三条 机关、单位委托未经保密审查的单位从事涉密业务的,由有关机关、单位对直接负责的主管人员和其他直接责任人员依法给予处分。

未经保密审查的单位从事涉密业务的,由保密行政管理部门责令停止违法行为;有违法所得的,由工商行政管理部门没收违法所得。

第四十四条 保密行政管理部门未依法履行职责,或者滥用职权、玩忽职守、徇私舞弊的,对直接负责的主管人员和其他直接责任人员依法给予处分;构成犯罪的,依法追究刑事责任。

第六章 附 则

第四十五条 本条例自2014年3月1日起施行。1990年4月25日国务院批准、1990年5月25日国家保密局发布的《中华人民共和国保守国家秘密法实施办法》同时废止。

中华人民共和国反间谍法

(2014年11月1日第十二届全国人民代表大会常务委员会第十一次会议通过 2014年11月1日中华人民共和国主席令第16号公布 自公布之日起施行)

第一章 总 则

第一条 【立法目的和依据】 为了防范、制止和惩治间谍行为，维护国家安全，根据宪法，制定本法。

> **注释** 本条是关于反间谍法的立法目的和立法依据的规定。

对于本法的立法宗旨，可以从两个方面进行理解：

第一，本法的直接目的和任务是"防范、制止和惩治间谍行为"。

所谓"防范"，是指教育公民、组织、企事业单位、国家机关等自觉建设、遵守和严格执行保密等维护国家安全的各项制度，堵塞工作和制度上的漏洞，使间谍、境外敌对势力的间谍情报活动无隙可乘，通过积极主动的措施防范间谍行为的发生；所谓"制止"，是指提高警惕，加强相关监控工作，及时了解境外间谍组织和敌对势力的动向，及时获取他们的活动线索，及时发现间谍行为，并采取有效措施防止间谍行为发生，或者将已经发生的间谍行为遏制在未果状态，避免造成危害国家安全的严重后果；所谓"惩治"，是指及时抓获间谍犯罪分子，坚决依照刑法、刑事诉讼法等法律的有关规定追究间谍犯罪的法律责任，使犯罪分子受到应得的惩罚，同时达到警诫其他不法分子的目的。

第二，本法的根本目的，是通过"防范、制止和惩治间谍行为"，最终"维护国家安全"。

本条还明确了制定本法的法律依据，即"根据宪法，制定本法。"宪法对禁止一切破坏社会主义制度的行为，维护国家安全作了原则规定。《中华人民共和国宪法》第一条规定,社会主义制度是中华人民共和国的根本制度。禁止任何组织或者个人破坏社会主义制度。《中华人民共和国宪法》第五十四条规定,中华人民共和国公民有维护祖国的安全、荣誉和利益的义务,不得有危害祖国的安全、荣誉和利益的行为。

第二条 【基本原则】反间谍工作坚持中央统一领导,坚持公开工作与秘密工作相结合、专门工作与群众路线相结合、积极防御、依法惩治的原则。

注释 本条是关于反间谍工作基本原则。总体来说,本条规定了两个方面的内容:

本条首先规定了坚持中央统一领导的原则。将反间谍工作明确为中央事权,由中央统一领导,一是,可以形成统一的组织保障,建立强有力的工作体系,有利于从全局出发部署和开展工作,调动各方面的力量,形成合力。二是,有利于根据间谍活动和反间谍工作的规律,从全局出发统筹部署和指挥反间谍工作,并根据不同时期和不同地区的实际情况,有针对性地调整反间谍工作重点领域和重点地区,提高反间谍工作能力和水平。

本条还规定了在具体的反间谍工作中应当坚持的其他几项原则。

一是,坚持公开工作与秘密工作相结合。很多反间谍工作都是通过秘密工作进行的。我们一方面要不断破解敌人的秘密工作渠道、技能和方法,另一方面也要不断建立自己的秘密渠道,提高自己的隐蔽战线斗争技能和方法。但面对敌人的间谍和破坏活动,我们也要开展各种各样的公开工作,比如,公开谴责、制止和惩治间谍行为,揭露敌人的罪行,震慑敌人;广泛开展宣传教育活动,动员广大社会公众提高警惕,积极支持和参与反间谍工作;制定、公布反间谍及保密法律法规,完善有关法律制度等。

二是,要坚持专门工作与群众路线相结合。间谍活动是有目的、有针对性、有训练的活动,反间谍工作也需要根据间谍活动的规律和特点,组织专门的机关,采取专门的措施和手段。但国家安全机关要做好对外情报、反间防谍和涉外安全保卫等各项工作,又离不开人民群众的支持。

三是，坚持积极防御的原则。这是我国反间谍工作长期坚持的重要原则。其包含两个方面的内容：一是，积极防御，也就是防范、制止和惩治危害我国国家安全的间谍活动。二是，我们开展反间谍工作的目的是维护我国的国家安全。开展反间谍工作，更重要的是应当敌未动我先动，采取积极的防御措施。

四是，坚持依法惩治原则。《中华人民共和国宪法》第五条第一款规定："中华人民共和国实行依法治国，建设社会主义法治国家。"在反间谍工作中，对于间谍犯罪行为也应当贯彻依法治国的要求，依法予以惩治。对于间谍犯罪行为，要严格按照罪刑法定、罪责刑相适应的原则，根据其犯罪的主客观要件、实际危害等情节确定其罪名及应当承担的法律责任。同时反间谍机关也要依法开展各项反间谍工作，对于间谍行为的调查、侦查、起诉和审判，应当严格按照反间谍法、刑法、刑事诉讼法等法律的规定进行。

第三条 【主管机关和有关部门的职责】 国家安全机关是反间谍工作的主管机关。

公安、保密行政管理等其他有关部门和军队有关部门按照职责分工，密切配合，加强协调，依法做好有关工作。

注释 本条第二款是关于公安机关、保密行政管理等其他有关部门和军队有关部门在反间谍工作中的职责划分及相互关系的规定。公安机关、保密行政管理等其他有关部门和军队有关部门也会涉及反间谍工作。比如，军事秘密对于保障军事安全和国家政权具有非常重要的意义，一直以来就是境外间谍机构和敌对势力间谍活动的重要目标。军队有关部门一方面需要做好保密措施，防止秘密被刺探和窃取，另一方面也需要采取及时有效的措施，发现和制止间谍行为，防止军事秘密被窃取、刺探，引起重大损失。

第四条 【各方面的反间谍义务】 中华人民共和国公民有维护国家的安全、荣誉和利益的义务，不得有危害国家的安全、荣誉和利益的行为。

一切国家机关和武装力量、各政党和各社会团体及各企业事业组织，都有防范、制止间谍行为，维护国家安全的义务。

国家安全机关在反间谍工作中必须依靠人民的支持，动员、组织人民防范、制止危害国家安全的间谍行为。

注释 本条第一款是关于"公民"维护国家安全的义务的规定。公民有维护国家安全的法定义务，对此，我国宪法已有明确规定。其第五十四条规定："中华人民共和国公民有维护祖国的安全、荣誉和利益的义务，不得有危害祖国的安全、荣誉和利益的行为。"

第二款是关于一切国家机关和武装力量、各政党和各社会团体及各企业事业组织等各种"组织"防范、制止间谍行为，维护国家安全的义务的规定。其中的"国家机关"包括中央和地方各级国家权力机关、行政机关、审判机关、检察机关以及军事机关等。"武装力量"是指中国人民解放军、武装警察部队和民兵。"政党"包括中国共产党以及各民主党派。"社会团体"是指本着共同宗旨而依法成立的非营利性组织，既包括工会、共青团、妇联等人民团体，也包括各种学会、协会、研究会等团体。

第五条 【依法进行、尊重和保障人权、保障公民和组织的合法权益】反间谍工作应当依法进行，尊重和保障人权，保障公民和组织的合法权益。

第六条 【一切间谍行为受法律追究】境外机构、组织、个人实施或者指使、资助他人实施的，或者境内机构、组织、个人与境外机构、组织、个人相勾结实施的危害中华人民共和国国家安全的间谍行为，都必须受到法律追究。

注释 本条对危害我国国家安全的间谍行为作了明确的禁止性规定。包括了两个方面的内容：

一是，间谍行为的主体及其涉外特征，这实际上明确了本法的适用范围，即境外机构、组织、个人实施或者指使、资助他人实施的，或者境内机构、组织、个人与境外机构、组织、个人相勾结实施的危害中华人民共和国国家安全的间谍行为。这是间谍行为区别于其他非法获取、泄露国家秘密等行为的重要特征。

本条所称的"境外机构、组织"包括境外机构、组织及其在中华人民共和国境内设立的分支（代表）机构和分支组织；"境外个人"包括外国人以及居住在中华人民共和国境内不具有中华人民共和国国籍的人。其中"实施""指使"，分别是指境外机构、组织、个人直接实施，或者通过"境内机构、组织、个人"实施间谍行为的情况。"资助"是指境内外机构、组织、个人向实施间谍行为的组织、个人提供经费、场所和物资，或者向组织、个人提供用于实施间谍行为的经费、场所和物资的。"勾结"是指境内外组织、个人的下列行为：(1)与境外机构、组织、个人共同策划或者进行危害国家安全的间谍活动的；(2)接受境外机构、组织、个人的资助或者指使，进行危害国家安全的间谍活动的；(3)与境外机构、组织、个人建立联系，取得支持、帮助，进行危害国家安全的间谍活动的。"境内机构、组织"，包括在我国境内的各机关、团体、企业事业单位等机构、组织。本条中的境内"个人"，是指具有中华人民共和国国籍的中国公民。

二是，本条明确规定了一切危害中华人民共和国国家安全的间谍行为，必须受到法律追究。

第七条　【保护和奖励】国家对支持、协助反间谍工作的组织和个人给予保护，对有重大贡献的给予奖励。

第二章　国家安全机关在反间谍工作中的职权

第八条　【国家安全机关的反间谍工作职权】国家安全机关在反间谍工作中依法行使侦查、拘留、预审和执行逮捕以及法律规定的其他职权。

注释　刑事诉讼法对于公安机关侦查、拘留、预审、执行逮捕的条件、程序、要求等都做了具体规定，同时规定，国家安全机关依照法律规定，办理危害国家安全的刑事案件，行使与公安机关相同的职权。

本条规定的"侦查"，是指专门机关在办理刑事案件的过程中，依照刑事诉讼法规定的程序进行的专门调查工作和有关的强制性措施。

侦查活动主要包括以下几项内容：(1) 讯问犯罪嫌疑人；(2) 询问证人；(3) 勘验、检查；(4) 搜查；(5) 查封、扣押物证、书证；(6) 鉴定；(7) 技术侦查措施；(8) 采取必要的强制措施。

本条规定的"拘留"，是指刑事拘留。国家安全机关在刑事诉讼中有依法对犯罪嫌疑人决定刑事拘留和执行拘留的权力。

"预审"是侦查阶段的重要环节，预审的任务是对侦查中收集、调取的各种证据材料予以核实，即进一步运用侦查手段复核证据，确定定案根据，认定案件事实；同时通过预审活动进一步发现犯罪线索，扩大侦查成果，为侦查终结，正确处理案件打下可靠基础。

"执行逮捕"，是指经人民检察院批准逮捕的或者人民法院决定逮捕的，由国家安全机关对犯罪嫌疑人、被告人实施逮捕。逮捕由人民检察院批准或者人民法院决定，国家安全机关要求逮捕犯罪嫌疑人的时候，应当写出提请批准逮捕书，连同案卷材料、证据，一并移送人民检察院审查批准。

本条规定的"法律规定的其他职权"，一是指本法规定的侦查、拘留、预审和执行逮捕以外的由国家安全机关行使的其他职权，如本法第九条、第十条、第十一条、第十三条、第十四条、第十五条、第十六条、第三十二条规定的调查，进入有关场所、单位，优先乘坐交通工具等权力。二是指根据其他法律，如军事设施保护法、人民警察法、邮政法、出境入境管理法、保守国家秘密法、人民武装警察法、护照法等的规定，国家安全机关在履行反间谍工作职责时，可以依法行使的职权。

第九条 【查验身份、调查、询问】国家安全机关的工作人员依法执行任务时，依照规定出示相应证件，有权查验中国公民或者境外人员的身份证明，向有关组织和人员调查、询问有关情况。

注释 本条规定的"依法执行任务"是行使本条规定职权的前提条件。这一条件包括两方面的内容：(1) 要依法，既包括依照本法的规定，也包括依照《中华人民共和国宪法》《中华人民共和国刑法》《中华人民共和国刑事诉讼法》《全国人民代表大会常务委员会关于国家安全机关行使公安机关的侦查、拘留、预审和执行逮捕的职权的决定》《中华人民共和国居民身份证法》《中华人民共和国保守国家秘密法》以及其他法律中有关国家安全的规定。(2) 必须在执行任务时才能行使这些职权。

国家安全机关行使本条规定的职权时，需要依照规定出示相应证件。这里的依照规定，是指依照法律、行政法规以及国家安全部有关证件的管理、使用的规定。"相应证件"是指国家安全机关工作人员根据其工作任务的不同，按照规定使用的有关证件，包括工作证、侦察证、单位介绍信或经领导批准的各种证明文件等。

本条规定的国家安全机关的另一项职权是向有关组织和人员调查、询问情况。国家安全机关向有关组织和人员调查、询问情况，既包括一般性地了解情况，也包括国家安全机关根据刑事诉讼法的规定侦查间谍犯罪时的专门性调查工作。这里需要特别说明的是，本法将原国家安全法中这一项职权前的分号改为逗号，这样修改的原因是原国家安全法的规定容易引起向有关组织和人员调查、询问有关情况时不需要出示相应证件的误解。修改后进一步明确了向有关组织和人员调查、询问情况也需要履行依照规定出示相应证件的程序，进一步严格了国家安全机关行使职权的要求，规范了国家安全机关工作人员的行为，防止权力滥用。

第十条　【进入有关场所、单位，查阅、调取有关档案、资料、物品】 国家安全机关的工作人员依法执行任务时，依照规定出示相应证件，可以进入有关场所、单位；根据国家有关规定，经过批准，出示相应证件，可以进入限制进入的有关地区、场所、单位，查阅或者调取有关的档案、资料、物品。

注释　本条规定的国家安全机关的工作人员职权共有三项。

一是，进入有关场所、单位。间谍人员进行间谍活动，如接头、联络、交换情报、藏匿等需要在一定的场所或单位中进行。国家安全机关在进行反间谍工作时，在需要进入的场所不对普通公众开放，或处于非营业时间等情况下，就需要有关场所、单位的管理人员配合和支持。

二是，进入限制进入的有关地区、场所、单位。出于维护国家安全和工作秩序的需要，有一些地区、场所、单位不得随意进入，需要经过一定的批准程序才能进入：如边境管理区、边境禁区、海防工作区、海上禁区等边防区域；军事禁区、军事基地、军工企业等与国防有关的军事设施和军事单位；与国计民生和社会稳定、国家利益和公共安全关系重大的单位，如重要的科研机构、金融机构、造币企业、核电站、金库、弹药库、麻醉药品库、油库等；其他依照国家有关部门的规定限制进入的场所、单位，如国家档案管理机构、机场隔离区、港口出入境检查通道等。本条赋予国家安全机关根据国家有关规定，在经过批准的情况下进入上述地区的职权，以便国家安全机关更好地开展工作，与间谍行为作斗争。

三是，查阅或者调取有关的档案、资料、物品。查阅或者调取有关的档案、资料、物品，也需要根据国家有关规定，经过批准才能进行。国家安全机关在依法执行任务时，对有关的档案、资料、物品，不仅可以查阅，还可以根据反间谍工作需要调取，以便对有关的档案、资料、物品进一步分析，收集线索，固定证据。

第十一条 【优先通行，优先使用、征用】 国家安全机关的工作人员在依法执行紧急任务的情况下，经出示相应证件，可以优先乘坐公共交通工具，遇交通阻碍时，优先通行。

国家安全机关因反间谍工作需要，按照国家有关规定，可以优先使用或者依法征用机关、团体、企业事业组织和个人的交通工具、通信工具、场地和建筑物，必要时，可以设置相关工作场所和设备、设施，任务完成后应当及时归还或者恢复原状，并依照规定支付相应费用；造成损失的，应当补偿。

注释 本条第一款是关于国家安全机关的工作人员依法执行紧急任务时优先乘坐公共交通工具、优先通行的规定。

本款规定的"依法执行紧急任务"是行使优先权的前提条件。这里所说的"紧急任务"是指时间特别紧急，按照正常的方式、途径、程序就有可能贻误反间谍工作的情况，如紧急赶赴现场，传递紧急重要情报，追捕、跟踪嫌疑人等，是否紧急应根据任务的具体情况进行判定。"优先乘坐公共交通工具"包括优先购票或者不购票出示证件即可优先乘坐的情况,其中公共交通工具主要是指从事旅客运输的公共汽车、出租车、地铁、火车、船只、飞机等各种公共交通工具。优先乘坐并非免费乘坐,事后仍应按照有关规定予以补票或者予以相应的补偿。"遇到交通阻碍时,优先通行"中的"交通阻碍"包括:一是,一般情况下的交通堵塞,如公路上发生交通事故造成交通中断,或车辆拥挤致交通堵塞;二是,指按交通规则的规定不能通行,如遇到红灯;三是,由于某项事件或活动而禁止通行。在碰到这些情况时,国家安全机关工作人员经出示相应的证件,有关人员应允许其优先通过。

第二款是关于国家安全机关因反间谍工作的需要,可以优先使用或者依法征用组织和个人的交通、通信工具、场地和建筑物,必要时可以设置相关工作场所和设备、设施的规定。

本款规定的适用条件比第一款要宽一些,既包括执行紧急任务,也包括执行非紧急任务时确有必要的情况,如国家安全机关工作人员要对某个对象进行监视,需要临时使用某人的房屋的情况。本款规定的"优先使用"是指相关单位、团体、组织和个人,在国家安全机关因反间谍工作需要,提出要求时,应当优先保障其使用相关交通工具、通信工具、场地和建筑物。本款规定的"交通工具"主要是指所有权属于国家机关、人民团体、企事业单位和个人的交通工具。

本款规定的"依法征用"是指国家安全机关为了反间谍工作的需要,依法征调使用单位或者个人的财产,用后归还并给予补偿的制度。依法征用具有强制性,无需财产所有人、管理人同意。不过对财产被征用的组织和个人,国家安全机关应该依照规定支付费用,若私人财产受到损失的,还应根据规定给予补偿。征用制度在相关法律中也有规定,《中华人民共和国宪法》第十三条第三款规定,国家为了公共利益的需要,可以依照法律规定对公民的私有财产实行征收或者征用并给予补偿。

本款规定的"必要时,可以设置相关工作场所和设备、设施"是指为了工作的需要在征用的场地设置工作所需的相应场所、设备和设施,从而保障反间谍工作的有效进行。根据上述规定,只有在必要时才能设置相关工作场所、设备、设施。如果采用其他手段能完成任务,则不必设置相关工作场所、设备、设施。

第十二条 【技术侦察】国家安全机关因侦察间谍行为的需要,根据国家有关规定,经过严格的批准手续,可以采取技术侦察措施。

注释 本条赋予了国家安全机关经过严格的批准手续后采取技术侦察措施的权力。

需要指出的是,本条中"技术侦察措施"用的是"侦察"一词,而不是刑事诉讼法中的"侦查"一词。"侦察"一词是我国在针对危害国家安全的违法犯罪行为进行调查时的习惯用语,从词义上来讲,"侦察"是指为获取敌方与军事斗争有关的情况而采取的行动,主要手段包括搜集文件资料、观察、窃听、刺探、谍报侦察、雷达侦察等。而"侦查"一词,根据我国刑事诉讼法的规定,是指公安机关、人民检察院对于刑事案件,依照法律进行的收集证据、查明案情的工作和有关的强制性措施,侦查活动一般从立案开始,主要在侦查阶段进行,在起诉和审判阶段,也可以依法进行补充侦查。这里的"技术侦察措施"是广义的,既包括国家安全机关在刑事立案前所采用的技术侦察措施,也包括立案后依据刑事诉讼法的规定对犯罪嫌疑人所采用的技术侦查措施。通常包括:电子侦听、电子监听、电子监控、秘密拍照或者秘密录音录像、秘密获取某些物证、电子通讯定位、邮件检查等专门技术手段。随着科学技术的发展,技术侦察手段也不断地发展变化,因此,本条采用了原则性的表述,未具体列举技术侦察措施的种类和名称。

第十三条 【查验电子通信工具、器材等设备、设施以及查封、扣押】国家安全机关因反间谍工作需要,可以依照规定查验有关组织和个人的电子通信工具、器材等设备、设施。查验中发现存在危害国家安全情形的,国家安全机关应当责令其整改;拒绝整改或者整改后仍不符合要求的,可以予以查封、扣押。

对依照前款规定查封、扣押的设备、设施,在危害国家安全的情形消除后,国家安全机关应当及时解除查封、扣押。

注释　本条所说的"有关组织和个人"是广义的,"组织"既包括国内的机构、组织,也包括外国和境外地区在我国领域内设立的机构、组织等。"个人"包括中国公民和在中国境内的外国人、无国籍人等。本款所说的"电子通信工具、器材等设备、设施",是指一切具有通信联络、信息传递功能的电子设备、设施,例如复印机、打印机、传真机、计算机、固定或者移动电话机等。

第十四条　【有关人员和资料、器材的免检】国家安全机关因反间谍工作需要,根据国家有关规定,可以提请海关、边防等检查机关对有关人员和资料、器材免检。有关检查机关应当予以协助。

注释　国家安全机关在反间谍工作中,不可避免地要涉及有关人员、器材、资料出入国边境、限制进入的地区、场所以及通过其他法律、法规规定的需要例行检查的关卡。由于反间谍工作绝大多数是在隐蔽战线上开展的,不宜进行例行的检查。为此,法律赋予国家安全机关提请有关检查机关对人员和资料、器材免检的权力,同时规定有关检查机关的配合义务。在满足以下条件的前提下,国家安全机关可以依法行使该项权力:(1)必须是因反间谍工作需要;(2)符合国家有关规定;(3)提请免检的对象是"有关人员和资料、器材"。

"国家安全机关因反间谍工作需要"是国家安全机关提请海关、边防等检查机关对有关人员和资料、器材免检的前提条件。这一条件包括两个方面的含义:第一,要求免检是反间谍工作需要。第二,要求免检必须是反间谍工作所必需的。

由于在实际工作中,国家安全机关可能提请免检的人员、资料、器材是多种多样的,免检的理由也各不相同,对不同情况的免检由谁提出也不一样,对这些具体的程序方面的问题,法律中不可能详细规定,因此本条从两个方面作了原则性规定:第一,提请免检要根据国家有关规定。这里"国家有关规定"指的是国家的法律、行政法规中关于免检的规定,以及国家安全机关与国家有关部门关于免检的具体条件、提请的程序、免检的具体范围等方面的规定。第二,免检必须由国家安全机关向有关部门提出。这里规定的"提请"是一个必经的程序,国家安全机关在要求对人员、资料、器材免检时,在一般情况下应事先向有关检查机关提出予以协助的请求。当然,在一些特别紧急来不及事先提出请求的情况下,国家安全机关应向有关检查机关说明情况,取得支持,不能不经说明径行闯关。应当注意的是,本条规定的检查机关是广义的,既包括海关、边防检查机关,也包括其他依法设置的检查机关。由于国家安全工作涉及境外的人员较多,因此,本条只列举了边防、海关等检查机关,对其他机关未一一列举,实践中确有需要其他机关免检的情况时,国家安全机关可以依照本条规定向有关机关提出。

本条规定的"有关人员"包括国家安全机关中执行反间谍任务的人员、协助国家安全机关工作的有必要免检的人员以及有间谍行为嫌疑,因工作需要暂不宜对其进行检查的人员等。本条规定的"资料"是指各种形式的与反间谍工作有关的资料,包括文字资料、图片资料、声像资料、数字统计资料和实物资料等。"器材"包括执行反间谍工作任务所需要的不宜公开检查的各种工具、材料,如专用照相机、录像机、录音机、电台、窃听、监听装置、伪装装置,以及与之有关的零件、元器件、辅助材料等。对于与反间谍工作无关的或者虽然与反间谍工作有关,但不是必须实行免验的物品,例如非专用的普通汽车、普通家用电器等,不能要求免检。

为了保证国家安全机关对有关人员、资料、器材提请免检的要求得到执行,本条还同时对各检查机关提出了相应的要求。本条规定:"有关检查机关应当予以协助"。"应当予以协助"是对有关检查机关的一个基本要求。应当注意的是,本条在这里使用的是"应当"而不是"可以",也就是说,有关检查机关在接到国家安全机关提出的免检请求后,对确属反间谍工作需要,且符合国家有关规定的请求,都应尽力在职权范围内予以协助,不能利用职权进行阻碍或刁难。

第十五条 【查封、扣押、冻结】国家安全机关对用于间谍行为的工具和其他财物,以及用于资助间谍行为的资金、场所、物资,经设区的市级以上国家安全机关负责人批准,可以依法查封、扣押、冻结。

注释 本条规定的"用于间谍行为"是指直接用于实施间谍行为的物品,如窃听、窃照专用间谍器材等。"其他财物"是指实施间谍行为所利用的工具以外的其他财产和物品,包括动产和不动产,如房屋、汽车、现金货币等。"用于资助间谍行为的资金、场所、物资",是指财物虽非所有人本人直接用于间谍行为,但是被其用于为间谍行为提供支持、帮助,如提供给间谍行为人使用的房屋、交通工具、通信器材、资金等。

第十六条 【制定反间谍技术防范标准,反间谍技术防范检查和检测】国家安全机关根据反间谍工作需要,可以会同有关部门制定反间谍技术防范标准,指导有关部门落实反间谍技术防范措施,对存在隐患的部门,经过严格的批准手续,可以进行反间谍技术防范检查和检测。

注释 本条包含两方面内容:一是,"国家安全机关根据反间谍工作需要,可以会同有关部门制定反间谍技术防范标准,指导有关部门落实反间谍技术防范措施",这是一般性规定,赋予国家安全机关制定标准、指导落实的职权。二是,"对存在隐患的部门,经过严格的批准手续,可以进行反间谍技术防范检查和检测",即在指导落实的基础上,针对存在隐患的部门,国家安全机关经批准可以进一步实施检查和检测。

这里的"反间谍技术防范标准"是指具体规定防范间谍行为的技术标准,如网络安全设置、工作流程要求等,具体内容由国家安全机关会同有关部门制定。

第十七条 【严格执法,对工作中获取的信息、材料的处理和保密义务】国家安全机关及其工作人员在工作中,应当严格依法办事,不得超越职权、滥用职权,不得侵犯组织和个人的合法权益。

国家安全机关及其工作人员依法履行反间谍工作职责获取的组织和个人的信息、材料,只能用于反间谍工作。对属于国家秘密、商业秘密和个人隐私的,应当保密。

第十八条 【依法执行职务受法律保护】国家安全机关工作人员依法执行职务受法律保护。

第三章 公民和组织的义务和权利

第十九条 【开展维护国家安全教育】机关、团体和其他组织应当对本单位的人员进行维护国家安全的教育,动员、组织本单位的人员防范、制止间谍行为。

> **注释** 本条关于"动员、组织本单位人员防范、制止间谍行为"的规定主要包括三层含义:一是按照国家法律的规定和国家安全机关的要求,动员、组织本单位人员采取防范间谍活动、保守国家秘密的措施;二是发现间谍行为及时报告国家安全机关;三是对于国家安全机关的反间谍工作要给予积极的配合。

第二十条 【协助反间谍工作及对协助者的保护】公民和组织应当为反间谍工作提供便利或者其他协助。

因协助反间谍工作,本人或者其近亲属的人身安全面临危险的,可以向国家安全机关请求予以保护。国家安全机关应当会同有关部门依法采取保护措施。

> **注释** 本条第一款规定的"为反间谍工作提供便利"主要是指:在国家安全机关的工作人员依法执行有关反间谍工作任务时,有关部门和公民个人根据需要应当主动允许进入有关场所;在符合本法规定的程序的情况下,应当允许进入限制进入的有关地区、场所和单位;对于确需查看或者调阅有关的档案、资料、物品的,应当积极提供。因反间谍工作的需要,使用交通工具、通信工具、场地和建筑物的,也应当提供优先使用。
>
> 这里需要强调的是,有关部门和公民个人在积极给予国家安全机关工作人员执行反间谍工作提供各种协助和便利条件的同时,还要自觉恪守有关的保密义务,做到对国家安全机关工作人员本人的情况,体貌特征,执行的是什么任务,执行任务时间、场所,侦察的对象是谁等情况等予以保密。

本条第二款是关于对协助反间谍工作的有关人员予以保护的规定。该款规定是根据反间谍工作和保护公民合法权益的需要新增加的内容。这一规定的内容主要是因协助反间谍工作，公民本人或者近亲属的人身安全面临危险时，国家安全机关应当会同有关部门依法采取相应的保护措施。

第二十一条 【及时报告及处理】公民和组织发现间谍行为，应当及时向国家安全机关报告；向公安机关等其他国家机关、组织报告的，相关国家机关、组织应当立即移送国家安全机关处理。

注释 本条共有三层意思：一是，公民和组织发现间谍行为有报告的义务。本条修改增加了组织的报告义务，是考虑到有些间谍行为是相关组织发现的，因此，组织也有报告义务。根据本条规定，公民和组织发现间谍行为应当及时向国家安全机关报告，对于向国家安全机关报告不方便或可能影响报告及时性的，也可向公安机关以及其他国家机关或组织报告。二是，处理报告的单位。三是，国家安全机关以外的机关或组织接受公民和组织报告的处理。根据本条规定，公民和组织发现间谍行为时，首先应当及时向国家安全机关报告，也可以向公安机关或其他国家机关或组织报告，接受公民和组织报告的机关或组织，应当将案件立即移送国家安全机关处理。

这里所说的"发现"间谍行为包括两方面的内容：一是，公民和组织自己亲自发现有人实施间谍行为的情况。二是，听到他人叙说看见或听见有人实施间谍行为的情况。对于这两种情形公民和组织都应及时向有关部门报告。

第二十二条 【提供证据的义务】在国家安全机关调查了解有关间谍行为的情况、收集有关证据时，有关组织和个人应当如实提供，不得拒绝。

注释 本条规定的"不得拒绝"是对个人和其他组织作证义务的具体要求。主要包含以下两方面的内容：一是，个人和有关组织应当积极、主动、自觉地向国家安全机关反映有关间谍行为的情况和提供有关证据。二是，国家安全机关在了解有关间谍行为的情况、收集有关证据时，了解情况的个人和有关组织应当如实提供，不得拒绝。

第二十三条 【保守反间谍工作的秘密】任何公民和组织都应当保守所知悉的有关反间谍工作的国家秘密。

第二十四条 【不得非法持有国家秘密】任何个人和组织都不得非法持有属于国家秘密的文件、资料和其他物品。

注释 属于国家秘密的"文件"是指经过法定程序，被列为国家秘密并规定了密级的文件，这类文件的下发都标有一定的范围。属于国家秘密的"资料"是指经过法定程序确定为国家秘密的情况统计、档案材料、研究结论等以及经法定程序确定为国家秘密事项的有关资料，这些资料是已确定为国家秘密事项的文字载体。需要注意的是，文件、资料既包括传统的纸质载体，也包括光介质、电磁介质等载体。属于国家秘密的"其他物品"主要是指除了文件、资料外，其他列入国家秘密的实物，如属于国家秘密的科研设备、产品或者军事武器等。

"非法持有属于国家秘密的文件、资料或者其他物品"包括两种情况：一是，不应知悉某项国家秘密的人员携带、存放属于该项国家秘密的文件、资料和其他物品的。二是，可以知悉某项国家秘密的人员，未经办理手续，私自携带、留存属于该项国家秘密的文件、资料和其他物品的。

第二十五条 【不得非法持有、使用专用间谍器材】任何个人和组织都不得非法持有、使用间谍活动特殊需要的专用间谍器材。专用间谍器材由国务院国家安全主管部门依照国家有关规定确认。

注释 本条规定的专用间谍器材，是指进行间谍活动特殊需要的下列器材：（1）暗藏式窃听、窃照器材；（2）突发式收发报机、一次性密码本、密写工具；（3）用于获取情报的电子监听、截收器材；（4）其他专用间谍器材。专用间谍器材由国务院国家安全主管部门依照有关规定确认,具体由国家安全部负责。国家安全部认定专用间谍器材,应当依照国家有关规定进行。未经国家安全部依法确认,任何器材都不属于专用间谍器材,持有、使用的行为都不得依照本法进行处罚。

第二十六条 【检举、控告】任何个人和组织对国家安全机关及其工作人员超越职权、滥用职权和其他违法行为,都有权向上级国家安全机关或者有关部门检举、控告。受理检举、控告的国家安全机关或者有关部门应当及时查清事实,负责处理,并将处理结果及时告知检举人、控告人。

对协助国家安全机关工作或者依法检举、控告的个人和组织,任何个人和组织不得压制和打击报复。

注释 本条中,"检举"是指个人和组织对于自己发现或知悉的国家安全机关及其工作人员的违法行为向上级国家安全机关或者其他有关部门揭发、报告。"控告"是指个人和组织将国家安全机关及其工作人员违背法律,侵犯自己合法权利的行为向上级国家安全机关、有关部门进行告发。

"压制"是指采取各种方式不让个人、组织检举、控告。"打击报复"是指在个人、组织检举、控告后,采取暴力、侮辱、诽谤、开除、经济处分、剥夺经济权利和利益等各种方式打击检举、控告人。

第四章 法律责任

第二十七条 【间谍行为的法律责任】境外机构、组织、个人实施或者指使、资助他人实施,或者境内机构、组织、个人与境外机构、组织、个人相勾结实施间谍行为,构成犯罪的,依法追究刑事责任。

实施间谍行为,有自首或者立功表现的,可以从轻、减轻或者免除处罚;有重大立功表现的,给予奖励。

参见 《中华人民共和国刑法》第一百零四条、第一百零八条、第一百一十条、第一百一十一条

第二十八条 【在境外受胁迫或者诱骗参加敌对组织、间谍组织及时悔改的处理】在境外受胁迫或者受诱骗参加敌对组织、间谍组织,从事危害中华人民共和国国家安全的活动,及时向中华人民共和国驻外机构如实说明情况,或者入境后直接或者通过所在单位及时向国家安全机关、公安机关如实说明情况,并有悔改表现的,可以不予追究。

注释 根据本条规定,对在境外受胁迫或者诱骗参加敌对组织、间谍组织,从事危害中华人民共和国国家安全的活动,同时符合以下条件的,可以不予追究:

第一,行为人在境外参加敌对组织、间谍组织,实施危害我国国家安全活动,是因为受到敌对势力或有关人员的胁迫或者诱骗。

第二,行为人实施危害我国国家安全的行为后,及时向中华人民共和国驻外机构如实说明情况,或者入境后直接或者通过所在单位及时向国家安全机关、公安机关如实说明情况。

第三,行为人除及时、如实向有关机关说明情况外,还应有悔改表现。所谓悔改表现,包括行为人对自己实施的行为真诚悔悟的态度,也包括以积极的行动,消除、减轻自己行为造成的危害和不良影响。如配合国家安全机关或者其他有关机关进行调查取证、开展工作等。

第二十九条 【对拒绝提供间谍犯罪证据的处罚】明知他人有间谍犯罪行为,在国家安全机关向其调查有关情况、收集有关证据时,拒绝提供的,由其所在单位或者上级主管部门予以处分,或者由国家安全机关处十五日以下行政拘留;构成犯罪的,依法追究刑事责任。

第三十条 【对阻碍国家安全机关执行职务的处罚】以暴力、威胁方法阻碍国家安全机关依法执行任务的,依法追究刑事责任。

故意阻碍国家安全机关依法执行任务,未使用暴力、威胁方法,造成严重后果的,依法追究刑事责任;情节较轻的,由国家安全机关处十五日以下行政拘留。

第三十一条 【对泄露反间谍工作国家秘密的处罚】泄露有关

反间谍工作的国家秘密的，由国家安全机关处十五日以下行政拘留；构成犯罪的，依法追究刑事责任。

注释 本条规定的泄露有关反间谍工作的国家秘密，是指行为人违反保密规定，使得该国家秘密被不应知悉的人知悉的行为。如为了吹嘘、炫耀或者因疏忽大意而走漏消息等。如果行为人是出于特定目的，实施相关行为的，可能触犯刑法其他罪名，应当适用刑法相关规定追究责任。如行为人故意为境外机构、组织、人员提供国家秘密的，应按照刑法第一百一十一条的规定追究刑事责任。

第三十二条 【对非法持有国家秘密或者持有、使用专用间谍器材的处罚】对非法持有属于国家秘密的文件、资料和其他物品的，以及非法持有、使用专用间谍器材的，国家安全机关可以依法对其人身、物品、住处和其他有关的地方进行搜查；对其非法持有的属于国家秘密的文件、资料和其他物品，以及非法持有、使用的专用间谍器材予以没收。非法持有属于国家秘密的文件、资料和其他物品，构成犯罪的，依法追究刑事责任；尚不构成犯罪的，由国家安全机关予以警告或者处十五日以下行政拘留。

注释 本条明确：由国家安全机关予以行政处罚的是国家安全机关在工作中发现的非法持有国家秘密的行为，而不是所有的非法持有国家秘密尚不构成犯罪的行为，都由国家安全机关处罚。对于国家保密行政管理部门等有关机关在工作中发现的，违反保守国家秘密法规定持有国家秘密的行为，需要作出行政处理的，应当由保密行政管理部门等有关机关依法处理。

第三十三条 【对违法处置或者掩饰隐瞒涉案财物的处罚】隐藏、转移、变卖、损毁国家安全机关依法查封、扣押、冻结的财物的，或者明知是间谍活动的涉案财物而窝藏、转移、收购、代为销售或者以其他方法掩饰、隐瞒的，由国家安全机关追回。构成犯罪的，依法追究刑事责任。

注释 本条规定的有关涉案财物的违法犯罪行为有两种。第一种行为是"隐藏、转移、变卖、损毁国家安全机关依法查封、扣押、冻结的财物"。这种行为的对象是国家安全机关依照本法第十三条、十五条和刑事诉讼法的有关规定查封、扣押、冻结的财物。"隐藏"是指将财物私自隐匿，躲避国家安全机关的查处。"转移"主要是指将已被查封、扣押的物品转移到他处，或者将已被冻结的资金私自取出或转账到其他账户，脱离国家安全机关的掌握。"变卖"是指擅自将财物作价出卖。"损毁"是指使用破坏性手段使财物毁损或者灭失。第二种行为是"明知是间谍活动的涉案财物而窝藏、转移、收购、代为销售或者以其他方法掩饰、隐瞒"。这种行为的对象是间谍活动的涉案财物，包括用于间谍行为的工具和其他财物，以及用于资助间谍行为的资金、场所、物资等。需要注意的是，根据本条规定，违法行为人对其所窝藏、转移、收购、代为销售或者以其他方法掩饰、隐瞒财物，主观上是明确知道其属于间谍活动涉案财物的。如果行为人确实属于被欺骗或者因为疏忽而不知道财物性质的，不适用本条规定。"窝藏"是指使用各种方法将财物隐藏起来，或者替违法犯罪行为人保存，不让国家安全机关发现。"转移"是指将财物移至他处，使国家安全机关不能查获。"收购"是指收买财物。"代为销售"是指代违法犯罪行为人将财物出卖。"其他方法"是指窝藏、转移、收购、代为销售以外的其他掩饰、隐瞒的方法。

第三十四条 【限期离境或者驱逐出境】境外人员违反本法的，可以限期离境或者驱逐出境。

第三十五条 【行政复议、行政诉讼】当事人对行政处罚决定、行政强制措施决定不服的，可以自接到决定书之日起六十日内，向作出决定的上一级机关申请复议；对复议决定不服的，可以自接到复议决定书之日起十五日内向人民法院提起诉讼。

注释 根据本法相关规定，本条中的"当事人"主要是指：（1）国家安全机关根据本法第十三条的规定，对其电子通信工具、器材等设备、设施实施查验中，认为存在危害国家安全情形，采取查封、扣押措施的有关组织和个人；（2）根据本法第二十九条的规定，国家安全机关认为有关人员明知他人有间谍犯罪行为，在向其调查有关情况、收集有关证据时，拒绝提供，决定处以行政拘留的人；（3）因故意阻碍国家安全机关依法执行任务，被国家安全机关根据本法第三十条的规定处以行政拘留的人；（4）因泄露有关反间谍工作的国家秘密，被国家安全机关根据本法第三十一条的规定处以行政拘留的人；（5）因非法持有属于国家秘密的文件、资料和其他物品，尚不构成犯罪，被国家安全机关根据本法第三十二条的规定处以警告或者行政拘留的人。

  本条所说的"申请复议"，是指当事人对国家安全机关的行政处罚决定、行政强制措施决定不服，依法向作出决定的国家安全机关的上一级机关提出申请，陈述自己的要求和理由，由上一级机关就行政处罚决定、行政强制措施决定进行审查，作出决定的行为。

  根据本条规定，当事人对国家安全机关行政处罚决定、行政强制措施决定不服的，应当自接到决定书之日起六十日内，先向上一级机关申请复议。如果当事人对上一级国家安全机关作出的复议决定不服的，可以在接到复议决定书十五日内向人民法院提起行政诉讼。

  从实践中的情况看，不服国家安全机关对其作出的行政处罚决定、行政强制措施决定而申请复议的，主要有以下几种情况：（1）原行政处罚决定、原行政强制措施决定认定的事实错误。例如：行政处罚或者行政强制措施的对象错误，误罚了案外人或者对与案件无关的财物采取了查封、扣押、冻结等措施。（2）原行政处罚决定、原行政强制措施决定适用法律不当。（3）原行政处罚决定、行政强制措施决定的作出不符合法定程序。

  根据本条规定，当事人申请复议的期限为六十日，从当事人接到国家安全机关行政处罚决定、行政强制措施决定的第二日起算。复议的机关是作出行政处罚决定、行政强制措施决定的国家安全机关的上一级机关，不能越级申请复议。

  关于上一级机关复议的期限，根据《中华人民共和国行政复议法》的规定，应当自受理复议申请之日起六十日内作出复议决定。情况复杂，不能在六十日内作出复议决定的，可以适当延长，但应当告知申请人，且延长的期限最长不得超过三十日。

  根据本条规定，当事人对上级国家安全机关的复议决定不服的，可以在接到复议决定书之日起十五日内,向人民法院提起诉讼。需要特别说明的是,如果复议机关在法定的复议期限内不作出决定的,当事人可以根据《中华人民共和国行政诉讼法》的有关规定,在复议期限届满之日起十五日内向人民法院提起诉讼。

第三十六条 【查封、扣押、冻结财物的处理】 国家安全机关对依照本法查封、扣押、冻结的财物,应当妥善保管,并按照下列情形分别处理:

(一)涉嫌犯罪的,依照刑事诉讼法的规定处理;

(二)尚不构成犯罪,有违法事实的,对依法应当没收的予以没收,依法应当销毁的予以销毁;

(三)没有违法事实的,或者与案件无关的,应当解除查封、扣押、冻结,并及时返还相关财物;造成损失的,应当依法赔偿。

国家安全机关没收的财物,一律上缴国库。

注释 本条第一款第一项规定,在办理间谍犯罪案件中,对因涉嫌犯罪而查封、扣押、冻结的财物,要依照刑事诉讼法的规定处理。《中华人民共和国刑事诉讼法》第二百四十五条对查封、扣押、冻结的犯罪嫌疑人、被告人的财物及其孳息如何处理作了规定。根据这一规定,实践中应注意以下问题:(1)对查封、扣押、冻结的犯罪嫌疑人的财物及其孳息应当妥善保管,以供核查,并制作清单,随案移送。这里所说的"查封、扣押、冻结的犯罪嫌疑人的财物",包括国家安全机关根据《中华人民共和国刑事诉讼法》第二编第二章第六节关于"查封、扣押物证、书证"的规定、《中华人民共和国刑事诉讼法》第一百九十六条的规定和本法的有关规定,查封、扣押的与案件有关的各种财物,以及根据侦查犯罪的需要,冻结的犯罪嫌疑人的存款、汇款、债券、股票、基金份额等财产。这里所说的"孳息",是指由物或者权利产生的收益,包括天然孳息和法定孳息,如存款的利息、房产增值的收益等。(2)任何单位和个人不得挪用或者自行处理。也就是说,对查封、扣押、冻结的财物及其孳息,既不能挪作公用,如使用扣押的汽车办案等,也不能挪作私用,更不能自行处理。(3)对被害人的合法财产,应当及时返还。对于查封、扣押、冻结的财物及其孳息，如果有证据证明是被害人的合法财产，并且不是必须在法庭上作为证据出示的，应当及时返还被害人，以保证被害人的生产、生活需要。（4）对违禁品或者不宜长期保存的物品，应当依照国家有关规定办理。对于国家禁止持有、经营、流通的违禁品，如枪支弹药、易燃易爆物品、毒品、淫秽物品等，应当依照国家有关规定予以销毁或作相应处理；对于易腐烂变质及其他不宜长期保存的物品，应当依照国家有关规定予以变卖处理。（5）对作为证据使用的实物应当随案移送，对不宜移送的，应当将其清单、照片或者其他证明文件随案移送。查封、扣押、冻结的财物及其孳息中，与案件定罪量刑有直接关系，应当作为证据在法庭上使用的实物，主要是指物证、书证等。这些物品原则上应当随案移送。同时，考虑到有些实物由于其性质、体积、重量等原因不宜移送的，如不动产、生产设备、珍贵文物、珍贵动物、珍稀植物及其制品、秘密文件等，应当由查封、扣押、冻结的机关查点清楚，对原物进行拍照，开列清单，并将清单、照片或者其他证明文件随案移送。（6）人民法院作出的判决，应当对查封、扣押、冻结的财物及其孳息作出处理。人民法院作出的判决生效以后，有关机关应当根据判决对查封、扣押、冻结的财物及其孳息进行处理。对查封、扣押、冻结的赃款赃物及其孳息，除依法返还被害人的以外，一律上缴国库。对于查封、扣押、冻结的财物中的赃款赃物及其孳息，属于被害人合法财产的，应当及时返还被害人。

第三十七条 【国家安全机关工作人员的法律责任】国家安全机关工作人员滥用职权、玩忽职守、徇私舞弊，构成犯罪的，或者有非法拘禁、刑讯逼供、暴力取证、违反规定泄露国家秘密、商业秘密和个人隐私等行为，构成犯罪的，依法追究刑事责任。

第五章　附　　则

第三十八条 【间谍行为的定义】本法所称间谍行为，是指下列行为：

（一）间谍组织及其代理人实施或者指使、资助他人实施，或者境内外机构、组织、个人与其相勾结实施的危害中华人民共和国国家安全的活动；

（二）参加间谍组织或者接受间谍组织及其代理人的任务的；

（三）间谍组织及其代理人以外的其他境外机构、组织、个人实施或者指使、资助他人实施，或者境内机构、组织、个人与其相勾结实施的窃取、刺探、收买或者非法提供国家秘密或者情报，或者策动、引诱、收买国家工作人员叛变的活动；

（四）为敌人指示攻击目标的；

（五）进行其他间谍活动的。

注释 本条分五项对间谍行为作了规定，根据本条的规定，反间谍法中的间谍行为主要包括下列五类行为：

1. 间谍组织及其代理人实施或者指使、资助他人实施，或者境内外机构、组织、个人与其相勾结实施的危害中华人民共和国国家安全的活动。这类行为是最典型的间谍行为。根据本条第一项规定，这类间谍行为有以下特点：

第一，行为的主体是特定主体，即行为与间谍组织及其代理人相关。这里的"间谍组织"，是指外国政府或者境外的敌对势力建立的旨在收集我国政治、经济、军事等方面的国家秘密或情报，或者对我国进行颠覆、破坏等活动，危害我国国家安全和利益的组织。"间谍组织代理人"，是指受间谍组织或者其成员的指使、委托、资助，进行或者授意、指使他人进行危害我国国家安全活动的人。根据有关规定，间谍组织和间谍组织代理人由中华人民共和国国家安全部确认。

第二，行为方式上包括间谍组织及其代理人直接实施，也包括其以指使、资助他人的方式间接实施，以及其与境内外机构、组织、个人相勾结实施。这里的"指使"，是指间谍组织及其代理人通过命令、安排、派遣、唆使等方式，使其他组织、个人按照其要求，实现或者完成危害我国国家安全的行为。"资助"，是指间谍组织及其代理人以提供资金、场所和物资等方式，支持、帮助其他组织、个人进行危害我国国家安全的行为。"勾结"，包括境内外机构、组织、个人与间谍组织及其代理人共同策划进行危害我国国家安全活动，或者境内机构、组织、个人接受间谍组织的资助、指使，进行危害我国国家安全活动的，或者与间谍组织建立联系，取得支持、帮助，进行危害我国国家安全的活动等。这里所说的"境内外机构、组织、个人"，包括中华人民共和国境内、境外的一切机构、组织、个人。其中境外机构、组织、个人与间谍组织及其代理人相勾结实施间谍行为，主要是针对近年来一些境外非政府组织等与间谍组织相勾结，从事危害我国国家安全活动的情况所作出的规定。

第三，行为人实施的是危害中华人民共和国国家安全的活动。境外间谍组织如果实施的不是针对我国的或者危害我国国家安全的间谍活动，则不属于本法规定的间谍行为。

2. 参加间谍组织或者接受间谍组织及其代理人的任务。这也是典型的间谍行为。这类行为包含两种情形：

第一，参加间谍组织的行为。这里的"参加间谍组织"，是指行为人加入间谍组织，成为间谍组织成员的行为。行为人只要有参加间谍组织的行为，无论其参加后是否开始实施了具体的间谍活动，都属于间谍行为。即参加间谍组织后即行潜伏的，不影响其间谍行为的成立。

第二，接受间谍组织及其代理人的任务的行为。这里的"接受间谍组织及其代理人的任务"，是指受间谍组织及其代理人的命令、派遣、指使、委托，为间谍组织及其代理人服务，从事进行危害我国国家安全的活动。行为人只要实施了接受间谍组织及其代理人任务的行为，无论其是否参加间谍组织，都不影响其间谍行为的成立。

3. 间谍组织及其代理人以外的其他境外机构、组织、个人实施或者指使、资助他人实施，或者境内机构、组织、个人与其相勾结实施的窃取、刺探、收买或者非法提供国家秘密或者情报，或者策动、引诱、收买国家工作人员叛变的活动。本条第三项从行为的主体和危害行为的类型两方面明确了这类行为所具有的间谍活动的本质特征：

第一，行为的主体是间谍组织及其代理人以外的其他机构、组织、个人，包括境外机构、组织、个人，以及与其相勾结的境内机构、组织、个人。这里的"境外机构"，是指中华人民共和国边境以外的国家和地区的机构，如政府、军队以及其他由有关当局设立的机构。此外，上述境外机构在我国境内设立的分支机构或代表机构，如外国驻我国的大使馆、领事馆及办事处等，也属于境外机构。"境外组织"，主要是指中华人民共和国边境以外的国家和地区的政党、社会团体，以及其他企业、事业组织等。同样，上述组织在中国境内设立的分支或者代表组织，也属于境外组织。"境外个人"，主要是指外国公民、无国籍人以及其他境外个人。外国人、无国籍人身在中华人民共和国境内的，也属于这里的境外个人。

第二，行为人实施了特指的两类危害我国国家安全的间谍活动。

一是，实施了窃取、刺探、收买或者非法提供国家秘密或者情报的行为。这里的"窃取"是指行为人采用各种秘密手段，如盗窃、偷拍、偷录等行为而取得国家秘密和情报的行为。"刺探"，是指行为人通过各种途径和手段非法探知国家秘密或情报的行为。"收买"是指行为人以提供金钱、财物或者其他财产性利益等方法，获取国家秘密或情报的行为。"非法提供"是指知悉国家秘密或情报的人，将自己知悉、管理、持有的国家秘密或情报，以非法出售、交付、出借、告知等方式提供给其他不应知悉该秘密或情报的人员的行为。"国家秘密"，应当根据《中华人民共和国保守国家秘密法》的规定确定。按照《中华人民共和国保守国家秘密法》的规定，国家秘密是关系国家安全和利益，依照法定程序确定，在一定时间内只限一定范围的人员知悉的事项。具体包括下列泄露后可能损害国家在政治、经济、国防、外交等领域的安全和利益的事项：国家事务重大决策中的秘密事项；国防建设和武装力量活动中的秘密事项；外交和外事活动中的秘密事项以及对外承担保密义务的秘密事项；国民经济和社会发展中的秘密事项；科学技术中的秘密事项；维护国家安全活动和追查刑事犯罪中的秘密事项；经国家保密行政管理部门确定的其他秘密事项。"情报"是指除国家秘密以外的关系国家安全和利益、尚未公开的或者依照有关规定不应公开的事项。需要注意的是，关于情报的范围，实践中要根据具体情况具体分析，从严掌握，要特别注意与正常的信息情报交流区别开，也不能把所有的未公开的内部情况都列入"情报"的范围。

二是，实施了策动、引诱、收买国家工作人员叛变的行为。这里的"策动"，是指策划、鼓动，诱使他人叛变的行为；"引诱"，是指以名利、地位、女色等手段勾引他人叛变的行为；"收买"，是指以金钱、财物或者其他财产性利益等方法，诱使他人叛变的行为。根据《中华人民共和国刑法》第九十三条的规定，"国家工作人员"，是指国家机关中从事公务的人员。国有公司、企业、事业单位、人民团体中从事公务的人员和国家机关、国有公司、企业、事业单位委派到非国有公司、企业、事业单位、社会团体从事公务的人员，以及其他依照法律从事公务的人员，以国家工作人员论。"叛变"是指背叛祖国，投靠敌国、敌方，出卖国家和人民利益的变节行为。

4. 为敌人指示攻击目标。本条第四项规定的这类间谍行为，是与《中华人民共和国刑法》第一百一十条关于间谍犯罪行为的规定相衔接的。《中华人民共和国刑法》第一百一十条将"为敌人指示轰击目标"作为一种间谍活动规定了刑事责任，本法相应作了衔接性规定，并根据情况的变化，将"轰击"改为"攻击"。这里的"敌人"，主要是指战时与我方交战的敌国或者敌对方，也包括非交战状态下，袭击我国境内目标的敌国、敌对方。这里的为敌人"指示攻击目标"，是指引导敌人的军事攻击等破坏活动，或者为其提供、标示相关目标信息的行为。"指示"的具体方式多种多样，既包括通过发送情报、发射信号弹、燃烧明火等传统的指示方式，也包括通过激光引导、数字定位及其他技术手段等新的指示方式。"攻击"，包括各类通过人员和使用武器进行的武力袭击等。

5. 进行其他间谍活动的。本条第五项属于兜底性规定，即除上述四种情形以外的其他间谍活动。这一规定，主要是考虑到间谍行为的表现形式很多，间谍机构、组织、人员为逃避追究，也在不断变换方式、方法，法律难以一一列举，作概括性规定可以适应复杂的实际情况，有利于对间谍行为的打击。

第三十九条 【防范、制止和惩治其他危害国家安全行为适用本法】国家安全机关、公安机关依照法律、行政法规和国家有关规定，履行防范、制止和惩治间谍行为以外的其他危害国家安全行为的职责,适用本法的有关规定。

第四十条 【施行日期】本法自公布之日起施行。1993年2月22日第七届全国人民代表大会常务委员会第三十次会议通过的《中华人民共和国国家安全法》同时废止。

中华人民共和国反间谍法实施细则

(2017年11月22日中华人民共和国国务院令第692号自公布之日起施行)

第一章 总 则

第一条 根据《中华人民共和国反间谍法》(以下简称《反间谍法》),制定本实施细则。

第二条 国家安全机关负责本细则的实施。

公安、保密行政管理等其他有关部门和军队有关部门按照职责分工,密切配合,加强协调,依法做好有关工作。

第三条 《反间谍法》所称"境外机构、组织"包括境外机构、组织在中华人民共和国境内设立的分支(代表)机构和分支组织;所称"境外个人"包括居住在中华人民共和国境内不具有中华人民共和国国籍的人。

第四条 《反间谍法》所称"间谍组织代理人",是指受间谍组织或者其成员的指使、委托、资助,进行或者授意、指使他人进行危害中华人民共和国国家安全活动的人。

间谍组织和间谍组织代理人由国务院国家安全主管部门确认。

第五条 《反间谍法》所称"敌对组织",是指敌视中华人民共和国人民民主专政的政权和社会主义制度,危害国家安全的组织。

敌对组织由国务院国家安全主管部门或者国务院公安部门确认。

第六条 《反间谍法》所称"资助"实施危害中华人民共和国国家安全的间谍行为,是指境内外机构、组织、个人的下列行为:

（一）向实施间谍行为的组织、个人提供经费、场所和物资的；

（二）向组织、个人提供用于实施间谍行为的经费、场所和物资的。

第七条 《反间谍法》所称"勾结"实施危害中华人民共和国国家安全的间谍行为，是指境内外组织、个人的下列行为：

（一）与境外机构、组织、个人共同策划或者进行危害国家安全的间谍活动的；

（二）接受境外机构、组织、个人的资助或者指使，进行危害国家安全的间谍活动的；

（三）与境外机构、组织、个人建立联系，取得支持、帮助，进行危害国家安全的间谍活动的。

第八条 下列行为属于《反间谍法》第三十九条所称"间谍行为以外的其他危害国家安全行为"：

（一）组织、策划、实施分裂国家、破坏国家统一，颠覆国家政权、推翻社会主义制度的；

（二）组织、策划、实施危害国家安全的恐怖活动的；

（三）捏造、歪曲事实，发表、散布危害国家安全的文字或者信息，或者制作、传播、出版危害国家安全的音像制品或者其他出版物的；

（四）利用设立社会团体或者企业事业组织，进行危害国家安全活动的；

（五）利用宗教进行危害国家安全活动的；

（六）组织、利用邪教进行危害国家安全活动的；

（七）制造民族纠纷，煽动民族分裂，危害国家安全的；

（八）境外个人违反有关规定，不听劝阻，擅自会见境内有危害国家安全行为或者有危害国家安全行为重大嫌疑的人员的。

第二章 国家安全机关在反间谍工作中的职权

第九条 境外个人被认为入境后可能进行危害中华人民共和国

国家安全活动的，国务院国家安全主管部门可以决定其在一定时期内不得入境。

第十条 对背叛祖国、危害国家安全的犯罪嫌疑人，依据《反间谍法》第八条的规定，国家安全机关可以通缉、追捕。

第十一条 国家安全机关依法执行反间谍工作任务时，有权向有关组织和人员调查询问有关情况。

第十二条 国家安全机关工作人员依法执行反间谍工作任务时，对发现身份不明、有危害国家安全行为的嫌疑人员，可以检查其随带物品。

第十三条 国家安全机关执行反间谍工作紧急任务的车辆，可以配置特别通行标志和警灯、警报器。

第十四条 国家安全机关工作人员依法执行反间谍工作任务的行为，不受其他组织和个人的非法干涉。

国家安全机关工作人员依法执行反间谍工作任务时，应当出示国家安全部侦察证或者其他相应证件。

国家安全机关及其工作人员在工作中，应当严格依法办事，不得超越职权、滥用职权，不得侵犯组织和个人的合法权益。

第三章　公民和组织维护国家安全的义务和权利

第十五条 机关、团体和其他组织对本单位的人员进行维护国家安全的教育，动员、组织本单位的人员防范、制止间谍行为的工作，应当接受国家安全机关的协调和指导。

机关、团体和其他组织不履行《反间谍法》和本细则规定的安全防范义务，未按照要求整改或者未达到整改要求的，国家安全机关可以约谈相关负责人，将约谈情况通报该单位上级主管部门，推动落实防范间谍行为和其他危害国家安全行为的责任。

第十六条 下列情形属于《反间谍法》第七条所称"重大贡献"：

（一）为国家安全机关提供重要线索，发现、破获严重危害国家安全的犯罪案件的；

（二）为国家安全机关提供重要情况，防范、制止严重危害国家安全的行为发生的；

（三）密切配合国家安全机关执行国家安全工作任务，表现突出的；

（四）为维护国家安全，与危害国家安全的犯罪分子进行斗争，表现突出的；

（五）在教育、动员、组织本单位的人员防范、制止危害国家安全行为的工作中，成绩显著的。

第十七条 《反间谍法》第二十四条所称"非法持有属于国家秘密的文件、资料和其他物品"是指：

（一）不应知悉某项国家秘密的人员携带、存放属于该项国家秘密的文件、资料和其他物品的；

（二）可以知悉某项国家秘密的人员，未经办理手续，私自携带、留存属于该项国家秘密的文件、资料和其他物品的。

第十八条 《反间谍法》第二十五条所称"专用间谍器材"，是指进行间谍活动特殊需要的下列器材：

（一）暗藏式窃听、窃照器材；

（二）突发式收发报机、一次性密码本、密写工具；

（三）用于获取情报的电子监听、截收器材；

（四）其他专用间谍器材。

专用间谍器材的确认，由国务院国家安全主管部门负责。

第四章 法律责任

第十九条 实施危害国家安全的行为，由有关部门依法予以处分，国家安全机关也可以予以警告；构成犯罪的，依法追究刑事责任。

第二十条 下列情形属于《反间谍法》第二十七条所称"立功表现"：

（一）揭发、检举危害国家安全的其他犯罪分子，情况属实的；

（二）提供重要线索、证据，使危害国家安全的行为得以发现和制止的；

（三）协助国家安全机关、司法机关捕获其他危害国家安全的犯罪分子的；

（四）对协助国家安全机关维护国家安全有重要作用的其他行为。

"重大立功表现"，是指在前款所列立功表现的范围内对国家安全工作有特别重要作用的。

第二十一条 有证据证明知道他人有间谍行为，或者经国家安全机关明确告知他人有危害国家安全的犯罪行为，在国家安全机关向其调查有关情况、收集有关证据时，拒绝提供的，依照《反间谍法》第二十九条的规定处理。

第二十二条 国家安全机关依法执行反间谍工作任务时，公民和组织依法有义务提供便利条件或者其他协助，拒不提供或者拒不协助，构成故意阻碍国家安全机关依法执行反间谍工作任务的，依照《反间谍法》第三十条的规定处罚。

第二十三条 故意阻碍国家安全机关依法执行反间谍工作任务，造成国家安全机关工作人员人身伤害或者财物损失的，应当依法承担赔偿责任，并由司法机关或者国家安全机关依照《反间谍法》第三十条的规定予以处罚。

第二十四条 对涉嫌间谍行为的人员，国家安全机关可以决定其在一定期限内不得出境。对违反《反间谍法》的境外个人，国务院国家安全主管部门可以决定限期离境或者驱逐出境，并决定其不得入境的期限。被驱逐出境的境外个人，自被驱逐出境之日起10年内不得入境。

第五章 附 则

第二十五条 国家安全机关、公安机关依照法律、行政法规和国家有关规定，履行防范、制止和惩治间谍行为以外的其他危害国家安全行为的职责，适用本细则的有关规定。

第二十六条 本细则自公布之日起施行。1994年6月4日国务院发布的《中华人民共和国国家安全法实施细则》同时废止。

反间谍安全防范工作规定

(2021年4月26日中华人民共和国国家安全部令2021年第1号公布 自公布之日起施行)

第一章 总 则

第一条 为了加强和规范反间谍安全防范工作,督促机关、团体、企业事业组织和其他社会组织落实反间谍安全防范责任,根据《中华人民共和国国家安全法》《中华人民共和国反间谍法》《中华人民共和国反间谍法实施细则》等有关法律法规,制定本规定。

第二条 机关、团体、企业事业组织和其他社会组织在国家安全机关的协调和指导下开展反间谍安全防范工作,适用本规定。

第三条 开展反间谍安全防范工作,应当坚持中央统一领导,坚持总体国家安全观,坚持专门工作与群众路线相结合,坚持人防物防技防相结合,严格遵守法定权限和程序,尊重和保障人权,保护公民、组织的合法权益。

第四条 机关、团体、企业事业组织和其他社会组织承担本单位反间谍安全防范工作的主体责任,应当对本单位的人员进行维护国家安全的教育,动员、组织本单位的人员防范、制止间谍行为和其他危害国家安全的行为。

行业主管部门在其职权范围内,监督管理本行业反间谍安全防范工作。

第五条 各级国家安全机关按照管理权限,依法对机关、团体、企业事业组织和其他社会组织开展反间谍安全防范工作进行业务指导和督促检查。

第六条 国家安全机关及其工作人员对履行反间谍安全防范指导和检查工作职责中知悉的国家秘密、工作秘密、商业秘密、个人隐私和个人信息,应当严格保密,不得泄露或者向他人非法提供。

第二章 反间谍安全防范责任

第七条 行业主管部门应当履行下列反间谍安全防范监督管理责任：

（一）根据主管行业特点，明确本行业反间谍安全防范工作要求；

（二）配合国家安全机关制定主管行业反间谍安全防范重点单位名录、开展反间谍安全防范工作；

（三）指导、督促主管行业所属重点单位履行反间谍安全防范义务；

（四）其他应当履行的反间谍安全防范行业管理责任。

有关行业主管部门应当与国家安全机关建立健全反间谍安全防范协作机制，加强信息互通、情况会商、协同指导、联合督查，共同做好反间谍安全防范工作。

第八条 机关、团体、企业事业组织和其他社会组织应当落实反间谍安全防范主体责任，履行下列义务：

（一）开展反间谍安全防范教育、培训，提高本单位人员的安全防范意识和应对能力；

（二）加强本单位反间谍安全防范管理，落实有关安全防范措施；

（三）及时向国家安全机关报告涉及间谍行为和其他危害国家安全行为的可疑情况；

（四）为国家安全机关依法执行任务提供便利或者其他协助；

（五）妥善应对和处置涉及本单位和本单位人员的反间谍安全防范突发情况；

（六）其他应当履行的反间谍安全防范义务。

第九条 国家安全机关根据单位性质、所属行业、涉密等级、涉外程度以及是否发生过危害国家安全案事件等因素，会同有关部门制定并定期调整反间谍安全防范重点单位名录，以书面形式告知重点单位。反间谍安全防范重点单位除履行本规定第八条规定的义务外，还应当履行下列义务：

（一）建立健全反间谍安全防范工作制度；

（二）明确本单位相关机构和人员承担反间谍安全防范职责；

（三）加强对涉密事项、场所、载体、数据、岗位和人员的日常安全防范管理，对涉密人员实行上岗前反间谍安全防范审查，与涉密人员签订安全防范承诺书；

（四）组织涉密、涉外人员向本单位报告涉及国家安全事项，并做好数据信息动态管理；

（五）做好涉外交流合作中的反间谍安全防范工作，制定并落实有关预案措施；

（六）做好本单位出国（境）团组、人员和长期驻外人员的反间谍安全防范行前教育、境外管理和回国（境）访谈工作；

（七）定期对涉密、涉外人员开展反间谍安全防范教育、培训；

（八）按照反间谍技术安全防范标准，配备必要的设备、设施，落实有关技术安全防范措施；

（九）定期对本单位反间谍安全防范工作进行自查，及时发现和消除安全隐患。

第十条 关键信息基础设施运营者除履行本规定第八条规定的义务外，还应当履行下列义务：

（一）对本单位安全管理机构负责人和关键岗位人员进行反间谍安全防范审查；

（二）定期对从业人员进行反间谍安全防范教育、培训；

（三）采取反间谍技术安全防范措施，防范、制止境外网络攻击、网络入侵、网络窃密等间谍行为，保障网络和信息核心技术、关键基础设施和重要领域信息系统及数据的安全。

列入反间谍安全防范重点单位名录的关键信息基础设施运营者，还应当履行本规定第九条规定的义务。

第三章　反间谍安全防范指导

第十一条 国家安全机关可以通过下列方式，对机关、团体、企业事业组织和其他社会组织落实反间谍安全防范责任进行指导：

（一）提供工作手册、指南等宣传教育材料；
（二）印发书面指导意见；
（三）举办工作培训；
（四）召开工作会议；
（五）提醒、劝告；
（六）其他指导方式。

第十二条 国家安全机关定期分析反间谍安全防范形势，开展风险评估，通报有关单位，向有关单位提出加强和改进反间谍安全防范工作的意见和建议。

第十三条 国家安全机关运用网络、媒体平台、国家安全教育基地（馆）等，开展反间谍安全防范宣传教育。

第十四条 国家安全机关会同教育主管部门，指导学校向全体师生开展反间谍安全防范教育，对参加出国（境）学习、交流的师生加强反间谍安全防范行前教育和回国（境）访谈。

第十五条 国家安全机关会同科技主管部门，指导各类科研机构向科研人员开展反间谍安全防范教育，对参加出国（境）学习、交流的科研人员加强反间谍安全防范行前教育和回国（境）访谈。

第十六条 国家安全机关会同有关部门，组织、动员居（村）民委员会结合本地实际配合开展群众性反间谍安全防范宣传教育。

第十七条 国家安全机关会同宣传主管部门，协调和指导广播、电视、报刊、互联网等媒体开展反间谍安全防范宣传活动，制作、刊登、播放反间谍安全防范公益广告、典型案例、宣传教育节目或者其他宣传品，提高公众反间谍安全防范意识。

第十八条 公民、组织可以通过国家安全机关12339举报受理电话、网络举报受理平台或者国家安全机关公布的其他举报方式，举报间谍行为和其他危害国家安全的行为，以及各类反间谍安全防范问题线索。

第十九条 国家安全机关应当严格为举报人保密，保护举报人的人身财产安全。未经举报人同意，不得以任何方式公开或者泄露其个人信息。

公民因举报间谍行为或者其他危害国家安全行为，本人或者其近亲属的人身安全面临危险的，可以向国家安全机关请求予以保护。国家安全机关应当会同有关部门依法采取保护措施。

第二十条 对反间谍安全防范工作中取得显著成绩或者做出重大贡献的单位和个人，符合下列条件之一的，国家安全机关可以按照国家有关规定，会同有关部门、单位给予表彰、奖励：

（一）提供重要情况或者线索，为国家安全机关发现、破获间谍案件或者其他危害国家安全案件，或者为有关单位防范、消除涉及国家安全的重大风险隐患或者现实危害发挥重要作用的；

（二）密切配合国家安全机关执行任务，表现突出的；

（三）防范、制止间谍行为或者其他危害国家安全行为，表现突出的；

（四）主动采取措施，及时消除本单位涉及国家安全的重大风险隐患或者现实危害，挽回重大损失的；

（五）在反间谍安全防范工作中，有重大创新或者成效特别显著的；

（六）在反间谍安全防范工作中做出其他重大贡献的。

第四章　反间谍安全防范检查

第二十一条 国家安全机关对有下列情形之一的，经设区的市级以上国家安全机关负责人批准，并出具法律文书，可以对机关、团体、企业事业组织和其他社会组织开展反间谍安全防范检查：

（一）发现反间谍安全防范风险隐患的；

（二）接到反间谍安全防范问题线索举报；

（三）依据有关单位的申请；

（四）因其他反间谍安全防范工作需要。

第二十二条 国家安全机关可以通过下列方式对机关、团体、企业事业组织和其他社会组织的反间谍安全防范工作进行检查：

（一）向有关单位和人员了解情况；

（二）调阅有关资料；

（三）听取有关工作说明；

（四）进入有关单位、场所实地查看；

（五）查验电子通信工具、器材等设备、设施；

（六）反间谍技术防范检查和检测；

（七）其他法律、法规、规章授权的检查方式。

第二十三条 经设区的市级以上国家安全机关负责人批准，国家安全机关可以对存在风险隐患的机关、团体、企业事业组织和其他社会组织的相关部位、场所和建筑物、内部设备设施、强弱电系统、计算机网络及信息系统、关键信息基础设施等开展反间谍技术防范检查检测，防范、发现和处置危害国家安全的情况。

第二十四条 国家安全机关可以采取下列方式开展反间谍技术防范检查检测：

（一）进入有关单位、场所，进行现场技术检查；

（二）使用专用设备，对有关部位、场所、链路、网络进行技术检测；

（三）对有关设备设施、网络、系统进行远程技术检测。

第二十五条 国家安全机关开展反间谍技术防范现场检查检测时，检查人员不得少于两人，并应当出示相应证件。

国家安全机关开展远程技术检测，应当事先告知被检测对象检测时间、检测范围等事项。

检查检测人员应当制作检查检测记录，如实记录检查检测情况。

第二十六条 国家安全机关在开展反间谍技术防范检查检测中，为防止危害发生或者扩大，可以依法责令被检查对象采取技术屏蔽、隔离、拆除或者停止使用相关设备设施、网络、系统等整改措施，指导和督促有关措施的落实，并在检查检测记录中注明。

第二十七条 国家安全机关可以根据反间谍安全防范检查情况，向被检查单位提出加强和改进反间谍安全防范工作的意见和建议，督促有关单位落实反间谍安全防范责任和义务。

第五章 法律责任

第二十八条 机关、团体、企业事业组织和其他社会组织违反本规定，有下列情形之一的，国家安全机关可以依法责令限期整改；被责令整改单位应当于整改期限届满前向国家安全机关提交整改报告，国家安全机关应当自收到整改报告之日起十五个工作日内对整改情况进行检查：

（一）不认真履行反间谍安全防范责任和义务，安全防范工作措施不落实或者落实不到位，存在明显问题隐患的；

（二）不接受国家安全机关反间谍安全防范指导和检查的；

（三）发生间谍案件，叛逃案件，为境外窃取、刺探、收买、非法提供国家秘密、情报案件，以及其他危害国家安全案事件的；

（四）发现涉及间谍行为和其他危害国家安全行为的可疑情况，迟报、漏报、瞒报，造成不良后果或者影响的；

（五）不配合或者阻碍国家安全机关依法执行任务的。

对未按照要求整改或者未达到整改要求的，国家安全机关可以依法约谈相关负责人，并将约谈情况通报该单位上级主管部门。

第二十九条 机关、团体、企业事业组织和其他社会组织及其工作人员未履行或者未按照规定履行反间谍安全防范责任和义务，造成不良后果或者影响的，国家安全机关可以向有关机关、单位移送问题线索，建议有关机关、单位按照管理权限对负有责任的领导人员和直接责任人员依规依纪依法予以处理；构成犯罪的，依法追究刑事责任。

第三十条 国家安全机关及其工作人员在反间谍安全防范指导和检查工作中，滥用职权、玩忽职守、徇私舞弊的，对负有责任的领导人员和直接责任人员依规依纪依法予以处理；构成犯罪的，依法追究刑事责任。

第六章 附则

第三十一条 本规定自公布之日起施行。

中华人民共和国国家情报法

(2017年6月27日第十二届全国人民代表大会常务委员会第二十八次会议通过 根据2018年4月27日第十三届全国人民代表大会常务委员会第二次会议《关于修改〈中华人民共和国国境卫生检疫法〉等六部法律的决定》修正)

第一章 总 则

第一条 为了加强和保障国家情报工作，维护国家安全和利益，根据宪法，制定本法。

第二条 国家情报工作坚持总体国家安全观，为国家重大决策提供情报参考，为防范和化解危害国家安全的风险提供情报支持，维护国家政权、主权、统一和领土完整、人民福祉、经济社会可持续发展和国家其他重大利益。

第三条 国家建立健全集中统一、分工协作、科学高效的国家情报体制。

中央国家安全领导机构对国家情报工作实行统一领导，制定国家情报工作方针政策，规划国家情报工作整体发展，建立健全国家情报工作协调机制，统筹协调各领域国家情报工作，研究决定国家情报工作中的重大事项。

中央军事委员会统一领导和组织军队情报工作。

第四条 国家情报工作坚持公开工作与秘密工作相结合、专门工作与群众路线相结合、分工负责与协作配合相结合的原则。

第五条 国家安全机关和公安机关情报机构、军队情报机构（以下统称国家情报工作机构）按照职责分工，相互配合，做好情报工作、开展情报行动。

各有关国家机关应当根据各自职能和任务分工，与国家情报工作机构密切配合。

第六条 国家情报工作机构及其工作人员应当忠于国家和人民,遵守宪法和法律,忠于职守,纪律严明,清正廉洁,无私奉献,坚决维护国家安全和利益。

第七条 任何组织和公民都应当依法支持、协助和配合国家情报工作,保守所知悉的国家情报工作秘密。

国家对支持、协助和配合国家情报工作的个人和组织给予保护。

第八条 国家情报工作应当依法进行,尊重和保障人权,维护个人和组织的合法权益。

第九条 国家对在国家情报工作中作出重大贡献的个人和组织给予表彰和奖励。

第二章 国家情报工作机构职权

第十条 国家情报工作机构根据工作需要,依法使用必要的方式、手段和渠道,在境内外开展情报工作。

第十一条 国家情报工作机构应当依法搜集和处理境外机构、组织、个人实施或者指使、资助他人实施的,或者境内外机构、组织、个人相勾结实施的危害中华人民共和国国家安全和利益行为的相关情报,为防范、制止和惩治上述行为提供情报依据或者参考。

第十二条 国家情报工作机构可以按照国家有关规定,与有关个人和组织建立合作关系,委托开展相关工作。

第十三条 国家情报工作机构可以按照国家有关规定,开展对外交流与合作。

第十四条 国家情报工作机构依法开展情报工作,可以要求有关机关、组织和公民提供必要的支持、协助和配合。

第十五条 国家情报工作机构根据工作需要,按照国家有关规定,经过严格的批准手续,可以采取技术侦察措施和身份保护措施。

第十六条 国家情报工作机构工作人员依法执行任务时,按照国家有关规定,经过批准,出示相应证件,可以进入限制进入的有关区域、场所,可以向有关机关、组织和个人了解、询问有关情况,可以查阅或者调取有关的档案、资料、物品。

第十七条 国家情报工作机构工作人员因执行紧急任务需要，经出示相应证件，可以享受通行便利。

国家情报工作机构工作人员根据工作需要，按照国家有关规定，可以优先使用或者依法征用有关机关、组织和个人的交通工具、通信工具、场地和建筑物，必要时，可以设置相关工作场所和设备、设施，任务完成后应当及时归还或者恢复原状，并依照规定支付相应费用；造成损失的，应当补偿。

第十八条 国家情报工作机构根据工作需要，按照国家有关规定，可以提请海关、出入境边防检查等机关提供免检等便利。

第十九条 国家情报工作机构及其工作人员应当严格依法办事，不得超越职权、滥用职权，不得侵犯公民和组织的合法权益，不得利用职务便利为自己或者他人谋取私利，不得泄露国家秘密、商业秘密和个人信息。

第三章　国家情报工作保障

第二十条 国家情报工作机构及其工作人员依法开展情报工作，受法律保护。

第二十一条 国家加强国家情报工作机构建设，对其机构设置、人员、编制、经费、资产实行特殊管理，给予特殊保障。

国家建立适应情报工作需要的人员录用、选调、考核、培训、待遇、退出等管理制度。

第二十二条 国家情报工作机构应当适应情报工作需要，提高开展情报工作的能力。

国家情报工作机构应当运用科学技术手段，提高对情报信息的鉴别、筛选、综合和研判分析水平。

第二十三条 国家情报工作机构工作人员因执行任务，或者与国家情报工作机构建立合作关系的人员因协助国家情报工作，其本人或者近亲属人身安全受到威胁时，国家有关部门应当采取必要措施,予以保护、营救。

第二十四条 对为国家情报工作作出贡献并需要安置的人员,国家给予妥善安置。

公安、民政、财政、卫生、教育、人力资源社会保障、退役军人事务、医疗保障等有关部门以及国有企业事业单位应当协助国家情报工作机构做好安置工作。

第二十五条 对因开展国家情报工作或者支持、协助和配合国家情报工作导致伤残或者牺牲、死亡的人员,按照国家有关规定给予相应的抚恤优待。

个人和组织因支持、协助和配合国家情报工作导致财产损失的,按照国家有关规定给予补偿。

第二十六条 国家情报工作机构应当建立健全严格的监督和安全审查制度,对其工作人员遵守法律和纪律等情况进行监督,并依法采取必要措施,定期或者不定期进行安全审查。

第二十七条 任何个人和组织对国家情报工作机构及其工作人员超越职权、滥用职权和其他违法违纪行为,有权检举、控告。受理检举、控告的有关机关应当及时查处,并将查处结果告知检举人、控告人。

对依法检举、控告国家情报工作机构及其工作人员的个人和组织,任何个人和组织不得压制和打击报复。

国家情报工作机构应当为个人和组织检举、控告、反映情况提供便利渠道,并为检举人、控告人保密。

第四章 法律责任

第二十八条 违反本法规定,阻碍国家情报工作机构及其工作人员依法开展情报工作的,由国家情报工作机构建议相关单位给予处分或者由国家安全机关、公安机关处警告或者十五日以下拘留;构成犯罪的,依法追究刑事责任。

第二十九条 泄露与国家情报工作有关的国家秘密的,由国家情报工作机构建议相关单位给予处分或者由国家安全机关、公安机关处警告或者十五日以下拘留；构成犯罪的，依法追究刑事责任。

第三十条 冒充国家情报工作机构工作人员或者其他相关人员实施招摇撞骗、诈骗、敲诈勒索等行为的，依照《中华人民共和国治安管理处罚法》的规定处罚；构成犯罪的，依法追究刑事责任。

第三十一条 国家情报工作机构及其工作人员有超越职权、滥用职权，侵犯公民和组织的合法权益，利用职务便利为自己或者他人谋取私利，泄露国家秘密、商业秘密和个人信息等违法违纪行为的，依法给予处分；构成犯罪的，依法追究刑事责任。

第五章 附 则

第三十二条 本法自2017年6月28日起施行。

中华人民共和国出境入境管理法

（2012年6月30日第十一届全国人民代表大会常务委员会第二十七次会议通过 2012年6月30日中华人民共和国主席令第57号公布 自2013年7月1日起施行）

第一章 总 则

第一条 为了规范出境入境管理，维护中华人民共和国的主权、安全和社会秩序，促进对外交往和对外开放，制定本法。

第二条 中国公民出境入境、外国人入境出境、外国人在中国境内停留居留的管理，以及交通运输工具出境入境的边防检查，适用本法。

第三条 国家保护中国公民出境入境合法权益。

在中国境内的外国人的合法权益受法律保护。在中国境内的外国人应当遵守中国法律，不得危害中国国家安全、损害社会公共利益、破坏社会公共秩序。

第四条 公安部、外交部按照各自职责负责有关出境入境事务的管理。

中华人民共和国驻外使馆、领馆或者外交部委托的其他驻外机构（以下称驻外签证机关）负责在境外签发外国人入境签证。出入境边防检查机关负责实施出境入境边防检查。县级以上地方人民政府公安机关及其出入境管理机构负责外国人停留居留管理。

公安部、外交部可以在各自职责范围内委托县级以上地方人民政府公安机关出入境管理机构、县级以上地方人民政府外事部门受理外国人入境、停留居留申请。

公安部、外交部在出境入境事务管理中，应当加强沟通配合，并与国务院有关部门密切合作，按照各自职责分工，依法行使职权，承担责任。

第五条　国家建立统一的出境入境管理信息平台，实现有关管理部门信息共享。

第六条　国家在对外开放的口岸设立出入境边防检查机关。

中国公民、外国人以及交通运输工具应当从对外开放的口岸出境入境，特殊情况下，可以从国务院或者国务院授权的部门批准的地点出境入境。出境入境人员和交通运输工具应当接受出境入境边防检查。

出入境边防检查机关负责对口岸限定区域实施管理。根据维护国家安全和出境入境管理秩序的需要，出入境边防检查机关可以对出境入境人员携带的物品实施边防检查。必要时，出入境边防检查机关可以对出境入境交通运输工具载运的货物实施边防检查，但是应当通知海关。

第七条　经国务院批准，公安部、外交部根据出境入境管理的需要，可以对留存出境入境人员的指纹等人体生物识别信息作出规定。

外国政府对中国公民签发签证、出境入境管理有特别规定的，中国政府可以根据情况采取相应的对等措施。

第八条　履行出境入境管理职责的部门和机构应当切实采取措施，不断提升服务和管理水平，公正执法，便民高效，维护安全、便捷的出境入境秩序。

第二章 中国公民出境入境

第九条 中国公民出境入境,应当依法申请办理护照或者其他旅行证件。

中国公民前往其他国家或者地区,还需要取得前往国签证或者其他入境许可证明。但是,中国政府与其他国家政府签订互免签证协议或者公安部、外交部另有规定的除外。

中国公民以海员身份出境入境和在国外船舶上从事工作的,应当依法申请办理海员证。

第十条 中国公民往来内地与香港特别行政区、澳门特别行政区,中国公民往来大陆与台湾地区,应当依法申请办理通行证件,并遵守本法有关规定。具体管理办法由国务院规定。

第十一条 中国公民出境入境,应当向出入境边防检查机关交验本人的护照或者其他旅行证件等出境入境证件,履行规定的手续,经查验准许,方可出境入境。

具备条件的口岸,出入境边防检查机关应当为中国公民出境入境提供专用通道等便利措施。

第十二条 中国公民有下列情形之一的,不准出境:

(一)未持有效出境入境证件或者拒绝、逃避接受边防检查的;

(二)被判处刑罚尚未执行完毕或者属于刑事案件被告人、犯罪嫌疑人的;

(三)有未了结的民事案件,人民法院决定不准出境的;

(四)因妨害国(边)境管理受到刑事处罚或者因非法出境、非法居留、非法就业被其他国家或者地区遣返,未满不准出境规定年限的;

(五)可能危害国家安全和利益,国务院有关主管部门决定不准出境的;

(六)法律、行政法规规定不准出境的其他情形。

第十三条 定居国外的中国公民要求回国定居的,应当在入境前向中华人民共和国驻外使馆、领馆或者外交部委托的其他驻外机构提出申请，也可以由本人或者经由国内亲属向拟定居地的县级以上地方人民政府侨务部门提出申请。

第十四条 定居国外的中国公民在中国境内办理金融、教育、医疗、交通、电信、社会保险、财产登记等事务需要提供身份证明的，可以凭本人的护照证明其身份。

第三章 外国人入境出境

第一节 签 证

第十五条 外国人入境，应当向驻外签证机关申请办理签证，但是本法另有规定的除外。

第十六条 签证分为外交签证、礼遇签证、公务签证、普通签证。

对因外交、公务事由入境的外国人，签发外交、公务签证；对因身份特殊需要给予礼遇的外国人，签发礼遇签证。外交签证、礼遇签证、公务签证的签发范围和签发办法由外交部规定。

对因工作、学习、探亲、旅游、商务活动、人才引进等非外交、公务事由入境的外国人，签发相应类别的普通签证。普通签证的类别和签发办法由国务院规定。

第十七条 签证的登记项目包括：签证种类，持有人姓名、性别、出生日期、入境次数、入境有效期、停留期限，签发日期、地点，护照或者其他国际旅行证件号码等。

第十八条 外国人申请办理签证，应当向驻外签证机关提交本人的护照或者其他国际旅行证件，以及申请事由的相关材料，按照驻外签证机关的要求办理相关手续、接受面谈。

第十九条 外国人申请办理签证需要提供中国境内的单位或者个人出具的邀请函件的，申请人应当按照驻外签证机关的要求提供。出具邀请函件的单位或者个人应当对邀请内容的真实性负责。

第二十条 出于人道原因需要紧急入境，应邀入境从事紧急商务、工程抢修或者具有其他紧急入境需要并持有有关主管部门同意在口岸申办签证的证明材料的外国人，可以在国务院批准办理口岸签证业务的口岸，向公安部委托的口岸签证机关（以下简称口岸签证机关）申请办理口岸签证。

旅行社按照国家有关规定组织入境旅游的，可以向口岸签证机关申请办理团体旅游签证。

外国人向口岸签证机关申请办理签证，应当提交本人的护照或者其他国际旅行证件，以及申请事由的相关材料，按照口岸签证机关的要求办理相关手续，并从申请签证的口岸入境。

口岸签证机关签发的签证一次入境有效，签证注明的停留期限不得超过三十日。

第二十一条　外国人有下列情形之一的，不予签发签证：

（一）被处驱逐出境或者被决定遣送出境，未满不准入境规定年限的；

（二）患有严重精神障碍、传染性肺结核病或者有可能对公共卫生造成重大危害的其他传染病的；

（三）可能危害中国国家安全和利益、破坏社会公共秩序或者从事其他违法犯罪活动的；

（四）在申请签证过程中弄虚作假或者不能保障在中国境内期间所需费用的；

（五）不能提交签证机关要求提交的相关材料的；

（六）签证机关认为不宜签发签证的其他情形。

对不予签发签证的，签证机关可以不说明理由。

第二十二条　外国人有下列情形之一的，可以免办签证：

（一）根据中国政府与其他国家政府签订的互免签证协议，属于免办签证人员的；

（二）持有效的外国人居留证件的；

（三）持联程客票搭乘国际航行的航空器、船舶、列车从中国过境前往第三国或者地区，在中国境内停留不超过二十四小时且不离开口岸，或者在国务院批准的特定区域内停留不超过规定时限的；

（四）国务院规定的可以免办签证的其他情形。

第二十三条　有下列情形之一的外国人需要临时入境的，应当向出入境边防检查机关申请办理临时入境手续：

（一）外国船员及其随行家属登陆港口所在城市的；

（二）本法第二十二条第三项规定的人员需要离开口岸的；

（三）因不可抗力或者其他紧急原因需要临时入境的。

临时入境的期限不得超过十五日。

对申请办理临时入境手续的外国人，出入境边防检查机关可以要求外国人本人、载运其入境的交通运输工具的负责人或者交通运输工具出境入境业务代理单位提供必要的保证措施。

第二节　入境出境

第二十四条　外国人入境，应当向出入境边防检查机关交验本人的护照或者其他国际旅行证件、签证或者其他入境许可证明，履行规定的手续，经查验准许，方可入境。

第二十五条　外国人有下列情形之一的，不准入境：

（一）未持有效出境入境证件或者拒绝、逃避接受边防检查的；

（二）具有本法第二十一条第一款第一项至第四项规定情形的；

（三）入境后可能从事与签证种类不符的活动的；

（四）法律、行政法规规定不准入境的其他情形。

对不准入境的，出入境边防检查机关可以不说明理由。

第二十六条　对未被准许入境的外国人，出入境边防检查机关应当责令其返回；对拒不返回的，强制其返回。外国人等待返回期间，不得离开限定的区域。

第二十七条　外国人出境，应当向出入境边防检查机关交验本人的护照或者其他国际旅行证件等出境入境证件，履行规定的手续，经查验准许，方可出境。

第二十八条　外国人有下列情形之一的，不准出境：

（一）被判处刑罚尚未执行完毕或者属于刑事案件被告人、犯罪嫌疑人的，但是按照中国与外国签订的有关协议，移管被判刑人的除外；

（二）有未了结的民事案件，人民法院决定不准出境的；

（三）拖欠劳动者的劳动报酬，经国务院有关部门或者省、自治区、直辖市人民政府决定不准出境的；

（四）法律、行政法规规定不准出境的其他情形。

第四章 外国人停留居留

第一节 停留居留

第二十九条 外国人所持签证注明的停留期限不超过一百八十日的，持证人凭签证并按照签证注明的停留期限在中国境内停留。

需要延长签证停留期限的，应当在签证注明的停留期限届满七日前向停留地县级以上地方人民政府公安机关出入境管理机构申请，按照要求提交申请事由的相关材料。经审查，延期理由合理、充分的，准予延长停留期限；不予延长停留期限的，应当按期离境。

延长签证停留期限，累计不得超过签证原注明的停留期限。

第三十条 外国人所持签证注明入境后需要办理居留证件的，应当自入境之日起三十日内，向拟居留地县级以上地方人民政府公安机关出入境管理机构申请办理外国人居留证件。

申请办理外国人居留证件，应当提交本人的护照或者其他国际旅行证件，以及申请事由的相关材料，并留存指纹等人体生物识别信息。公安机关出入境管理机构应当自收到申请材料之日起十五日内进行审查并作出审查决定，根据居留事由签发相应类别和期限的外国人居留证件。

外国人工作类居留证件的有效期最短为九十日，最长为五年；非工作类居留证件的有效期最短为一百八十日，最长为五年。

第三十一条 外国人有下列情形之一的，不予签发外国人居留证件：

（一）所持签证类别属于不应办理外国人居留证件的；

（二）在申请过程中弄虚作假的；
（三）不能按照规定提供相关证明材料的；
（四）违反中国有关法律、行政法规，不适合在中国境内居留的；
（五）签发机关认为不宜签发外国人居留证件的其他情形。

符合国家规定的专门人才、投资者或者出于人道等原因确需由停留变更为居留的外国人，经设区的市级以上地方人民政府公安机关出入境管理机构批准可以办理外国人居留证件。

第三十二条　在中国境内居留的外国人申请延长居留期限的，应当在居留证件有效期限届满三十日前向居留地县级以上地方人民政府公安机关出入境管理机构提出申请，按照要求提交申请事由的相关材料。经审查，延期理由合理、充分的，准予延长居留期限；不予延长居留期限的，应当按期离境。

第三十三条　外国人居留证件的登记项目包括：持有人姓名、性别、出生日期、居留事由、居留期限、签发日期、地点，护照或者其他国际旅行证件号码等。

外国人居留证件登记事项发生变更的，持证件人应当自登记事项发生变更之日起十日内向居留地县级以上地方人民政府公安机关出入境管理机构申请办理变更。

第三十四条　免办签证入境的外国人需要超过免签期限在中国境内停留的，外国船员及其随行家属在中国境内停留需要离开港口所在城市，或者具有需要办理外国人停留证件其他情形的，应当按照规定办理外国人停留证件。

外国人停留证件的有效期最长为一百八十日。

第三十五条　外国人入境后，所持的普通签证、停留居留证件损毁、遗失、被盗抢或者有符合国家规定的事由需要换发、补发的，应当按照规定向停留居留地县级以上地方人民政府公安机关出入境管理机构提出申请。

第三十六条　公安机关出入境管理机构作出的不予办理普通签证延期、换发、补发，不予办理外国人停留居留证件、不予延长居留期限的决定为最终决定。

第三十七条　外国人在中国境内停留居留，不得从事与停留居留事由不相符的活动，并应当在规定的停留居留期限届满前离境。

第三十八条　年满十六周岁的外国人在中国境内停留居留，应当随身携带本人的护照或者其他国际旅行证件，或者外国人停留居留证件，接受公安机关的查验。

在中国境内居留的外国人，应当在规定的时间内到居留地县级以上地方人民政府公安机关交验外国人居留证件。

第三十九条　外国人在中国境内旅馆住宿的，旅馆应当按照旅馆业治安管理的有关规定为其办理住宿登记，并向所在地公安机关报送外国人住宿登记信息。

外国人在旅馆以外的其他住所居住或者住宿的，应当在入住后二十四小时内由本人或者留宿人，向居住地的公安机关办理登记。

第四十条　在中国境内出生的外国婴儿，其父母或者代理人应当在婴儿出生六十日内，持该婴儿的出生证明到父母停留居留地县级以上地方人民政府公安机关出入境管理机构为其办理停留或者居留登记。

外国人在中国境内死亡的，其家属、监护人或者代理人，应当按照规定，持该外国人的死亡证明向县级以上地方人民政府公安机关出入境管理机构申报，注销外国人停留居留证件。

第四十一条　外国人在中国境内工作，应当按照规定取得工作许可和工作类居留证件。任何单位和个人不得聘用未取得工作许可和工作类居留证件的外国人。

外国人在中国境内工作管理办法由国务院规定。

第四十二条　国务院人力资源社会保障主管部门、外国专家主管部门会同国务院有关部门根据经济社会发展需要和人力资源供求状况制定并定期调整外国人在中国境内工作指导目录。

国务院教育主管部门会同国务院有关部门建立外国留学生勤工助学管理制度，对外国留学生勤工助学的岗位范围和时限作出规定。

第四十三条　外国人有下列行为之一的，属于非法就业：

（一）未按照规定取得工作许可和工作类居留证件在中国境内工作的；

（二）超出工作许可限定范围在中国境内工作的；

（三）外国留学生违反勤工助学管理规定，超出规定的岗位范围或者时限在中国境内工作的。

第四十四条 根据维护国家安全、公共安全的需要，公安机关、国家安全机关可以限制外国人、外国机构在某些地区设立居住或者办公场所；对已经设立的，可以限期迁离。

未经批准，外国人不得进入限制外国人进入的区域。

第四十五条 聘用外国人工作或者招收外国留学生的单位，应当按照规定向所在地公安机关报告有关信息。

公民、法人或者其他组织发现外国人有非法入境、非法居留、非法就业情形的，应当及时向所在地公安机关报告。

第四十六条 申请难民地位的外国人，在难民地位甄别期间，可以凭公安机关签发的临时身份证明在中国境内停留；被认定为难民的外国人，可以凭公安机关签发的难民身份证件在中国境内停留居留。

第二节　永久居留

第四十七条 对中国经济社会发展作出突出贡献或者符合其他在中国境内永久居留条件的外国人，经本人申请和公安部批准，取得永久居留资格。

外国人在中国境内永久居留的审批管理办法由公安部、外交部会同国务院有关部门规定。

第四十八条 取得永久居留资格的外国人，凭永久居留证件在中国境内居留和工作，凭本人的护照和永久居留证件出境入境。

第四十九条 外国人有下列情形之一的，由公安部决定取消其在中国境内永久居留资格：

（一）对中国国家安全和利益造成危害的；

（二）被处驱逐出境的；

（三）弄虚作假骗取在中国境内永久居留资格的；

（四）在中国境内居留未达到规定时限的；

（五）不适宜在中国境内永久居留的其他情形。

第五章 交通运输工具出境入境边防检查

第五十条 出境入境交通运输工具离开、抵达口岸时,应当接受边防检查。对交通运输工具的入境边防检查,在其最先抵达的口岸进行;对交通运输工具的出境边防检查,在其最后离开的口岸进行。特殊情况下,可以在有关主管机关指定的地点进行。

出境的交通运输工具自出境检查后至出境前,入境的交通运输工具自入境后至入境检查前,未经出入境边防检查机关按照规定程序许可,不得上下人员、装卸货物或者物品。

第五十一条 交通运输工具负责人或者交通运输工具出境入境业务代理单位应当按照规定提前向出入境边防检查机关报告入境、出境的交通运输工具抵达、离开口岸的时间和停留地点,如实申报员工、旅客、货物或者物品等信息。

第五十二条 交通运输工具负责人、交通运输工具出境入境业务代理单位应当配合出境入境边防检查,发现违反本法规定行为的,应当立即报告并协助调查处理。

入境交通运输工具载运不准入境人员的,交通运输工具负责人应当负责载离。

第五十三条 出入境边防检查机关按照规定对处于下列情形之一的出境入境交通运输工具进行监护:

(一)出境的交通运输工具在出境边防检查开始后至出境前、入境的交通运输工具在入境后至入境边防检查完成前;

(二)外国船舶在中国内河航行期间;

(三)有必要进行监护的其他情形。

第五十四条 因装卸物品、维修作业、参观访问等事由需要上下外国船舶的人员,应当向出入境边防检查机关申请办理登轮证件。

中国船舶与外国船舶或者外国船舶之间需要搭靠作业的,应当由船长或者交通运输工具出境入境业务代理单位向出入境边防检查机关申请办理船舶搭靠手续。

第五十五条　外国船舶、航空器在中国境内应当按照规定的路线、航线行驶。

出境入境的船舶、航空器不得驶入对外开放口岸以外地区。因不可预见的紧急情况或者不可抗力驶入的，应当立即向就近的出入境边防检查机关或者当地公安机关报告，并接受监护和管理。

第五十六条　交通运输工具有下列情形之一的，不准出境入境；已经驶离口岸的，可以责令返回：

（一）离开、抵达口岸时，未经查验准许擅自出境入境的；

（二）未经批准擅自改变出境入境口岸的；

（三）涉嫌载有不准出境入境人员，需要查验核实的；

（四）涉嫌载有危害国家安全、利益和社会公共秩序的物品，需要查验核实的；

（五）拒绝接受出入境边防检查机关管理的其他情形。

前款所列情形消失后，出入境边防检查机关对有关交通运输工具应当立即放行。

第五十七条　从事交通运输工具出境入境业务代理的单位，应当向出入境边防检查机关备案。从事业务代理的人员，由所在单位向出入境边防检查机关办理备案手续。

第六章　调查和遣返

第五十八条　本章规定的当场盘问、继续盘问、拘留审查、限制活动范围、遣送出境措施，由县级以上地方人民政府公安机关或者出入境边防检查机关实施。

第五十九条　对涉嫌违反出境入境管理的人员，可以当场盘问；经当场盘问，有下列情形之一的，可以依法继续盘问：

（一）有非法出境入境嫌疑的；

（二）有协助他人非法出境入境嫌疑的；

（三）外国人有非法居留、非法就业嫌疑的；

（四）有危害国家安全和利益，破坏社会公共秩序或者从事其他违法犯罪活动嫌疑的。

当场盘问和继续盘问应当依据《中华人民共和国人民警察法》规定的程序进行。

县级以上地方人民政府公安机关或者出入境边防检查机关需要传唤涉嫌违反出境入境管理的人员的，依照《中华人民共和国治安管理处罚法》的有关规定执行。

第六十条 外国人有本法第五十九条第一款规定情形之一的，经当场盘问或者继续盘问后仍不能排除嫌疑，需要作进一步调查的，可以拘留审查。

实施拘留审查，应当出示拘留审查决定书，并在二十四小时内进行询问。发现不应当拘留审查的，应当立即解除拘留审查。

拘留审查的期限不得超过三十日；案情复杂的，经上一级地方人民政府公安机关或者出入境边防检查机关批准可以延长至六十日。对国籍、身份不明的外国人，拘留审查期限自查清其国籍、身份之日起计算。

第六十一条 外国人有下列情形之一的，不适用拘留审查，可以限制其活动范围：

（一）患有严重疾病的；

（二）怀孕或者哺乳自己不满一周岁婴儿的；

（三）未满十六周岁或者已满七十周岁的；

（四）不宜适用拘留审查的其他情形。

被限制活动范围的外国人，应当按照要求接受审查，未经公安机关批准，不得离开限定的区域。限制活动范围的期限不得超过六十日。对国籍、身份不明的外国人，限制活动范围期限自查清其国籍、身份之日起计算。

第六十二条 外国人有下列情形之一的，可以遣送出境：

（一）被处限期出境，未在规定期限内离境的；

（二）有不准入境情形的；

（三）非法居留、非法就业的；

（四）违反本法或者其他法律、行政法规需要遣送出境的。

其他境外人员有前款所列情形之一的，可以依法遣送出境。

被遣送出境的人员，自被遣送出境之日起一至五年内不准入境。

第六十三条　被拘留审查或者被决定遣送出境但不能立即执行的人员，应当羁押在拘留所或者遣返场所。

第六十四条　外国人对依照本法规定对其实施的继续盘问、拘留审查、限制活动范围、遣送出境措施不服的，可以依法申请行政复议，该行政复议决定为最终决定。

其他境外人员对依照本法规定对其实施的遣送出境措施不服，申请行政复议的，适用前款规定。

第六十五条　对依法决定不准出境或者不准入境的人员，决定机关应当按照规定及时通知出入境边防检查机关；不准出境、入境情形消失的，决定机关应当及时撤销不准出境、入境决定，并通知出入境边防检查机关。

第六十六条　根据维护国家安全和出境入境管理秩序的需要，必要时，出入境边防检查机关可以对出境入境的人员进行人身检查。人身检查应当由两名与受检查人同性别的边防检查人员进行。

第六十七条　签证、外国人停留居留证件等出境入境证件发生损毁、遗失、被盗抢或者签发后发现持证人不符合签发条件等情形的，由签发机关宣布该出境入境证件作废。

伪造、变造、骗取或者被证件签发机关宣布作废的出境入境证件无效。

公安机关可以对前款规定的或被他人冒用的出境入境证件予以注销或者收缴。

第六十八条　对用于组织、运送、协助他人非法出境入境的交通运输工具，以及需要作为办案证据的物品，公安机关可以扣押。

对查获的违禁物品，涉及国家秘密的文件、资料以及用于实施违反出境入境管理活动的工具等，公安机关应当予以扣押，并依照相关法律、行政法规规定处理。

第六十九条　出境入境证件的真伪由签发机关、出入境边防检查机关或者公安机关出入境管理机构认定。

第七章 法律责任

第七十条 本章规定的行政处罚,除本章另有规定外,由县级以上地方人民政府公安机关或者出入境边防检查机关决定;其中警告或者五千元以下罚款,可以由县级以上地方人民政府公安机关出入境管理机构决定。

第七十一条 有下列行为之一的,处一千元以上五千元以下罚款;情节严重的,处五日以上十日以下拘留,可以并处二千元以上一万元以下罚款:

(一)持用伪造、变造、骗取的出境入境证件出境入境的;

(二)冒用他人出境入境证件出境入境的;

(三)逃避出境入境边防检查的;

(四)以其他方式非法出境入境的。

第七十二条 协助他人非法出境入境的,处二千元以上一万元以下罚款;情节严重的,处十日以上十五日以下拘留,并处五千元以上二万元以下罚款,有违法所得的,没收违法所得。

单位有前款行为的,处一万元以上五万元以下罚款,有违法所得的,没收违法所得,并对其直接负责的主管人员和其他直接责任人员依照前款规定予以处罚。

第七十三条 弄虚作假骗取签证、停留居留证件等出境入境证件的,处二千元以上五千元以下罚款;情节严重的,处十日以上十五日以下拘留,并处五千元以上二万元以下罚款。

单位有前款行为的,处一万元以上五万元以下罚款,并对其直接负责的主管人员和其他直接责任人员依照前款规定予以处罚。

第七十四条 违反本法规定,为外国人出具邀请函件或者其他申请材料的,处五千元以上一万元以下罚款,有违法所得的,没收违法所得,并责令其承担所邀请外国人的出境费用。

单位有前款行为的,处一万元以上五万元以下罚款,有违法所得的,没收违法所得,并责令其承担所邀请外国人的出境费用,对其直接负责的主管人员和其他直接责任人员依照前款规定予以处罚。

第七十五条 中国公民出境后非法前往其他国家或者地区被遣返的，出入境边防检查机关应当收缴其出境入境证件，出境入境证件签发机关自其被遣返之日起六个月至三年以内不予签发出境入境证件。

第七十六条 有下列情形之一的，给予警告，可以并处二千元以下罚款：

（一）外国人拒不接受公安机关查验其出境入境证件的；

（二）外国人拒不交验居留证件的；

（三）未按照规定办理外国人出生登记、死亡申报的；

（四）外国人居留证件登记事项发生变更，未按照规定办理变更的；

（五）在中国境内的外国人冒用他人出境入境证件的；

（六）未按照本法第三十九条第二款规定办理登记的。

旅馆未按照规定办理外国人住宿登记的，依照《中华人民共和国治安管理处罚法》的有关规定予以处罚；未按照规定向公安机关报送外国人住宿登记信息的，给予警告；情节严重的，处一千元以上五千元以下罚款。

第七十七条 外国人未经批准，擅自进入限制外国人进入的区域，责令立即离开；情节严重的，处五日以上十日以下拘留。对外国人非法获取的文字记录、音像资料、电子数据和其他物品，予以收缴或者销毁，所用工具予以收缴。

外国人、外国机构违反本法规定，拒不执行公安机关、国家安全机关限期迁离决定的，给予警告并强制迁离；情节严重的，对有关责任人员处五日以上十五日以下拘留。

第七十八条 外国人非法居留的，给予警告；情节严重的，处每非法居留一日五百元，总额不超过一万元的罚款或者五日以上十五日以下拘留。

因监护人或者其他负有监护责任的人未尽到监护义务，致使未满十六周岁的外国人非法居留的，对监护人或者其他负有监护责任的人给予警告，可以并处一千元以下罚款。

第七十九条　容留、藏匿非法入境、非法居留的外国人，协助非法入境、非法居留的外国人逃避检查，或者为非法居留的外国人违法提供出境入境证件的，处二千元以上一万元以下罚款；情节严重的，处五日以上十五日以下拘留，并处五千元以上二万元以下罚款，有违法所得的，没收违法所得。

单位有前款行为的，处一万元以上五万元以下罚款，有违法所得的，没收违法所得，并对其直接负责的主管人员和其他直接责任人员依照前款规定予以处罚。

第八十条　外国人非法就业的，处五千元以上二万元以下罚款；情节严重的，处五日以上十五日以下拘留，并处五千元以上二万元以下罚款。

介绍外国人非法就业的，对个人处每非法介绍一人五千元，总额不超过五万元的罚款；对单位处每非法介绍一人五千元，总额不超过十万元的罚款；有违法所得的，没收违法所得。

非法聘用外国人的，处每非法聘用一人一万元，总额不超过十万元的罚款；有违法所得的，没收违法所得。

第八十一条　外国人从事与停留居留事由不相符的活动，或者有其他违反中国法律、法规规定，不适宜在中国境内继续停留居留情形的，可以处限期出境。

外国人违反本法规定，情节严重，尚不构成犯罪的，公安部可以处驱逐出境。公安部的处罚决定为最终决定。

被驱逐出境的外国人，自被驱逐出境之日起十年内不准入境。

第八十二条　有下列情形之一的，给予警告，可以并处二千元以下罚款：

（一）扰乱口岸限定区域管理秩序的；

（二）外国船员及其随行家属未办理临时入境手续登陆的；

（三）未办理登轮证件上下外国船舶的。

违反前款第一项规定，情节严重的，可以并处五日以上十日以下拘留。

第八十三条　交通运输工具有下列情形之一的，对其负责人处五千元以上五万元以下罚款：

（一）未经查验准许擅自出境入境或者未经批准擅自改变出境入境口岸的；

（二）未按照规定如实申报员工、旅客、货物或者物品等信息，或者拒绝协助出境入境边防检查的；

（三）违反出境入境边防检查规定上下人员、装卸货物或者物品的。

出境入境交通运输工具载运不准出境入境人员出境入境的，处每载运一人五千元以上一万元以下罚款。交通运输工具负责人证明其已经采取合理预防措施的，可以减轻或者免予处罚。

第八十四条　交通运输工具有下列情形之一的，对其负责人处二千元以上二万元以下罚款：

（一）中国或者外国船舶未经批准擅自搭靠外国船舶的；

（二）外国船舶、航空器在中国境内未按照规定的路线、航线行驶的；

（三）出境入境的船舶、航空器违反规定驶入对外开放口岸以外地区的。

第八十五条　履行出境入境管理职责的工作人员，有下列行为之一的，依法给予处分：

（一）违反法律、行政法规，为不符合规定条件的外国人签发签证、外国人停留居留证件等出境入境证件的；

（二）违反法律、行政法规，审核验放不符合规定条件的人员或者交通运输工具出境入境的；

（三）泄露在出境入境管理工作中知悉的个人信息，侵害当事人合法权益的；

（四）不按照规定将依法收取的费用、收缴的罚款及没收的违法所得、非法财物上缴国库的；

（五）私分、侵占、挪用罚没、扣押的款物或者收取的费用的；

（六）滥用职权、玩忽职守、徇私舞弊，不依法履行法定职责的其他行为。

第八十六条　对违反出境入境管理行为处五百元以下罚款的,出入境边防检查机关可以当场作出处罚决定。

第八十七条　对违反出境入境管理行为处罚款的,被处罚人应当自收到处罚决定书之日起十五日内,到指定的银行缴纳罚款。被处罚人在所在地没有固定住所,不当场收缴罚款事后难以执行或者在口岸向指定银行缴纳罚款确有困难的,可以当场收缴。

第八十八条　违反本法规定,构成犯罪的,依法追究刑事责任。

第八章　附　则

第八十九条　本法下列用语的含义:

出境,是指由中国内地前往其他国家或者地区,由中国内地前往香港特别行政区、澳门特别行政区,由中国大陆前往台湾地区。

入境,是指由其他国家或者地区进入中国内地,由香港特别行政区、澳门特别行政区进入中国内地,由台湾地区进入中国大陆。

外国人,是指不具有中国国籍的人。

第九十条　经国务院批准,同毗邻国家接壤的省、自治区可以根据中国与有关国家签订的边界管理协定制定地方性法规、地方政府规章,对两国边境接壤地区的居民往来作出规定。

第九十一条　外国驻中国的外交代表机构、领事机构成员以及享有特权和豁免的其他外国人,其入境出境及停留居留管理,其他法律另有规定的,依照其规定。

第九十二条　外国人申请办理签证、外国人停留居留证件等出境入境证件或者申请办理证件延期、变更的,应当按照规定缴纳签证费、证件费。

第九十三条　本法自2013年7月1日起施行。《中华人民共和国外国人入境出境管理法》和《中华人民共和国公民出境入境管理法》同时废止。

中华人民共和国境外非政府组织境内活动管理法

(2016年4月28日第十二届全国人民代表大会常务委员会第二十次会议通过 根据2017年11月4日第十二届全国人民代表大会常务委员会第三十次会议《关于修改〈中华人民共和国会计法〉等十一部法律的决定》修正)

第一章 总 则

第一条 为了规范、引导境外非政府组织在中国境内的活动，保障其合法权益，促进交流与合作，制定本法。

第二条 境外非政府组织在中国境内开展活动适用本法。

本法所称境外非政府组织，是指在境外合法成立的基金会、社会团体、智库机构等非营利、非政府的社会组织。

第三条 境外非政府组织依照本法可以在经济、教育、科技、文化、卫生、体育、环保等领域和济困、救灾等方面开展有利于公益事业发展的活动。

第四条 境外非政府组织在中国境内依法开展活动，受法律保护。

第五条 境外非政府组织在中国境内开展活动应当遵守中国法律，不得危害中国的国家统一、安全和民族团结，不得损害中国国家利益、社会公共利益和公民、法人以及其他组织的合法权益。

境外非政府组织在中国境内不得从事或者资助营利性活动、政治活动，不得非法从事或者资助宗教活动。

第六条 国务院公安部门和省级人民政府公安机关，是境外非政府组织在中国境内开展活动的登记管理机关。

国务院有关部门和单位、省级人民政府有关部门和单位，是境外非政府组织在中国境内开展活动的相应业务主管单位。

第七条 县级以上人民政府公安机关和有关部门在各自职责范围内对境外非政府组织在中国境内开展活动依法实施监督管理、提供服务。

国家建立境外非政府组织监督管理工作协调机制,负责研究、协调、解决境外非政府组织在中国境内开展活动监督管理和服务便利中的重大问题。

第八条 国家对为中国公益事业发展做出突出贡献的境外非政府组织给予表彰。

第二章 登记和备案

第九条 境外非政府组织在中国境内开展活动,应当依法登记设立代表机构;未登记设立代表机构需要在中国境内开展临时活动的,应当依法备案。

境外非政府组织未登记设立代表机构、开展临时活动未经备案的,不得在中国境内开展或者变相开展活动,不得委托、资助或者变相委托、资助中国境内任何单位和个人在中国境内开展活动。

第十条 境外非政府组织符合下列条件,根据业务范围、活动地域和开展活动的需要,可以申请在中国境内登记设立代表机构:

(一)在境外合法成立;
(二)能够独立承担民事责任;
(三)章程规定的宗旨和业务范围有利于公益事业发展;
(四)在境外存续二年以上并实质性开展活动;
(五)法律、行政法规规定的其他条件。

第十一条 境外非政府组织申请登记设立代表机构,应当经业务主管单位同意。

业务主管单位的名录由国务院公安部门和省级人民政府公安机关会同有关部门公布。

第十二条 境外非政府组织应当自业务主管单位同意之日起三十日内,向登记管理机关申请设立代表机构登记。申请设立代表机构登记，应当向登记管理机关提交下列文件、材料：

（一）申请书；

（二）符合本法第十条规定的证明文件、材料；

（三）拟设代表机构首席代表的身份证明、简历及其无犯罪记录证明材料或者声明；

（四）拟设代表机构的住所证明材料；

（五）资金来源证明材料；

（六）业务主管单位的同意文件；

（七）法律、行政法规规定的其他文件、材料。

登记管理机关审查境外非政府组织代表机构设立申请，根据需要可以组织专家进行评估。

登记管理机关应当自受理申请之日起六十日内作出准予登记或者不予登记的决定。

第十三条　对准予登记的境外非政府组织代表机构，登记管理机关发给登记证书，并向社会公告。登记事项包括：

（一）名称；

（二）住所；

（三）业务范围；

（四）活动地域；

（五）首席代表；

（六）业务主管单位。

境外非政府组织代表机构凭登记证书依法办理税务登记，刻制印章，在中国境内的银行开立银行账户，并将税务登记证件复印件、印章式样以及银行账户报登记管理机关备案。

第十四条　境外非政府组织代表机构需要变更登记事项的，应当自业务主管单位同意之日起三十日内，向登记管理机关申请变更登记。

第十五条　有下列情形之一的，境外非政府组织代表机构由登记管理机关注销登记，并向社会公告：

（一）境外非政府组织撤销代表机构的；

（二）境外非政府组织终止的；

（三）境外非政府组织代表机构依法被撤销登记或者吊销登记证书的；

（四）由于其他原因终止的。

境外非政府组织代表机构注销登记后，设立该代表机构的境外非政府组织应当妥善办理善后事宜。境外非政府组织代表机构不具有法人资格，涉及相关法律责任的，由该境外非政府组织承担。

第十六条　境外非政府组织未在中国境内设立代表机构，在中国境内开展临时活动的，应当与中国的国家机关、人民团体、事业单位、社会组织（以下称中方合作单位）合作进行。

第十七条　境外非政府组织开展临时活动，中方合作单位应当按照国家规定办理审批手续，并在开展临时活动十五日前向其所在地的登记管理机关备案。备案应当提交下列文件、材料：

（一）境外非政府组织合法成立的证明文件、材料；

（二）境外非政府组织与中方合作单位的书面协议；

（三）临时活动的名称、宗旨、地域和期限等相关材料；

（四）项目经费、资金来源证明材料及中方合作单位的银行账户；

（五）中方合作单位获得批准的文件；

（六）法律、行政法规规定的其他文件、材料。

在赈灾、救援等紧急情况下，需要开展临时活动的，备案时间不受前款规定的限制。

临时活动期限不超过一年，确实需要延长期限的，应当重新备案。

登记管理机关认为备案的临时活动不符合本法第五条规定的，应当及时通知中方合作单位停止临时活动。

第三章　活 动 规 范

第十八条　境外非政府组织代表机构应当以登记的名称，在登记的业务范围和活动地域内开展活动。

境外非政府组织不得在中国境内设立分支机构，国务院另有规定的除外。

第十九条 境外非政府组织代表机构应当于每年12月31日前将包含项目实施、资金使用等内容的下一年度活动计划报业务主管单位，业务主管单位同意后十日内报登记管理机关备案。特殊情况下需要调整活动计划的，应当及时向登记管理机关备案。

第二十条 境外非政府组织在中国境内开展活动不得对中方合作单位、受益人附加违反中国法律法规的条件。

第二十一条 境外非政府组织在中国境内活动资金包括：

（一）境外合法来源的资金；

（二）中国境内的银行存款利息；

（三）中国境内合法取得的其他资金。

境外非政府组织在中国境内活动不得取得或者使用前款规定以外的资金。

境外非政府组织及其代表机构不得在中国境内进行募捐。

第二十二条 设立代表机构的境外非政府组织应当通过代表机构在登记管理机关备案的银行账户管理用于中国境内的资金。

开展临时活动的境外非政府组织应当通过中方合作单位的银行账户管理用于中国境内的资金，实行单独记账，专款专用。

未经前两款规定的银行账户，境外非政府组织、中方合作单位和个人不得以其他任何形式在中国境内进行项目活动资金的收付。

第二十三条 境外非政府组织应当按照代表机构登记的业务范围、活动地域或者与中方合作单位协议的约定使用资金。

第二十四条 境外非政府组织代表机构应当执行中国统一的会计制度。财务会计报告应当经中国境内会计师事务所审计。

第二十五条 境外非政府组织在中国境内开展活动，应当按照中国有关外汇管理的规定办理外汇收支。

第二十六条 境外非政府组织代表机构应当依法办理税务登记、纳税申报和税款缴纳等事项。

第二十七条 境外非政府组织代表机构在中国境内聘用工作人员应当遵守法律、行政法规，并将聘用的工作人员信息报业务主管单位和登记管理机关备案。

第二十八条 境外非政府组织代表机构、开展临时活动的境外非政府组织不得在中国境内发展会员，国务院另有规定的除外。

第二十九条 境外非政府组织代表机构应当设一名首席代表，可以根据业务需要设一至三名代表。

有下列情形之一的，不得担任首席代表、代表：

（一）无民事行为能力或者限制民事行为能力的；

（二）有犯罪记录的；

（三）依法被撤销登记、吊销登记证书的代表机构的首席代表、代表，自被撤销、吊销之日起未逾五年的；

（四）法律、行政法规规定的其他情形。

第三十条 开展临时活动的境外非政府组织，应当以经备案的名称开展活动。

境外非政府组织、中方合作单位应当于临时活动结束后三十日内将活动情况、资金使用情况等书面报送登记管理机关。

第三十一条 境外非政府组织代表机构应当于每年 1 月 31 日前向业务主管单位报送上一年度工作报告，经业务主管单位出具意见后，于 3 月 31 日前报送登记管理机关，接受年度检查。

年度工作报告应当包括经审计的财务会计报告、开展活动的情况以及人员和机构变动的情况等内容。

境外非政府组织代表机构应当将年度工作报告在登记管理机关统一的网站上向社会公开。

第三十二条 中国境内任何单位和个人不得接受未登记代表机构、开展临时活动未经备案的境外非政府组织的委托、资助，代理或者变相代理境外非政府组织在中国境内开展活动。

第四章 便利措施

第三十三条 国家保障和支持境外非政府组织在中国境内依法开展活动。各级人民政府有关部门应当为境外非政府组织在中国境内依法开展活动提供必要的便利和服务。

第三十四条 国务院公安部门和省级人民政府公安机关会同有关部门制定境外非政府组织活动领域和项目目录，公布业务主管单位名录，为境外非政府组织开展活动提供指引。

第三十五条 县级以上人民政府有关部门应当依法为境外非政府组织提供政策咨询、活动指导服务。

登记管理机关应当通过统一的网站，公布境外非政府组织申请设立代表机构以及开展临时活动备案的程序，供境外非政府组织查询。

第三十六条 境外非政府组织代表机构依法享受税收优惠等政策。

第三十七条 对境外非政府组织代表机构进行年度检查不得收取费用。

第三十八条 境外非政府组织代表机构首席代表和代表中的境外人员，可以凭登记证书、代表证明文件等依法办理就业等工作手续。

第五章 监督管理

第三十九条 境外非政府组织在中国境内开展活动，应当接受公安机关、有关部门和业务主管单位的监督管理。

第四十条 业务主管单位负责对境外非政府组织设立代表机构、变更登记事项、年度工作报告提出意见，指导、监督境外非政府组织及其代表机构依法开展活动，协助公安机关等部门查处境外非政府组织及其代表机构的违法行为。

第四十一条 公安机关负责境外非政府组织代表机构的登记、年度检查，境外非政府组织临时活动的备案，对境外非政府组织及其代表机构的违法行为进行查处。

公安机关履行监督管理职责，发现涉嫌违反本法规定行为的，可以依法采取下列措施：

（一）约谈境外非政府组织代表机构的首席代表以及其他负责人；

（二）进入境外非政府组织在中国境内的住所、活动场所进行现场检查；

（三）询问与被调查事件有关的单位和个人，要求其对与被调查事件有关的事项作出说明；

（四）查阅、复制与被调查事件有关的文件、资料，对可能被转移、销毁、隐匿或者篡改的文件、资料予以封存；

（五）查封或者扣押涉嫌违法活动的场所、设施或者财物。

第四十二条　公安机关可以查询与被调查事件有关的单位和个人的银行账户，有关金融机构、金融监督管理机构应当予以配合。对涉嫌违法活动的银行账户资金，经设区的市级以上人民政府公安机关负责人批准，可以提请人民法院依法冻结；对涉嫌犯罪的银行账户资金，依照《中华人民共和国刑事诉讼法》的规定采取冻结措施。

第四十三条　国家安全、外交外事、财政、金融监督管理、海关、税务、外国专家等部门按照各自职责对境外非政府组织及其代表机构依法实施监督管理。

第四十四条　国务院反洗钱行政主管部门依法对境外非政府组织代表机构、中方合作单位以及接受境外非政府组织资金的中国境内单位和个人开立、使用银行账户过程中遵守反洗钱和反恐怖主义融资法律规定的情况进行监督管理。

第六章　法律责任

第四十五条　境外非政府组织代表机构、开展临时活动的境外非政府组织或者中方合作单位有下列情形之一的，由设区的市级以上人民政府公安机关给予警告或者责令限期停止活动；没收非法财物和违法所得；情节严重的，由登记管理机关吊销登记证书、取缔临时活动：

（一）未按照规定办理变更登记、备案相关事项的；

（二）未按照登记或者备案的名称、业务范围、活动地域开展活动的；

（三）从事、资助营利性活动，进行募捐或者违反规定发展会员的；

（四）违反规定取得、使用资金，未按照规定开立、使用银行账户或者进行会计核算的；

（五）未按照规定报送年度活动计划、报送或者公开年度工作报告的；

（六）拒不接受或者不按照规定接受监督检查的。

境外非政府组织代表机构、开展临时活动的境外非政府组织或者中方合作单位以提供虚假材料等非法手段，取得代表机构登记证书或者进行临时活动备案的，或者有伪造、变造、买卖、出租、出借登记证书、印章行为的，依照前款规定处罚。

第四十六条　有下列情形之一的，由设区的市级以上人民政府公安机关予以取缔或者责令停止违法行为；没收非法财物和违法所得；对直接责任人员给予警告，情节严重的，处十日以下拘留：

（一）未经登记、备案，以境外非政府组织代表机构、境外非政府组织名义开展活动的；

（二）被撤销登记、吊销登记证书或者注销登记后以境外非政府组织代表机构名义开展活动的；

（三）境外非政府组织临时活动期限届满或者临时活动被取缔后在中国境内开展活动的；

（四）境外非政府组织未登记代表机构、临时活动未备案，委托、资助中国境内单位和个人在中国境内开展活动的。

中国境内单位和个人明知境外非政府组织未登记代表机构、临时活动未备案，与其合作的，或者接受其委托、资助，代理或者变相代理其开展活动、进行项目活动资金收付的，依照前款规定处罚。

第四十七条　境外非政府组织、境外非政府组织代表机构有下列情形之一的，由登记管理机关吊销登记证书或者取缔临时活动；尚不构成犯罪的，由设区的市级以上人民政府公安机关对直接责任人员处十五日以下拘留：

（一）煽动抗拒法律、法规实施的；

（二）非法获取国家秘密的；

（三）造谣、诽谤或者发表、传播其他有害信息，危害国家安全或者损害国家利益的；

（四）从事或者资助政治活动，非法从事或者资助宗教活动的；

（五）有其他危害国家安全、损害国家利益或者社会公共利益情形的。

境外非政府组织、境外非政府组织代表机构有分裂国家、破坏国家统一、颠覆国家政权等犯罪行为的，由登记管理机关依照前款规定处罚，对直接责任人员依法追究刑事责任。

第四十八条　境外非政府组织、境外非政府组织代表机构违反本法规定被撤销登记、吊销登记证书或者临时活动被取缔的，自被撤销、吊销、取缔之日起五年内，不得在中国境内再设立代表机构或者开展临时活动。

未登记代表机构或者临时活动未备案开展活动的境外非政府组织，自活动被取缔之日起五年内，不得在中国境内再设立代表机构或者开展临时活动。

有本法第四十七条规定情形之一的境外非政府组织，国务院公安部门可以将其列入不受欢迎的名单，不得在中国境内再设立代表机构或者开展临时活动。

第四十九条　境外非政府组织代表机构被责令限期停止活动的，由登记管理机关封存其登记证书、印章和财务凭证。对被撤销登记、吊销登记证书的，由登记管理机关收缴其登记证书、印章并公告作废。

第五十条　境外人员违反本法规定的，有关机关可以依法限期出境、遣送出境或者驱逐出境。

第五十一条　公安机关、有关部门和业务主管单位及其工作人员在境外非政府组织监督管理工作中，不履行职责或者滥用职权、玩忽职守、徇私舞弊的，依法追究法律责任。

第五十二条　违反本法规定，构成违反治安管理行为的，由公安机关依法给予治安管理处罚；构成犯罪的，依法追究刑事责任。

第七章 附 则

第五十三条 境外学校、医院、自然科学和工程技术的研究机构或者学术组织与境内学校、医院、自然科学和工程技术的研究机构或者学术组织开展交流合作,按照国家有关规定办理。

前款规定的境外学校、医院、机构和组织在中国境内的活动违反本法第五条规定的,依法追究法律责任。

第五十四条 本法自2017年1月1日起施行。

中华人民共和国核安全法

(2017年9月1日第十二届全国人民代表大会常务委员会第二十九次会议通过 2017年9月1日中华人民共和国主席令第73号公布 自2018年1月1日起施行)

第一章 总 则

第一条 【立法目的】为了保障核安全,预防与应对核事故,安全利用核能,保护公众和从业人员的安全与健康,保护生态环境,促进经济社会可持续发展,制定本法。

第二条 【适用范围】在中华人民共和国领域及管辖的其他海域内,对核设施、核材料及相关放射性废物采取充分的预防、保护、缓解和监管等安全措施,防止由于技术原因、人为原因或者自然灾害造成核事故,最大限度减轻核事故情况下的放射性后果的活动,适用本法。

核设施,是指:

(一)核电厂、核热电厂、核供汽供热厂等核动力厂及装置;

(二)核动力厂以外的研究堆、实验堆、临界装置等其他反应堆;

(三)核燃料生产、加工、贮存和后处理设施等核燃料循环设施;

（四）放射性废物的处理、贮存、处置设施。

核材料，是指：

（一）铀-235材料及其制品；

（二）铀-233材料及其制品；

（三）钚-239材料及其制品；

（四）法律、行政法规规定的其他需要管制的核材料。

放射性废物，是指核设施运行、退役产生的，含有放射性核素或者被放射性核素污染，其浓度或者比活度大于国家确定的清洁解控水平，预期不再使用的废弃物。

注释 本条第一款明确了本法适用范围。按照本条第一款的规定，在我国的领陆、领水、领空、驻外使领馆、我国在国外的航行器、飞行器以及毗连区、专属经济区和大陆架等区域和范围的与核安全相关的行为，均适用本法。

第三条 【**核安全观**】国家坚持理性、协调、并进的核安全观，加强核安全能力建设，保障核事业健康发展。

注释 本条是关于核安全观的规定。

核安全观的内涵有以下三个方面：

"理性"旨在突出核能事业安全与发展之间的辩证关系。目前，我国能源结构正处于转型期，核能利用比重逐渐上升，经济发展对核能源需求迫切，但是要以确保安全为前提发展核能事业。为发展求安全、以安全促发展。

"协调"旨在阐明核安全领域国家自主与国际合作的关系。核安全首要责任应该由各国政府承担，各国政府要强化核安全意识，加强机制建设，提升技术水平，根据本国国情采取最适合的核安全政策和举措，履行有关国际义务。

"并进"旨在阐明四个方面的并重：发展与安全并重、权利与义务并重、自主与协作并重，以及治标与治本并重。

第四条 【**核安全方针原则**】从事核事业必须遵循确保安全的方针。

核安全工作必须坚持安全第一、预防为主、责任明确、严格管理、纵深防御、独立监管、全面保障的原则。

第五条　【核安全责任】 核设施营运单位对核安全负全面责任。为核设施营运单位提供设备、工程以及服务等的单位，应当负相应责任。

注释　全面责任是指核设施营运单位对核设施和核活动整个寿期内的核安全——包括其本身所从事活动的核安全以及其委托其他主体从事的核安全相关活动——负有首要责任，该责任不得转托他人。一旦发生有损核安全的后果，核设施营运单位而非其他主体应当承担相应的行政责任、民事责任和刑事责任。

本条第二款规定了核设施的供货商能够和承包商，包括核安全设备制造、安装和无损检验等单位以及提供其他服务的单位，所承担的安全责任。这些单位所提供的产品或者服务质量会影响核安全水平，他们应当依照有关合同约定，遵守核安全法和其他有关法律、法规，加强核安全管理，建立、健全责任制度，保障其从事活动的质量符合规定的要求，对核安全负有其他法律所规定的责任，或合同上双方约定的责任。

第六条　【核安全监督管理】 国务院核安全监督管理部门负责核安全的监督管理。

国务院核工业主管部门、能源主管部门和其他有关部门在各自职责范围内负责有关的核安全管理工作。

国家建立核安全工作协调机制，统筹协调有关部门推进相关工作。

注释　国务院核安全监管部门负责核安全的监督管理，依法对核设施、核活动实施全寿期、全过程监管。对核设施而言，国家核安全局分别对其选址、设计、建造、运行、退役等不同阶段进行审评，并相应颁发许可证件。

国家核安全局对核设施、核活动安全开展全方位安全监管，并不排斥国务院其他有关部门按照各自职责开展监督执法工作。国务院公安部门、卫生主管部门、环境保护主管部门、交通主管部门、安全生产主管部门等其他有关部门，这些部门在各自的职责范围内分别对与核设施、核材料和放射性废物有关活动的在环境保护、工业安全、职业健康、道路运输安全、消防管理、特种设备安全等事项实施监督管理。

> 参见 《中华人民共和国国家安全法》第四十五条

第七条 【核安全规划】国务院核安全监督管理部门会同国务院有关部门编制国家核安全规划，报国务院批准后组织实施。

第八条 【核安全标准】国家坚持从高从严建立核安全标准体系。

国务院有关部门按照职责分工制定核安全标准。核安全标准是强制执行的标准。

核安全标准应当根据经济社会发展和科技进步适时修改。

第九条 【核安全文化】国家制定核安全政策，加强核安全文化建设。

国务院核安全监督管理部门、核工业主管部门和能源主管部门应当建立培育核安全文化的机制。

核设施营运单位和为其提供设备、工程以及服务等的单位应当积极培育和建设核安全文化，将核安全文化融入生产、经营、科研和管理的各个环节。

第十条 【核安全科学研究】国家鼓励和支持核安全相关科学技术的研究、开发和利用，加强知识产权保护，注重核安全人才的培养。

国务院有关部门应当在相关科研规划中安排与核设施、核材料安全和辐射环境监测、评估相关的关键技术研究专项，推广先进、可靠的核安全技术。

核设施营运单位和为其提供设备、工程以及服务等的单位、与核安全有关的科研机构等单位，应当持续开发先进、可靠的核安全技术，充分利用先进的科学技术成果，提高核安全水平。

国务院和省、自治区、直辖市人民政府及其有关部门对在科技创新中做出重要贡献的单位和个人,按照有关规定予以表彰和奖励。

第十一条 【公民保护核设施、核材料义务及获取核安全信息、获得核损害赔偿权利】任何单位和个人不得危害核设施、核材料安全。

公民、法人和其他组织依法享有获取核安全信息的权利,受到核损害的,有依法获得赔偿的权利。

注释 公众获取相关信息,根据自身情况自定规划是一种社会调节的表现,只有享有知情权才能进一步行使参与权,从而对现行制度和政府行为进行监督和提出意见,参与行政管理,从而促进政府民主制度和行为的改进。公众知情权和参与权是公众参与原则的具体体现。它的贯彻和实施情况将直接影响着公众基本权的保障以及核电事业的可持续发展。

发生核事故时,责任人应承担法定赔偿责任,受害人能够依法获得赔偿。它是核安全中"责任原则"的最直接体现,也是"安全原则"的重要补充,调节着营运者、政府、公众三者在发生核损害时的关系。但本法由于各种原因并没有进一步详细规定核损害赔偿的主体、原则、限额等问题。该问题将由将来的原子能法或者专门的核损害赔偿法来进一步明确规范。

第十二条 【核安全保卫】国家加强对核设施、核材料的安全保卫工作。

核设施营运单位应当建立和完善安全保卫制度,采取安全保卫措施,防范对核设施、核材料的破坏、损害和盗窃。

第十三条 【核安全国际交流与合作】国家组织开展与核安全有关的国际交流与合作,完善核安全国际合作机制,防范和应对核恐怖主义威胁,履行中华人民共和国缔结或者参加的国际公约所规定的义务。

第二章 核设施安全

第十四条 【核设施选址、建设与管理】国家对核设施的选址、建设进行统筹规划,科学论证,合理布局。

国家根据核设施的性质和风险程度等因素,对核设施实行分类管理。

第十五条 【核设施营运单位条件】核设施营运单位应当具备保障核设施安全运行的能力,并符合下列条件:

(一) 有满足核安全要求的组织管理体系和质量保证、安全管理、岗位责任等制度;

(二) 有规定数量、合格的专业技术人员和管理人员;

(三) 具备与核设施安全相适应的安全评价、资源配置和财务能力;

(四) 具备必要的核安全技术支撑和持续改进能力;

(五) 具备应急响应能力和核损害赔偿财务保障能力;

(六) 法律、行政法规规定的其他条件。

第十六条 【核设施纵深防御和安全评价】核设施营运单位应当依照法律、行政法规和标准的要求,设置核设施纵深防御体系,有效防范技术原因、人为原因和自然灾害造成的威胁,确保核设施安全。

核设施营运单位应当对核设施进行定期安全评价,并接受国务院核安全监督管理部门的审查。

第十七条 【核安全质量保证体系】核设施营运单位和为其提供设备、工程以及服务等的单位应当建立并实施质量保证体系,有效保证设备、工程和服务等的质量,确保设备的性能满足核安全标准的要求,工程和服务等满足核安全相关要求。

注释 质量保证适用于所有对核安全有重要意义的环节和活动。具体包括组织机构、文件控制、设计控制、采购控制、物项控制、工艺控制、检查和试验控制、不符合项控制、纠正措施、监察、评价、检验、试验、记录等。

我国核安全法规对质量保证的具体范围有明确规定。例如,针对核电厂的厂址选择、设计、制造、建造、调试、运行和退役期间的质量保证大纲的制定和实施所提出的原则和目标适用于对安全重要物项和服务的质量具有影响的各种工作,例如设计、采购、加工、制造、装卸、运输、贮存、清洗、土建施工、安装、试验、调试、运行、检查、维护、修理、换料、改进和退役。这些原则和目标适用于所有对核电厂负有责任的人员、核电厂设计人员、设备供应厂商、工程公司、建造人员、运行人员以及参与影响质量活动的其他组织。

> **参见** 《民用核安全设备监督管理条例》

第十八条 【辐射照射控制】核设施营运单位应当严格控制辐射照射，确保有关人员免受超过国家规定剂量限值的辐射照射，确保辐射照射保持在合理、可行和尽可能低的水平。

第十九条 【放射性核素监测及报告】核设施营运单位应当对核设施周围环境中所含的放射性核素的种类、浓度以及核设施流出物中的放射性核素总量实施监测，并定期向国务院环境保护主管部门和所在地省、自治区、直辖市人民政府环境保护主管部门报告监测结果。

> **注释** 为监督和验证核设施对环境的影响，核设施营运单位必须根据经审批的流出物和环境监测大纲对该设施放射性流出物和环境介质中的放射性核素进行监测。监测的具体核素和范围可根据核设施的类型和规模的不同而不同。
>
> 根据我国现行相关法律法规的要求，我国实行国家监督性监测和核设施营运单位自行监测相结合的监测制度，开展辐射监测和定期评价，确认放射性废物处理设施以及环保措施的正常运行。核设施营运单位应当制定监测计划和方案，配备适当的监测和监视设备并配备从业人员，如实记录监测数据。一旦发现安全隐患或者周围环境中放射性核素超过国家规定的标准的，应当立即查找原因，采取相应的防范措施，并向所在地省、自治区、直辖市人民政府环境保护主管部门报告，为应急做准备。此外，设施周围的地下水、地表水、土壤和空气等也应当进行放射性监测。

第二十条 【核设施从业人员培训考核及保障】核设施营运单位应当按照国家有关规定，制定培训计划，对从业人员进行核安全教育和技能培训并进行考核。

核设施营运单位应当为从业人员提供相应的劳动防护和职业健康检查，保障从业人员的安全和健康。

第二十一条　【重要核设施厂址保护及规划限制区管理】省、自治区、直辖市人民政府应当对国家规划确定的核动力厂等重要核设施的厂址予以保护，在规划期内不得变更厂址用途。

省、自治区、直辖市人民政府应当在核动力厂等重要核设施周围划定规划限制区，经国务院核安全监督管理部门同意后实施。

禁止在规划限制区内建设可能威胁核设施安全的易燃、易爆、腐蚀性物品的生产、贮存设施以及人口密集场所。

第二十二条　【核设施安全许可制度】国家建立核设施安全许可制度。

核设施营运单位进行核设施选址、建造、运行、退役等活动，应当向国务院核安全监督管理部门申请许可。

核设施营运单位要求变更许可文件规定条件的，应当报国务院核安全监督管理部门批准。

注释　我国对核设施选址、建造、运行和退役等阶段分别颁发安全许可。核设施安全许可由营运单位提出申请，由国务院核安全监督管理部门审批。未经许可，从事核安全相关活动属于违法行为。其目的在于可以对核设施生命周期的重要环节直接进行控制，及时发现核设施相关活动与核安全法规标准的偏差，以便尽早采取工程和管理措施予以纠正，确保核设施在各个阶段的质量和安全处于可控状态，达到控制风险、明确安全责任、强化活动管理、保证核设施安全的目的。

核设施选址、建造、运行和退役过程中，由于科技进步、产品升级、环境变化、现场问题、经验反馈、组织调整等原因，可能出现需要对许可条件进行变更的情况。所有涉及核设施安全的许可文件规定条件的变更，都应由核设施营运单位提出申请，经国务院核安全监督管理部门审批后方可实施变更活动。国务院核安全监督管理部门将以相关法律法规和标准为依据，组织开展技术审查，最终确定该变更是否可以批准实施。

第二十三条 【核设施选址管理】核设施营运单位应当对地质、地震、气象、水文、环境和人口分布等因素进行科学评估,在满足核安全技术评价要求的前提下,向国务院核安全监督管理部门提交核设施选址安全分析报告,经审查符合核安全要求后,取得核设施场址选择审查意见书。

注释 选址安全许可由核设施营运单位提出申请,依据相关法规标准,从安全和环境两个角度对核设施场址适宜性进行分析评价,并向国务院核安全监督管理部门提交核设施选址安全分析报告。经审查符合核安全要求的,国务院核安全监督管理部门向核设施营运单位颁发核设施场址选择审查意见书。

在评价一个厂址是否适于建造核设施时,必须科学考虑"地质、地震、气象、水文和人口分布"等因素,并依据相关法规标准在以下方面开展分析:

1. 评价厂址所在区域内所发生外部事件(包括外部自然事件和外部人为事件)对核设施的影响,目的是评价和确定核设施厂址的适宜性及其设计基准,使核设施的工程设计能够抵御。

2. 评价可能影响释放出的放射性物质向人体和环境转移的厂址特征及其环境特征,目的是考虑核电厂在运行和事故状态下可能产生的放射性物质释放,从放射性物质释放对环境影响的角度来评价厂址的适宜性。

3. 评价与实施应急措施的能力及个人和群体风险评价必要性有关的外围地带的人口密度、人口分布及其他特征,目的是考虑需要采取应急措施的事故状态下,所选厂址的环境,特别是人口因素,要能保障实施应急措施的可能性,并且评价的个人和群体风险要满足辐射安全要求。

如果上述厂址评价中有结论表明厂址不可接受,并且这些引起不可接受的因素无法通过核设施设计、厂址保护措施或管理程序来进行补偿,则认为该厂址不适宜建设核设施。

需要说明的是,在我国现行核动力厂有关安全规定和导则以及核动力厂选址工作中,常使用"厂址"这一术语。考虑到本法所涉及核设施范围更为广泛,因此本法采用了"场址"这一术语。就核动力厂而言,从词义上看,"厂址"指核动力厂厂区范围,"场址"指核动力厂相关工作涉及的场地范围,与场内应急预案相对应。在实际选址工作中,评价范围更加广泛。因此虽然所采用的术语不同,其内涵是一致的。

第二十四条 【核设施设计安全管理】核设施设计应当符合核安全标准,采用科学合理的构筑物、系统和设备参数与技术要求,提供多样保护和多重屏障,确保核设施运行可靠、稳定和便于操作,满足核安全要求。

第二十五条 【核设施建造申请】核设施建造前,核设施营运单位应当向国务院核安全监督管理部门提出建造申请,并提交下列材料:

(一)核设施建造申请书;

(二)初步安全分析报告;

(三)环境影响评价文件;

(四)质量保证文件;

(五)法律、行政法规规定的其他材料。

注释 根据本条的规定,核设施营运单位必须在核设施建造前申请建造许可;未取得许可的,不得开展核设施建造活动。核设施营运单位申请核设施建造许可时,应当提交的材料包括:核设施建造申请书、初步安全分析报告、环境影响评价文件、质量保证文件以及法律、行政法规规定的其他材料。

第二十六条 【核设施建造及调试管理】核设施营运单位取得核设施建造许可证后,应当确保核设施整体性能满足核安全标准的要求。

核设施建造许可证的有效期不得超过十年。有效期届满,需要延期建造的,应当报国务院核安全监督管理部门审查批准。但是,有下列情形之一且经评估不存在安全风险的除外:

(一)国家政策或者行为导致核设施延期建造;

(二)用于科学研究的核设施;

(三)用于工程示范的核设施;

（四）用于乏燃料后处理的核设施。

核设施建造完成后应当进行调试，验证其是否满足设计的核安全要求。

第二十七条　【核设施运行管理】核设施首次装投料前，核设施营运单位应当向国务院核安全监督管理部门提出运行申请，并提交下列材料：

（一）核设施运行申请书；

（二）最终安全分析报告；

（三）质量保证文件；

（四）应急预案；

（五）法律、行政法规规定的其他材料。

核设施营运单位取得核设施运行许可证后，应当按照许可证的规定运行。

核设施运行许可证的有效期为设计寿期。在有效期内，国务院核安全监督管理部门可以根据法律、行政法规和新的核安全标准的要求，对许可证规定的事项作出合理调整。

核设施营运单位调整下列事项的，应当报国务院核安全监督管理部门批准：

（一）作为颁发运行许可证依据的重要构筑物、系统和设备；

（二）运行限值和条件；

（三）国务院核安全监督管理部门批准的与核安全有关的程序和其他文件。

注释　本条第一款对核设施运行许可申请的时间和申请材料提出了要求。核设施营运单位应在核设施首次装料前申请核设施运行许可，并提交如下材料：核设施运行申请书、最终安全分析报告、质量保证文件、应急预案以及法律、行政法规规定的其他材料。其中，应急预案是指营运单位负责制定的场内应急预案，该预案经国务院核安全监督管理部门审查批准后，按照本法第五十五条第二款规定，报国务院核工业主管部门、能源主管部门和省、自治区、直辖市人民政府指定的部门备案。

第二十八条 【核设施延期管理】核设施运行许可证有效期届满需要继续运行的,核设施营运单位应当于有效期届满前五年,向国务院核安全监督管理部门提出延期申请,并对其是否符合核安全标准进行论证、验证,经审查批准后,方可继续运行。

第二十九条 【核设施停闭管理】核设施终止运行后,核设施营运单位应当采取安全的方式进行停闭管理,保证停闭期间的安全,确保退役所需的基本功能、技术人员和文件。

第三十条 【核设施退役管理】核设施退役前,核设施营运单位应当向国务院核安全监督管理部门提出退役申请,并提交下列材料:

(一)核设施退役申请书;

(二)安全分析报告;

(三)环境影响评价文件;

(四)质量保证文件;

(五)法律、行政法规规定的其他材料。

核设施退役时,核设施营运单位应当按照合理、可行和尽可能低的原则处理、处置核设施场址的放射性物质,将构筑物、系统和设备的放射性水平降低至满足标准的要求。

核设施退役后,核设施所在地省、自治区、直辖市人民政府环境保护主管部门应当对核设施场址及其周围环境中所含的放射性核素的种类和浓度组织监测。

第三十一条 【核设施进出口管理】进口核设施,应当满足中华人民共和国有关核安全法律、行政法规和标准的要求,并报国务院核安全监督管理部门审查批准。

出口核设施,应当遵守中华人民共和国有关核设施出口管制的规定。

注释 核设施的进出口,应严格执行国家关于核进出口的政策和法律、中国同国际原子能机构签订的保障监督协定的有关规定、中国与有关国家签订的政府间和平利用核能合作协定中的有关规定。

第三十二条 【核设施安全许可管理】国务院核安全监督管理部门应当依照法定条件和程序,对核设施安全许可申请组织安全技术审查,满足核安全要求的,在技术审查完成之日起二十日内,依法作出准予许可的决定。

国务院核安全监督管理部门审批核设施建造、运行许可申请时,应当向国务院有关部门和核设施所在地省、自治区、直辖市人民政府征询意见,被征询意见的单位应当在三个月内给予答复。

注释 本条是关于国务院核安全监督管理部门组织安全技术审查和征询相关单位意见的规定。

国务院核安全监督管理部门负责组织安全技术审查。国家核安全局自成立以来,对核电厂、研究堆、核燃料循环设施、放射性废物处理处置设施、核材料管理等领域的核安全许可申请均组织开展了全面的核安全技术审查。

《中华人民共和国行政许可法》第四十五条规定:"行政机关作出行政许可决定,依法需要听证、招标、拍卖、检验、检测、检疫、鉴定和专家评审的,所需时间不计算在本节规定的期限内。行政机关应当将所需时间书面告知申请人。"本条明确技术审查完成之日起二十日内,国务院核安全监督管理部门依法作出准予许可的决定,即对技术审查时间不做具体限制。

考虑到核设施的复杂性及其对公众和环境安全的潜在威胁,国务院核安全监督管理部门在接到核设施营运单位申请核设施建造或者运行许可时,有必要向包括负责能源、核工业、卫生健康、公共安全、职业安全等国务院有关部门以及核设施所在地的省、自治区、直辖市人民政府征询意见。同时,这也有利于国务院核安全监督管理部门在核设施建造和运行过程中,获得相关部门以及地方政府的支持与合作。

第三十三条 【核安全技术审查】国务院核安全监督管理部门组织安全技术审查时,应当委托与许可申请单位没有利益关系的技术支持单位进行技术审评。受委托的技术支持单位应当对其技术评价结论的真实性、准确性负责。

第三十四条 【核安全专家委员会】国务院核安全监督管理部门成立核安全专家委员会，为核安全决策提供咨询意见。

制定核安全规划和标准，进行核设施重大安全问题技术决策，应当咨询核安全专家委员会的意见。

第三十五条 【核安全报告制度】国家建立核设施营运单位核安全报告制度，具体办法由国务院有关部门制定。

国务院有关部门应当建立核安全经验反馈制度，并及时处理核安全报告信息，实现信息共享。

核设施营运单位应当建立核安全经验反馈体系。

第三十六条 【为核设施提供服务管理】为核设施提供核安全设备设计、制造、安装和无损检验服务的单位，应当向国务院核安全监督管理部门申请许可。境外机构为境内核设施提供核安全设备设计、制造、安装和无损检验服务的，应当向国务院核安全监督管理部门申请注册。

国务院核安全监督管理部门依法对进口的核安全设备进行安全检验。

注释 本条对核安全设备活动许可、境外单位核安全设备活动注册和进口核安全设备安全检验进行了具体规定。需要说明的是，核设施营运单位对核安全负全面责任，包括对核安全设备质量负责。核安全设备活动许可是资格许可，而不是质量许可或验证。国务院核安全监督管理部门开展核安全设备监管，不免除或减轻核设施营运单位的责任，核设施营运单位还应通过设备监造等方式督促核安全设备活动单位保证核安全设备质量。

第三十七条 【核设施特种工艺人员管理】核设施操纵人员以及核安全设备焊接人员、无损检验人员等特种工艺人员应当按照国家规定取得相应资格证书。

核设施营运单位以及核安全设备制造、安装和无损检验单位应当聘用取得相应资格证书的人员从事与核设施安全专业技术有关的工作。

第三章 核材料和放射性废物安全

第三十八条 【持有核材料许可及安全管理措施】核设施营运单位和其他有关单位持有核材料,应当按照规定的条件依法取得许可,并采取下列措施,防止核材料被盗、破坏、丢失、非法转让和使用,保障核材料的安全与合法利用:

(一)建立专职机构或者指定专人保管核材料;
(二)建立核材料衡算制度,保持核材料收支平衡;
(三)建立与核材料保护等级相适应的实物保护系统;
(四)建立信息保密制度,采取保密措施;
(五)法律、行政法规规定的其他措施。

第三十九条 【乏燃料安全管理】产生、贮存、运输、后处理乏燃料的单位应当采取措施确保乏燃料的安全,并对持有的乏燃料承担核安全责任。

第四十条 【放射性废物分类处置管理】放射性废物应当实行分类处置。

低、中水平放射性废物在国家规定的符合核安全要求的场所实行近地表或者中等深度处置。

高水平放射性废物实行集中深地质处置,由国务院指定的单位专营。

第四十一条 【放射性废物管理原则】核设施营运单位、放射性废物处理处置单位应当对放射性废物进行减量化、无害化处理、处置,确保永久安全。

第四十二条 【放射性废物处置场所选址规划建设】国务院核工业主管部门会同国务院有关部门和省、自治区、直辖市人民政府编制低、中水平放射性废物处置场所的选址规划,报国务院批准后组织实施。

国务院核工业主管部门会同国务院有关部门编制高水平放射性废物处置场所的选址规划,报国务院批准后组织实施。

放射性废物处置场所的建设应当与核能发展的要求相适应。

第四十三条 【放射性废物管理许可制度】国家建立放射性废物管理许可制度。

专门从事放射性废物处理、贮存、处置的单位，应当向国务院核安全监督管理部门申请许可。

核设施营运单位利用与核设施配套建设的处理、贮存设施，处理、贮存本单位产生的放射性废物的，无需申请许可。

第四十四条 【放射性废物标准化处置】核设施营运单位应当对其产生的放射性固体废物和不能经净化排放的放射性废液进行处理，使其转变为稳定的、标准化的固体废物后，及时送交放射性废物处置单位处置。

核设施营运单位应当对其产生的放射性废气进行处理，达到国家放射性污染防治标准后，方可排放。

第四十五条 【放射性处置单位处置管理】放射性废物处置单位应当按照国家放射性污染防治标准的要求，对其接收的放射性废物进行处置。

放射性废物处置单位应当建立放射性废物处置情况记录档案，如实记录处置的放射性废物的来源、数量、特征、存放位置等与处置活动有关的事项。记录档案应当永久保存。

第四十六条 【放射性废物处置设施关闭管理】国家建立放射性废物处置设施关闭制度。

放射性废物处置设施有下列情形之一的，应当依法办理关闭手续，并在划定的区域设置永久性标记：

（一）设计服役期届满；

（二）处置的放射性废物已经达到设计容量；

（三）所在地区的地质构造或者水文地质等条件发生重大变化，不适宜继续处置放射性废物；

（四）法律、行政法规规定的其他需要关闭的情形。

第四十七条 【放射性废物处置设施关闭安全监护计划】放射性废物处置设施关闭前，放射性废物处置单位应当编制放射性废物处置设施关闭安全监护计划，报国务院核安全监督管理部门批准。

安全监护计划应当包括下列主要内容：

（一）安全监护责任人及其责任；

（二）安全监护费用；

（三）安全监护措施；

（四）安全监护期限。

放射性废物处置设施关闭后，放射性废物处置单位应当按照经批准的安全监护计划进行安全监护；经国务院核安全监督管理部门会同国务院有关部门批准后，将其交由省、自治区、直辖市人民政府进行监护管理。

第四十八条　【处理处置、退役费用管理】核设施营运单位应当按照国家规定缴纳乏燃料处理处置费用，列入生产成本。

核设施营运单位应当预提核设施退役费用、放射性废物处置费用，列入投资概算、生产成本，专门用于核设施退役、放射性废物处置。具体办法由国务院财政部门、价格主管部门会同国务院核安全监督管理部门、核工业主管部门和能源主管部门制定。

第四十九条　【核材料和放射性废物运输管理制度】国家对核材料、放射性废物的运输实行分类管理，采取有效措施，保障运输安全。

第五十条　【核材料、放射性废物运输管理】国家保障核材料、放射性废物的公路、铁路、水路等运输，国务院有关部门应当加强对公路、铁路、水路等运输的管理，制定具体的保障措施。

第五十一条　【乏燃料、核材料、放射性废物运输管理职责分工】国务院核工业主管部门负责协调乏燃料运输管理活动，监督有关保密措施。

公安机关对核材料、放射性废物道路运输的实物保护实施监督，依法处理可能危及核材料、放射性废物安全运输的事故。通过道路运输核材料、放射性废物的，应当报启运地县级以上人民政府公安机关按照规定权限批准；其中，运输乏燃料或者高水平放射性废物的，应当报国务院公安部门批准。

国务院核安全监督管理部门负责批准核材料、放射性废物运输包装容器的许可申请。

第五十二条 【托运人责任及废物承运人资质】核材料、放射性废物的托运人应当在运输中采取有效的辐射防护和安全保卫措施,对运输中的核安全负责。

乏燃料、高水平放射性废物的托运人应当向国务院核安全监督管理部门提交有关核安全分析报告,经审查批准后方可开展运输活动。

核材料、放射性废物的承运人应当依法取得国家规定的运输资质。

第五十三条 【核材料、放射性废物运输法律适用】通过公路、铁路、水路等运输核材料、放射性废物,本法没有规定的,适用相关法律、行政法规和规章关于放射性物品运输、危险货物运输的规定。

第四章 核事故应急

第五十四条 【核事故应急协调委员会】国家设立核事故应急协调委员会,组织、协调全国的核事故应急管理工作。

省、自治区、直辖市人民政府根据实际需要设立核事故应急协调委员会,组织、协调本行政区域内的核事故应急管理工作。

第五十五条 【核事故应急协调及应急预案管理机制】国务院核工业主管部门承担国家核事故应急协调委员会日常工作,牵头制定国家核事故应急预案,经国务院批准后组织实施。国家核事故应急协调委员会成员单位根据国家核事故应急预案部署,制定本单位核事故应急预案,报国务院核工业主管部门备案。

省、自治区、直辖市人民政府指定的部门承担核事故应急协调委员会的日常工作,负责制定本行政区域内场外核事故应急预案,报国家核事故应急协调委员会审批后组织实施。

核设施营运单位负责制定本单位场内核事故应急预案,报国务院核工业主管部门、能源主管部门和省、自治区、直辖市人民政府指定的部门备案。

中国人民解放军和中国人民武装警察部队按照国务院、中央军事委员会的规定，制定本系统支援地方的核事故应急工作预案，报国务院核工业主管部门备案。

应急预案制定单位应当根据实际需要和情势变化，适时修订应急预案。

第五十六条　【应急演练及准备】核设施营运单位应当按照应急预案，配备应急设备，开展应急工作人员培训和演练，做好应急准备。

核设施所在地省、自治区、直辖市人民政府指定的部门，应当开展核事故应急知识普及活动，按照应急预案组织有关企业、事业单位和社区开展核事故应急演练。

第五十七条　【核应急准备金制度】国家建立核事故应急准备金制度，保障核事故应急准备与响应工作所需经费。核事故应急准备金管理办法，由国务院制定。

第五十八条　【核事故应急分级管理机制】国家对核事故应急实行分级管理。

发生核事故时，核设施营运单位应当按照应急预案的要求开展应急响应，减轻事故后果，并立即向国务院核工业主管部门、核安全监督管理部门和省、自治区、直辖市人民政府指定的部门报告核设施状况，根据需要提出场外应急响应行动建议。

> **注释**　我国对核事故应急行动实行分级响应。参照国际原子能机构核事故事件分级表，根据核事故性质、严重程度及影响范围，确定核事故级别。核应急状态分为应急待命、厂房应急、场区应急、场外应急，分别对应Ⅳ级响应、Ⅲ级响应、Ⅱ级响应、Ⅰ级响应。前三级响应，主要针对场区应急需要组织实施。当出现或可能出现放射性物质向环境大量释放，事故后果可能超越场区边界并严重危及公众健康和环境安全时，进入场外应急，启动Ⅰ级响应。

第五十九条　【核事故应急救援】国家核事故应急协调委员会按照国家核事故应急预案部署，组织协调国务院有关部门、地方人民政府、核设施营运单位实施核事故应急救援工作。

中国人民解放军和中国人民武装警察部队按照国务院、中央军事委员会的规定，实施核事故应急救援工作。

核设施营运单位应当按照核事故应急救援工作的要求，实施应急响应支援。

第六十条 【核事故应急信息及国际通报、国际救援】国务院核工业主管部门或者省、自治区、直辖市人民政府指定的部门负责发布核事故应急信息。

国家核事故应急协调委员会统筹协调核事故应急国际通报和国际救援工作。

第六十一条 【核事故恢复、损失评估即调查处理】各级人民政府及其有关部门、核设施营运单位等应当按照国务院有关规定和授权，组织开展核事故后的恢复行动、损失评估等工作。

核事故的调查处理，由国务院或者其授权的部门负责实施。

核事故场外应急行动的调查处理，由国务院或者其指定的机构负责实施。

第六十二条 【核材料、放射性废物运输应急响应】核材料、放射性废物运输的应急应当纳入所经省、自治区、直辖市场外核事故应急预案或者辐射应急预案。发生核事故时，由事故发生地省、自治区、直辖市人民政府负责应急响应。

第五章　信息公开和公众参与

第六十三条 【政府核安全相关信息公开及向人大报告制度】国务院有关部门及核设施所在地省、自治区、直辖市人民政府指定的部门应当在各自职责范围内依法公开核安全相关信息。

国务院核安全监督管理部门应当依法公开与核安全有关的行政许可，以及核安全有关活动的安全监督检查报告、总体安全状况、辐射环境质量和核事故等信息。

国务院应当定期向全国人民代表大会常务委员会报告核安全情况。

注释 根据本法规定，与核安全有关的行政许可信息至少包括以下几类：

（1）核设施营运单位的核设施选址、建造、运行、退役等许可的申请、审批以及变更信息。本法规定国家建立核设施安全许可制度。核设施营运单位进行核设施选址、建造、运行、退役等活动，应当向国务院核安全监督管理部门申请许可。核设施营运单位要求变更许可文件规定条件的，应当报国务院核安全监督管理部门批准。国务院核安全监督管理部门应当依照法定条件和程序，对核设施安全许可申请组织安全技术审查，满足核安全要求的，在技术审查完成之日起二十日内，依法作出准予许可的决定。

（2）关于核安全设备的有关许可信息。本法规定为核设施提供核安全设备设计、制造、安装和无损检验服务的单位，应当向国务院核安全监督管理部门申请许可。

（3）关于核材料的有关许可信息。本法规定核设施营运单位和其他有关单位持有核材料，应当按照规定的条件依法取得许可。

（4）关于放射性废物的有关许可信息。本法规定国家建立放射性废物管理许可制度。专门从事放射性废物处理、贮存、处置的单位，应当向国务院核安全监督管理部门申请许可。国务院核安全监督管理部门负责批准核材料、放射性废物运输包装容器的许可申请。

第六十四条　【核设施营运单位核安全信息公开】 核设施营运单位应当公开本单位核安全管理制度和相关文件、核设施安全状况、流出物和周围环境辐射监测数据、年度核安全报告等信息。具体办法由国务院核安全监督管理部门制定。

注释 关于核设施营运单位公开核安全信息的重点内容：

1. 核安全管理制度和相关文件。核安全管理制度是核设施营运单位开展核安全相关管理活动的安排，是核设施营运单位员工在生产经营活动中共同遵守的准则。核安全管理制度体现在核设施营运单位的相关文件中，包括核与辐射安全和环境保护的守法承诺及机构设置等。

2. 核设施安全状况。核设施在建造和运行过程中是否安全、是否会对人体和环境造成不良影响,已经成为公众最关注的核安全问题之一。因此核设施营运单位应当公开核设施建设情况,包括工程项目阶段进展、环境影响评价报告基本情况、相关环境保护设施建设和运行情况;还应当报告核设施运行情况,包括核设施安全运行状况、运行性能指标。

3. 流出物和周围环境辐射监测数据。流出物是指,核设施以气体、气溶胶、粉尘或液体等形态排入环境的放射性物质。周围环境辐射监测是指,对操作放射性物质的设施周界之外的辐射和放射性水平所进行的与该设施运行有关的测量,辐射环境监测的对象是环境介质和生物。

4. 年度核安全报告。年度核安全报告是指,核设施营运单位每年向所在地区监督站递交的前一年核设施年度总结报告。

第六十五条 【核安全信息公开方式和程序】对依法公开的核安全信息,应当通过政府公告、网站以及其他便于公众知晓的方式,及时向社会公开。

公民、法人和其他组织,可以依法向国务院核安全监督管理部门和核设施所在地省、自治区、直辖市人民政府指定的部门申请获取核安全相关信息。

注释 为了保障公民、法人和其他组织及时、准确地获取核安全相关政府信息,并提高核安全相关政府信息公开的实效性,本条要求核安全相关政府信息的公开包括主动公开和依申请公开两种基本方式,二者相辅相成。

本款规定的是"主动公开"。主动公开是指,行政机关根据法律的规定和本行政机关的职权,在核安全信息形成之后,主动地向社会公开有关信息内容。根据政府信息公开条例的规定,行政机关应当将主动公开的政府信息,通过政府公报、政府网站、新闻发布会以及报刊、广播、电视等便于公众知晓的方式公开。各级人民政府应当在国家档案馆、公共图书馆设置政府信息查阅场所,并配备相应的设施、设备,为公民、法人或者其他组织获取政府信息提供便利。行政机关可以根据需要设立公共查阅室、资料索取点、信息公告栏、电子信息屏等场所、设施,公开政府信息。行政机关应当及时向国家档案馆、公共图书馆提供主动公开的政府信息。关于上述规定的具体内容,本条中有一部分没有明确列出,实践中也可以依法开展。

本款规定明确了依申请公开核安全相关政府信息的制度。依申请公开是行政机关根据公民、法人和其他组织的申请,依法提供所掌握的核安全信息。依申请公开制度是为了满足公民、法人或者其他组织自身生产、生活、科研等特殊的信息需求,是行政机关对有特殊需要人群的点对点服务。行政机关根据公民、法人或者其他组织的申请,依法提供政府所掌握的信息。公民、法人或者其他组织可以根据自身生产、生活、科研等需要向有关部门申请获取除本法第五十条规定的政府主动公开的核安全信息以外的核安全相关信息。依申请公开的方式主要是按照申请人要求的方式提供政府信息、行政机构可以将有关资料、信息、消息供申请人复制、阅览、复印、摘录等。

第六十六条　【重大核安全事项公众反馈】 核设施营运单位应当就涉及公众利益的重大核安全事项通过问卷调查、听证会、论证会、座谈会,或者采取其他形式征求利益相关方的意见,并以适当形式反馈。

核设施所在地省、自治区、直辖市人民政府应当就影响公众利益的重大核安全事项举行听证会、论证会、座谈会,或者采取其他形式征求利益相关方的意见,并以适当形式反馈。

第六十七条　【核安全宣传措施】 核设施营运单位应当采取下列措施,开展核安全宣传活动:

(一)在保证核设施安全的前提下,对公众有序开放核设施;

(二)与学校合作,开展对学生的核安全知识教育活动;

(三)建设核安全宣传场所,印制和发放核安全宣传材料;

(四)法律、行政法规规定的其他措施。

第六十八条　【公民核安全举报权和禁止编造核安全虚假信息义务】 公民、法人和其他组织有权对存在核安全隐患或者违反核安全法律、行政法规的行为,向国务院核安全监督管理部门或者其他有关部门举报。

公民、法人和其他组织不得编造、散布核安全虚假信息。

第六十九条 【涉密信息的政府公开办法】涉及国家秘密、商业秘密和个人信息的政府信息公开，按照国家有关规定执行。

第六章 监督检查

第七十条 【核安全监督检查制度】国家建立核安全监督检查制度。

国务院核安全监督管理部门和其他有关部门应当对从事核安全活动的单位遵守核安全法律、行政法规、规章和标准的情况进行监督检查。

国务院核安全监督管理部门可以在核设施集中的地区设立派出机构。国务院核安全监督管理部门或者其派出机构应当向核设施建造、运行、退役等现场派遣监督检查人员，进行核安全监督检查。

第七十一条 【核安全监管能力建设】国务院核安全监督管理部门和其他有关部门应当加强核安全监管能力建设，提高核安全监管水平。

国务院核安全监督管理部门应当组织开展核安全监管技术研究开发，保持与核安全监督管理相适应的技术评价能力。

第七十二条 【核安全监督检查措施即检查结果报告】国务院核安全监督管理部门和其他有关部门进行核安全监督检查时，有权采取下列措施：

（一）进入现场进行监测、检查或者核查；

（二）调阅相关文件、资料和记录；

（三）向有关人员调查、了解情况；

（四）发现问题的，现场要求整改。

国务院核安全监督管理部门和其他有关部门应当将监督检查情况形成报告，建立档案。

第七十三条 【核安全监督检查对象的义务】对国务院核安全监督管理部门和其他有关部门依法进行的监督检查，从事核安全活动的单位应当予以配合，如实说明情况，提供必要资料，不得拒绝、阻挠。

第七十四条　【核安全监督检查人员行为准则】核安全监督检查人员应当忠于职守，勤勉尽责，秉公执法。

核安全监督检查人员应当具备与监督检查活动相应的专业知识和业务能力，并定期接受培训。

核安全监督检查人员执行监督检查任务，应当出示有效证件，对获知的国家秘密、商业秘密和个人信息，应当依法予以保密。

第七章　法律责任

第七十五条　【政府部门及其人员违法责任】违反本法规定，有下列情形之一的，对直接负责的主管人员和其他直接责任人员依法给予处分：

（一）国务院核安全监督管理部门或者其他有关部门未依法对许可申请进行审批的；

（二）国务院有关部门或者核设施所在地省、自治区、直辖市人民政府指定的部门未依法公开核安全相关信息的；

（三）核设施所在地省、自治区、直辖市人民政府未就影响公众利益的重大核安全事项征求利益相关方意见的；

（四）国务院核安全监督管理部门或者其他有关部门未将监督检查情况形成报告，或者未建立档案的；

（五）核安全监督检查人员执行监督检查任务，未出示有效证件，或者对获知的国家秘密、商业秘密、个人信息未依法予以保密的；

（六）国务院核安全监督管理部门或者其他有关部门，省、自治区、直辖市人民政府有关部门有其他滥用职权、玩忽职守、徇私舞弊行为的。

第七十六条　【对违法行为的治安管理处罚】违反本法规定，危害核设施、核材料安全，或者编造、散布核安全虚假信息，构成违反治安管理行为的，由公安机关依法给予治安管理处罚。

第七十七条 【对核设施营运单位及提供服务单位违法行为的处罚】 违反本法规定,有下列情形之一的,由国务院核安全监督管理部门或者其他有关部门责令改正,给予警告;情节严重的,处二十万元以上一百万元以下的罚款;拒不改正的,责令停止建设或者停产整顿:

(一)核设施营运单位未设置核设施纵深防御体系的;

(二)核设施营运单位或者为其提供设备、工程以及服务等的单位未建立或者未实施质量保证体系的;

(三)核设施营运单位未按照要求控制辐射照射剂量的;

(四)核设施营运单位未建立核安全经验反馈体系的;

(五)核设施营运单位未就涉及公众利益的重大核安全事项征求利益相关方意见的。

第七十八条 【对规划限制区内违法行为的处罚】 违反本法规定,在规划限制区内建设可能威胁核设施安全的易燃、易爆、腐蚀性物品的生产、贮存设施或者人口密集场所的,由国务院核安全监督管理部门责令限期拆除,恢复原状,处十万元以上五十万元以下的罚款。

第七十九条 【对核设施营运单位违反行政许可管理规定的处罚】 违反本法规定,核设施营运单位有下列情形之一的,由国务院核安全监督管理部门责令改正,处一百万元以上五百万元以下的罚款;拒不改正的,责令停止建设或者停产整顿;有违法所得的,没收违法所得;造成环境污染的,责令限期采取治理措施消除污染,逾期不采取措施的,指定有能力的单位代为履行,所需费用由污染者承担;对直接负责的主管人员和其他直接责任人员,处五万元以上二十万元以下的罚款:

(一)未经许可,从事核设施建造、运行或者退役等活动的;

(二)未经许可,变更许可文件规定条件的;

(三)核设施运行许可证有效期届满,未经审查批准,继续运行核设施的;

(四)未经审查批准,进口核设施的。

第八十条 【对核设施营运单位违反核设施安全管理规定的处罚】违反本法规定,核设施营运单位有下列情形之一的,由国务院核安全监督管理部门责令改正,给予警告;情节严重的,处五十万元以上二百万元以下的罚款;造成环境污染的,责令限期采取治理措施消除污染,逾期不采取措施的,指定有能力的单位代为履行,所需费用由污染者承担:

(一)未对核设施进行定期安全评价,或者不接受国务院核安全监督管理部门审查的;

(二)核设施终止运行后,未采取安全方式进行停闭管理,或者未确保退役所需的基本功能、技术人员和文件的;

(三)核设施退役时,未将构筑物、系统或者设备的放射性水平降低至满足标准的要求的;

(四)未将产生的放射性固体废物或者不能经净化排放的放射性废液转变为稳定的、标准化的固体废物,及时送交放射性废物处置单位处置的;

(五)未对产生的放射性废气进行处理,或者未达到国家放射性污染防治标准排放的。

第八十一条 【对核设施营运单位违反放射性核素监测、报告规定的处罚】违反本法规定,核设施营运单位未对核设施周围环境中所含的放射性核素的种类、浓度或者核设施流出物中的放射性核素总量实施监测,或者未按照规定报告监测结果的,由国务院环境保护主管部门或者所在地省、自治区、直辖市人民政府环境保护主管部门责令改正,处十万元以上五十万元以下的罚款。

第八十二条 【对技术支持单位违反行为的处罚】违反本法规定,受委托的技术支持单位出具虚假技术评价结论的,由国务院核安全监督管理部门处二十万元以上一百万元以下的罚款;有违法所得的,没收违法所得;对直接负责的主管人员和其他直接责任人员处十万元以上二十万元以下的罚款。

第八十三条 【对未经许可、注册为核设施提供服务的处罚】违反本法规定,有下列情形之一的,由国务院核安全监督管理部门责令改正，处五十万元以上一百万元以下的罚款；有违法所得的，没收违法所得；对直接负责的主管人员和其他直接责任人员处二万元以上十万元以下的罚款：

（一）未经许可，为核设施提供核安全设备设计、制造、安装或者无损检验服务的；

（二）未经注册，境外机构为境内核设施提供核安全设备设计、制造、安装或者无损检验服务的。

第八十四条　【对聘用无资格证书人员从事核安全技术的处罚】违反本法规定，核设施营运单位或者核安全设备制造、安装、无损检验单位聘用未取得相应资格证书的人员从事与核设施安全专业技术有关的工作的，由国务院核安全监督管理部门责令改正，处十万元以上五十万元以下的罚款；拒不改正的，暂扣或者吊销许可证，对直接负责的主管人员和其他直接责任人员处二万元以上十万元以下的罚款。

第八十五条　【对违法持有核材料的处罚】违反本法规定，未经许可持有核材料的，由国务院核工业主管部门没收非法持有的核材料，并处十万元以上五十万元以下的罚款；有违法所得的，没收违法所得。

第八十六条　【对违反放射性废物处置规定的处罚】违反本法规定，有下列情形之一的，由国务院核安全监督管理部门责令改正，处十万元以上五十万元以下的罚款；情节严重的，处五十万元以上二百万元以下的罚款；造成环境污染的，责令限期采取治理措施消除污染，逾期不采取措施的，指定有能力的单位代为履行，所需费用由污染者承担：

（一）未经许可，从事放射性废物处理、贮存、处置活动的；

（二）未建立放射性废物处置情况记录档案，未如实记录与处置活动有关的事项，或者未永久保存记录档案的；

（三）对应当关闭的放射性废物处置设施，未依法办理关闭手续的；

（四）关闭放射性废物处置设施，未在划定的区域设置永久性标记的；

（五）未编制放射性废物处置设施关闭安全监护计划的；

（六）放射性废物处置设施关闭后，未按照经批准的安全监护计划进行安全监护的。

第八十七条　【对违反核事故应急预案和应急响应规定的处罚】违反本法规定，核设施营运单位有下列情形之一的，由国务院核安全监督管理部门责令改正，处十万元以上五十万元以下的罚款；对直接负责的主管人员和其他直接责任人员，处二万元以上五万元以下的罚款：

（一）未按照规定制定场内核事故应急预案的；

（二）未按照应急预案配备应急设备，未开展应急工作人员培训或者演练的；

（三）未按照核事故应急救援工作的要求，实施应急响应支援的。

第八十八条　【对核设施营运单位违反信息公开规定的处罚】违反本法规定，核设施营运单位未按照规定公开相关信息的，由国务院核安全监督管理部门责令改正；拒不改正的，处十万元以上五十万元以下的罚款。

第八十九条　【对拒绝、阻挠核安全监督检查的处罚】违反本法规定，对国务院核安全监督管理部门或者其他有关部门依法进行的监督检查，从事核安全活动的单位拒绝、阻挠的，由国务院核安全监督管理部门或者其他有关部门责令改正，可以处十万元以上五十万元以下的罚款；拒不改正的，暂扣或者吊销其许可证；构成违反治安管理行为的，由公安机关依法给予治安管理处罚。

第九十条　【核损害赔偿责任机制】因核事故造成他人人身伤亡、财产损失或者环境损害的，核设施营运单位应当按照国家核损害责任制度承担赔偿责任，但能够证明损害是因战争、武装冲突、暴乱等情形造成的除外。

为核设施营运单位提供设备、工程以及服务等的单位不承担核损害赔偿责任。核设施营运单位与其有约定的，在承担赔偿责任后，可以按照约定追偿。

核设施营运单位应当通过投保责任保险、参加互助机制等方式，作出适当的财务保证安排，确保能够及时、有效履行核损害赔偿责任。

注释 1. 责任主体

本款明确规定核设施营运单位应当按照国家核损害责任制度承担赔偿责任，即明确了核损害赔偿的责任主体为核设施营运单位，而且核设施营运单位是核损害赔偿的唯一责任主体。按此规定，核设施营运单位以外的其他单位和个人不对遭受核损害的人承担核损害赔偿责任。

《中华人民共和国民法典》第一千二百三十七条规定，民用核设施发生核事故造成他人损害的，民用核设施的营运单位应当承担侵权责任，但能够证明损害是因战争等情形或者受害人故意造成的，不承担责任。核事故损害涉及两个以上营运者的，多个营运者承担连带责任。本法虽然没有明确规定，但在《国务院关于核事故损害赔偿责任问题的批复》（国函〔2007〕64号）第五条中规定，核事故损害涉及2个以上营运者，且不能明确区分各营运者所应承担的责任的，相关营运者应当承担连带责任。

2. 责任内容

核设施营运单位承担的损害赔偿的内容，具体包括赔偿人身损害和财产损失，以及环境损害造成的损失。

（1）人身损害。人身损害通常指因人格权遭受侵害而导致人的生命、健康、身体遭受侵害，包括身体上受到的侵害，也包括名誉、荣誉、隐私、人身自由的侵犯，同时也包括因人身权受侵害遭受的财产损失。具体赔偿项目可参照《最高人民法院关于审理人身损害赔偿案件适用法律若干问题的解释》相关规定。

（2）财产损失。财产损失是指侵权行为侵害财产权，使财产权的客体遭到破坏，使用价值和价值贬损、减少或者完全丧失，或者破坏了财产权人对于财产权客体的支配关系，使财产权人的财产利益受到损失。财产损失，有直接损失和间接损失的区分。对直接损失，即现有财产的减损，核设施营运单位自应赔偿，对间接损害，即未来可得收益的减少，情形会比较复杂，本条没有将财产损失限制在直接损失，如果因核事故所遭受的这部分间接利益损失是明确可以预期的，就应当予以赔偿。

（3）环境损害。环境损害主要是指，对生态环境、生态系统及对其中的环境要素的损害，本法中关于核事故造成的环境损害没有更为具体的规定，但我国其他法律、法规和文件已经对生态环境损害赔偿作出了具体规定。

3. 免责事由

免责事由，是指核设施营运单位免于承担民事责任的法定情形。一般情况下核损害责任适用严格责任原则（无过错责任），即不论核设施营运单位对其核设施发生的核事故而导致的核损害是否存在过错，都应当承担核损害赔偿责任。但是，也存在例外的情形，《国务院关于核事故损害赔偿责任问题的批复》第六条规定，对直接由于武装冲突、敌对行动、战争或者暴乱所引起的核事故造成的核事故损害，营运者不承担赔偿责任。

本法规定的免责事由指"战争、武装冲突、暴乱等情形"，是不可抗力的几种情况。不可抗力，是指不能预见、不能避免并不能克服的客观情况。但不同于其他法律的一般规定，本法没有把全部的不可抗力情况都作为免责事由，只是明确了几种人为的不可抗力可以作为免责事由，而对于地震、洪水等自然灾害类的不可抗力造成的核事故，核设施营运单位仍应当承担责任。

本条第2款规定了对第三人有限制的追偿权：为核设施营运单位提供设备、工程以及服务等的单位不承担核损害赔偿责任。核设施营运单位与其有约定的，在承担赔偿责任后，可以按照约定追偿。这一规定是对核损害赔偿责任主体的补充规定。《中华人民共和国民法典》第五条规定："民事主体从事民事活动，应当遵循自愿原则，按照自己的意思设立、变更、终止民事法律关系。"核设施营运单位可以与为其提供设备、工程以及服务等的单位约定，如果因设备、工程、服务质量或瑕疵问题，由设备、工程及服务等提供方承担责任，但这种约定只在合同双方当事人之间有效，并不产生对抗第三人的权利，故即使有此种约定，核设施营运单位也是核事故损害赔偿的责任主体,并不能因此而免责,只是在赔偿后依据合同和双方约定可以向相关的第三方行使追偿权。

第九十一条 【违反核安全的刑事责任】违反本法规定,构成犯罪的,依法追究刑事责任。

第八章 附　　则

第九十二条 【军工、军用核安全规定】军工、军事核安全,由国务院、中央军事委员会依照本法规定的原则另行规定。

第九十三条 【法律用语解释】本法中下列用语的含义:

核事故,是指核设施内的核燃料、放射性产物、放射性废物或者运入运出核设施的核材料所发生的放射性、毒害性、爆炸性或者其他危害性事故,或者一系列事故。

纵深防御,是指通过设定一系列递进并且独立的防护、缓解措施或者实物屏障,防止核事故发生,减轻核事故后果。

核设施营运单位,是指在中华人民共和国境内,申请或者持有核设施安全许可证,可以经营和运行核设施的单位。

核安全设备,是指在核设施中使用的执行核安全功能的设备,包括核安全机械设备和核安全电气设备。

乏燃料,是指在反应堆堆芯内受过辐照并从堆芯永久卸出的核燃料。

停闭,是指核设施已经停止运行,并且不再启动。

退役,是指采取去污、拆除和清除等措施,使核设施不再使用的场所或者设备的辐射剂量满足国家相关标准的要求。

经验反馈,是指对核设施的事件、质量问题和良好实践等信息进行收集、筛选、评价、分析、处理和分发,总结推广良好实践经验,防止类似事件和问题重复发生。

托运人,是指在中华人民共和国境内,申请将托运货物提交运输并获得批准的单位。

第九十四条 【法律施行日期】本法自2018年1月1日起施行。

中华人民共和国网络安全法

(2016年11月7日第十二届全国人民代表大会常务委员会第二十四次会议通过 2016年11月7日中华人民共和国主席令第53号公布 自2017年6月1日起施行)

第一章 总 则

第一条 【立法目的】为了保障网络安全，维护网络空间主权和国家安全、社会公共利益，保护公民、法人和其他组织的合法权益，促进经济社会信息化健康发展，制定本法。

注释 ［维护网络空间主权］

网络空间主权是国家主权在网络空间的体现和延伸，网络空间主权原则是我国维护国家安全和利益、参与网络国际治理与合作所坚持的重要原则。

网络空间主权至少包括以下内容：一是国内主权，即国家拥有对其领土范围内网络基础设施、网络活动与信息的管辖权；二是"依赖性主权"，即国家拥有管理跨界网络活动的权力，这一权力通常需要依赖国家之间的合作来实现；三是独立权，即独立制定政策、自主处理国内外网络事务，不受他国干涉的权力；四是自卫权，即对他国的网络攻击有采取自卫措施的权力。

第二条 【调整范围】在中华人民共和国境内建设、运营、维护和使用网络，以及网络安全的监督管理，适用本法。

注释 本法是全国人大常委会制定的法律，其效力原则上限于我国境内。需要说明的是，虽然本法原则上只在我国境内适用，但考虑到跨境网络活动的特殊性，网络安全法还规定了其特定的域外效力：一是规定，国家采取措施，监测、防御、处置来源于中华人民共和国境内外的网络安全风险和威胁。二是规定，国家网信部门和有关部门发现来源于中华人民共和国境外的我国法律、行政法规禁止发布或者传输的信息的，应当通知有关机构采取技术措施和其他必要措施阻断传播。三是规定，境外的机构、组织、个人从事攻击、侵入、干扰、破坏等危害中华人民共和国的关键信息基础设施的活动，造成严重后果的，依法追究法律责任；公安部门和国务院有关部门并可以决定对该机构、组织、个人采取冻结财产或者其他必要的制裁措施。另外，其他法律规定的涉外网络活动应当适用我国法律的，也应当适用我国法律。

第三条 【网络安全工作的基本原则】国家坚持网络安全与信息化发展并重，遵循积极利用、科学发展、依法管理、确保安全的方针，推进网络基础设施建设和互联互通，鼓励网络技术创新和应用，支持培养网络安全人才，建立健全网络安全保障体系，提高网络安全保护能力。

第四条 【国家网络安全战略】国家制定并不断完善网络安全战略，明确保障网络安全的基本要求和主要目标，提出重点领域的网络安全政策、工作任务和措施。

注释 国家网络安全战略是国家从网络安全国际国内形势和全局出发，确定网络安全工作目标、任务并为实现上述目标和任务而制定的方略和规划。国家网络安全战略具有全局性、综合性、整体性、长远性，是指导、统筹网络安全工作的最高原则和纲领。

本条对我国网络安全战略的主要内容作了原则规定，包括：保障网络安全的基本要求；保障网络安全的主要目标；重点领域的网络安全政策、工作任务和措施。国家网络空间安全的目标是：以总体国家安全观为指导，贯彻落实创新、协调、绿色、开放、共享的发展理念，增强风险意识和危机意识，统筹国内国际两个大局，统筹发展安全两件大事，积极防御、有效应对，推进网络空间和平、安全、开放、合作、有序，维护国家主权、安全、发展利益，实现建设网络强国的战略目标。维护网络空间安全的原则包括：尊重维护网络空间主权、和平利用网络空间、依法治理网络空间、统筹网络安全与发展；战略任务包括：坚定捍卫网络空间主权、坚决维护国家安全、保护关键信息基础设施、加强网络文化建设、打击网络恐怖和违法犯罪、完善网络治理体系、夯实网络安全基础、提升网络空间防护能力、强化网络空间国际合作。

第五条 【国家维护网络安全的主要任务】国家采取措施,监测、防御、处置来源于中华人民共和国境内外的网络安全风险和威胁,保护关键信息基础设施免受攻击、侵入、干扰和破坏,依法惩治网络违法犯罪活动,维护网络空间安全和秩序。

注释 我国面临的网络安全风险和威胁概括起来主要包括三个方面:一是,网络入侵、网络攻击等非法活动,严重威胁着运行安全;二是,非法获取、泄露甚至倒卖公民个人信息,侮辱诽谤他人、侵犯知识产权等违法活动在网络上时有发生,严重损害公民、法人和其他组织的合法权益;三是,宣扬恐怖主义、极端主义,煽动颠覆国家政权、推翻社会主义制度,以及淫秽色情等违法信息,借助网络传播、扩散,严重危害国家安全和社会公共利益。国家维护网络安全,必须采取措施监测、防御并处置各类网络安全风险和威胁,保障网络安全稳定运行,防止因网络活动对国家安全、社会公共利益和公民合法权益造成损害。

第六条 【网络安全的社会参与】国家倡导诚实守信、健康文明的网络行为,推动传播社会主义核心价值观,采取措施提高全社会的网络安全意识和水平,形成全社会共同参与促进网络安全的良好环境。

第七条 【网络安全国际合作】国家积极开展网络空间治理、网络技术研发和标准制定、打击网络违法犯罪等方面的国际交流与合作,推动构建和平、安全、开放、合作的网络空间,建立多边、民主、透明的网络治理体系。

第八条 【网络安全监督管理体制】国家网信部门负责统筹协调网络安全工作和相关监督管理工作。国务院电信主管部门、公安部门和其他有关机关依照本法和有关法律、行政法规的规定,在各自职责范围内负责网络安全保护和监督管理工作。

县级以上地方人民政府有关部门的网络安全保护和监督管理职责，按照国家有关规定确定。

第九条　【网络运营者的基本义务】网络运营者开展经营和服务活动，必须遵守法律、行政法规，尊重社会公德，遵守商业道德，诚实信用，履行网络安全保护义务，接受政府和社会的监督，承担社会责任。

> **注释**　网络运营者开展经营和服务活动，应当履行下列义务：
>
> （1）遵守法律、行政法规。法律、行政法规是对全体社会成员具有普遍约束力的行为规范。网络运营者开展经营和服务活动应当遵守法律、行政法规，在法律、行政法规的范围内行事，履行法律、行政法规规定的义务，承担法律、行政法规规定的责任。
>
> （2）遵守商业道德。商业道德是在长期商业活动中形成的、被社会广泛承认和接受的、对商业活动具有影响力和约束力的准则和规范。网络运营者开展经营和服务活动，在遵守法律、行政法规的同时，应当遵守商业道德，并可根据自身情况制定本组织的商业道德规范，约束本组织、高级管理人员及员工的行为，以此增强本组织凝聚力，谋求本组织健康长远发展。
>
> （3）诚实信用。诚实信用是民事活动的基本原则，这一原则要求民事主体重承诺、守信用，以最大的善意从事民事活动，特别是在缔结合同时应当合理确定与相对方的权利和义务，在履行合同时应当按照约定正当行使权利和履行义务。
>
> （4）履行网络安全保护义务。网络运营者作为网络的管理者、使用者和利用他人网络从事相关服务的网络服务提供者，是网络安全的第一责任人，应当履行法律规定的维护网络安全的义务。
>
> （5）接受政府和社会的监督。网络运营者建设、运营网络或者通过网络提供服务，是否符合法律、行政法规的规定，事关国家利益、公共利益以及社会公众的利益，因此应当接受政府和社会公众的监督，包括对政府及政府有关部门依法实施的监督管理予以配合，及时处理社会公众的投诉等。
>
> （6）承担社会责任。网络运营者在履行法律、行政法规规定的

强制性义务的基础上,为实现自身和社会可持续发展,在道德规范、商业伦理等方面应当承担包括防止环境污染、保护生态、维护职工权益以及参与社会公益事业等社会责任。

第十条　【维护网络安全的总体要求】 建设、运营网络或者通过网络提供服务,应当依照法律、行政法规的规定和国家标准的强制性要求,采取技术措施和其他必要措施,保障网络安全、稳定运行,有效应对网络安全事件,防范网络违法犯罪活动,维护网络数据的完整性、保密性和可用性。

注释　本条概括规定了建设、运营网络或者通过网络提供服务应当遵守的维护网络安全的总体要求。

保障网络运行安全的依据是法律、行政法规的规定和国家标准的强制性要求;保障网络运行安全的手段是采取技术措施和其他必要措施,其他必要措施主要是指管理措施;目标是保障网络安全、稳定运行,有效应对网络安全事件,以保障网络的正常功能。

这里的网络违法犯罪活动,既包括非法侵入他人网络、干扰他人网络正常功能、窃取网络数据等危害网络安全的违法犯罪活动,也包括利用网络从事的危害国家安全、损害公共利益、侵害他人合法权益等各种违法犯罪活动。建设、运营网络或者通过网络提供服务,应当依照法律、行政法规的规定和国家标准的强制性要求,采取技术措施和其他必要措施,及时发现并处置网络违法犯罪活动,防止网络违法犯罪活动对自身及他人利益造成损害。对怠于履行防范网络违法犯罪活动的义务,或者放任网络违法犯罪活动发生、蔓延的,应当依法承担法律责任。

网络数据安全即维护网络数据的完整性、保密性和可用性,这一要求也是与网络安全的含义相对应的。完整性,是指防止网络数据被不正当地修改或破坏,确保数据的不可否认和真实;保密性,是指防止对网络数据未经授权的访问;可用性,是指确保网络数据能够及时可靠地获取和使用。

第十一条　【网络安全行业自律】 网络相关行业组织按照章程,加强行业自律,制定网络安全行为规范,指导会员加强网络安全保护，提高网络安全保护水平，促进行业健康发展。

第十二条 【网络活动参与者的权利和义务】国家保护公民、法人和其他组织依法使用网络的权利，促进网络接入普及，提升网络服务水平，为社会提供安全、便利的网络服务，保障网络信息依法有序自由流动。

任何个人和组织使用网络应当遵守宪法法律，遵守公共秩序，尊重社会公德，不得危害网络安全，不得利用网络从事危害国家安全、荣誉和利益，煽动颠覆国家政权、推翻社会主义制度，煽动分裂国家、破坏国家统一，宣扬恐怖主义、极端主义，宣扬民族仇恨、民族歧视，传播暴力、淫秽色情信息，编造、传播虚假信息扰乱经济秩序和社会秩序，以及侵害他人名誉、隐私、知识产权和其他合法权益等活动。

第十三条 【未成年人网络保护】国家支持研究开发有利于未成年人健康成长的网络产品和服务，依法惩治利用网络从事危害未成年人身心健康的活动，为未成年人提供安全、健康的网络环境。

第十四条 【危害网络安全行为的举报及处理】任何个人和组织有权对危害网络安全的行为向网信、电信、公安等部门举报。收到举报的部门应当及时依法作出处理；不属于本部门职责的，应当及时移送有权处理的部门。

有关部门应当对举报人的相关信息予以保密，保护举报人的合法权益。

第二章 网络安全支持与促进

第十五条 【网络安全标准】国家建立和完善网络安全标准体系。国务院标准化行政主管部门和国务院其他有关部门根据各自的职责，组织制定并适时修订有关网络安全管理以及网络产品、服务和运行安全的国家标准、行业标准。

国家支持企业、研究机构、高等学校、网络相关行业组织参与网络安全国家标准、行业标准的制定。

第十六条 【促进网络安全技术和产业发展】国务院和省、自治区、直辖市人民政府应当统筹规划,加大投入,扶持重点网络安全技术产业和项目,支持网络安全技术的研究开发和应用,推广安全可信的网络产品和服务,保护网络技术知识产权,支持企业、研究机构和高等学校等参与国家网络安全技术创新项目。

第十七条 【网络安全社会化服务体系建设】国家推进网络安全社会化服务体系建设,鼓励有关企业、机构开展网络安全认证、检测和风险评估等安全服务。

第十八条 【促进数据资源开发利用】国家鼓励开发网络数据安全保护和利用技术,促进公共数据资源开放,推动技术创新和经济社会发展。

国家支持创新网络安全管理方式,运用网络新技术,提升网络安全保护水平。

第十九条 【网络安全宣传教育】各级人民政府及其有关部门应当组织开展经常性的网络安全宣传教育,并指导、督促有关单位做好网络安全宣传教育工作。

大众传播媒介应当有针对性地面向社会进行网络安全宣传教育。

第二十条 【网络安全人才培养】国家支持企业和高等学校、职业学校等教育培训机构开展网络安全相关教育与培训,采取多种方式培养网络安全人才,促进网络安全人才交流。

第三章 网络运行安全

第一节 一般规定

第二十一条 【网络安全等级保护制度】国家实行网络安全等级保护制度。网络运营者应当按照网络安全等级保护制度的要求,履行下列安全保护义务,保障网络免受干扰、破坏或者未经授权的访问,防止网络数据泄露或者被窃取、篡改:

(一)制定内部安全管理制度和操作规程,确定网络安全负责

人,落实网络安全保护责任;

(二)采取防范计算机病毒和网络攻击、网络侵入等危害网络安全行为的技术措施;

(三)采取监测、记录网络运行状态、网络安全事件的技术措施,并按照规定留存相关的网络日志不少于六个月;

(四)采取数据分类、重要数据备份和加密等措施;

(五)法律、行政法规规定的其他义务。

注释 网络安全等级保护制度是我国现行的网络安全领域的一项重要制度。网络安全等级保护制度的主要内容可以分为技术类安全要求和管理类安全要求两大类。技术类安全要求主要从物理安全、网络安全、主机安全、应用安全和数据安全几个层面提出,通过在信息系统中部署软硬件并正确配置其安全功能来实现;管理类安全要求主要从安全管理制度、安全管理机构、人员安全管理、系统建设管理和系统运维管理几个方面提出,通过控制各种角色的活动,从政策、制度、规范、流程以及记录等方面作出规定来实现。

本条根据网络安全等级保护制度,对网络运营者的安全保护义务作了基本规定,主要包括以下几个方面:

1. 制定内部安全管理制度和操作规程,确定网络安全负责人,落实网络安全保护责任。网络运营者应当依照法律、行政法规及网络安全等级保护制度的规定,制定内部安全管理制度和操作规程,细化并落实安全管理义务,根据不同保护等级设置安全管理机构、安全管理人员、安全主管、安全管理负责人等,并明确相关机构和人员的职责。安全管理制度和操作规程规定的每一项具体制度、每一个操作步骤都应当有具体的责任人,哪个环节出了责任事故都要有相应的人员负责。

2. 采取防范危害网络安全行为的技术措施。网络运营者应当依照法律、行政法规及网络安全等级保护制度的规定,切实采取技术防范措施,从技术上防范计算机病毒和网络攻击、网络侵入等网络安全风险。

3. 配备相应的硬件和软件监测、记录网络运行状态、网络安全事件，按照规定留存相关网络日志。网络日志是对网络信息系统的用户访问、运行状态、系统维护等情况的记录，对于追溯非法操作、未经授权的访问，并维护网络安全以及调查网络违法犯罪活动具有重要作用。考虑到网络日志的种类较多，哪些需要按照本条规定留存不少于六个月，需要根据维护网络安全的实际来确定，因此，本条规定，网络运营者应当按照规定留存相关的网络日志不少于六个月。

4. 采取数据分类、重要数据备份和加密等措施。数据分类就是按照某种标准，例如重要程度，对数据进行区分、归类。数据备份就是为防止系统故障或者其他安全事件导致数据丢失，而将数据从应用主机的硬盘或阵列复制、存储到其他存储介质。数据加密就是通过加密算法和密钥将明文数据转变为密文数据，从而实现数据的保密性。网络运营者应当依照本法和有关法律、行政法规以及网络安全等级保护制度的规定，采取数据分类、重要数据备份和加密等措施，保护网络数据安全。

5. 网络运营者的其他义务。除了本法规定的义务外，网络运营者还应当履行其他有关法律、行政法规规定的网络安全保护义务。

第二十二条 【网络产品和服务提供者的安全义务】网络产品、服务应当符合相关国家标准的强制性要求。网络产品、服务的提供者不得设置恶意程序；发现其网络产品、服务存在安全缺陷、漏洞等风险时，应当立即采取补救措施，按照规定及时告知用户并向有关主管部门报告。

网络产品、服务的提供者应当为其产品、服务持续提供安全维护；在规定或者当事人约定的期限内，不得终止提供安全维护。

网络产品、服务具有收集用户信息功能的，其提供者应当向用户明示并取得同意；涉及用户个人信息的，还应当遵守本法和有关法律、行政法规关于个人信息保护的规定。

第二十三条 【网络关键设备和安全专用产品的认证检测】网络关键设备和网络安全专用产品应当按照相关国家标准的强制性要求，由具备资格的机构安全认证合格或者安全检测符合要求后，方可销售或者提供。国家网信部门会同国务院有关部门制定、公布网络关键设备和网络安全专用产品目录,并推动安全认证和安全检测结果互认,避免重复认证、检测。

第二十四条 【网络用户身份管理制度】 网络运营者为用户办理网络接入、域名注册服务,办理固定电话、移动电话等入网手续,或者为用户提供信息发布、即时通讯等服务,在与用户签订协议或者确认提供服务时,应当要求用户提供真实身份信息。用户不提供真实身份信息的,网络运营者不得为其提供相关服务。

国家实施网络可信身份战略,支持研究开发安全、方便的电子身份认证技术,推动不同电子身份认证之间的互认。

注释 本法规定的用户身份管理制度包括基础环节和应用环节。基础环节包括网络接入、域名注册、固定电话和移动电话入网等。按照我国目前有关网络接入、互联网域名注册以及电话用户身份管理方面的规定,都要求服务提供者在为用户办理业务时,必须要求用户出示有效证件,并予以核对、登记。应用环节包括提供信息发布、即时通讯服务等。按照《互联网用户账号名称管理规定》,互联网信息服务提供者应当按照"后台实名、前台自愿"的原则,要求互联网信息服务使用者通过真实身份信息认证后注册账号。在实际操作中,多数服务提供者是通过手机号进行验证,实现用户身份实名制。要求用户提供真实身份信息是网络运营者的一项法定义务,网络运营者在与用户签订协议或者确认提供服务时,应当要求用户提供真实身份信息,用户不提供真实身份信息的,网络运营者不得为其提供相关服务。

第二十五条 【网络运营者的应急处置措施】 网络运营者应当制定网络安全事件应急预案,及时处置系统漏洞、计算机病毒、网络攻击、网络侵入等安全风险;在发生危害网络安全的事件时,立即启动应急预案,采取相应的补救措施,并按照规定向有关主管部门报告。

注释 应急预案是指突发事件应急方针、政策,应急组织结构及其职责,应急行动、措施和保障等方面的要求和程序的文件。

为了有效应对、处置网络安全事件，保障网络安全、稳定运行，本条要求网络运营者制定网络安全事件应急预案。网络运营者应当结合自身生产经营情况，对系统漏洞、计算机病毒、网络攻击、网络侵入等安全风险进行系统评估并作出预测，提出应对网络安全事件的指导思想、基本策略，组织机构、人员、技术、物资保障，指挥处置程序、应急和支持措施等，制定形成预案，使网络安全事件应急处置工作有章可循、有据可依。应急预案通常应当包括下列内容：(1) 明确有关各方的分工和责任；(2) 明确各类事故的诊断方法和流程；事故场景应覆盖电力故障、火情水灾、人为破坏、病毒爆发、网络攻击、计算机硬件故障、操作系统故障、系统漏洞、应用系统故障以及其他各类与网络相关的故障；(3) 制定网络恢复流程和应急处置操作手册；(4) 明确应急恢复过程中的关键状态，并明确不同状态的沟通和报告内容及等级；(5) 明确应急相关人员的协调内容和沟通方式；(6) 明确系统重建步骤，确保网络恢复正常业务处理能力。

第二十六条 【网络安全服务活动的规范】 开展网络安全认证、检测、风险评估等活动，向社会发布系统漏洞、计算机病毒、网络攻击、网络侵入等网络安全信息，应当遵守国家有关规定。

第二十七条 【禁止危害网络安全的行为】 任何个人和组织不得从事非法侵入他人网络、干扰他人网络正常功能、窃取网络数据等危害网络安全的活动；不得提供专门用于从事侵入网络、干扰网络正常功能及防护措施、窃取网络数据等危害网络安全活动的程序、工具；明知他人从事危害网络安全的活动的，不得为其提供技术支持、广告推广、支付结算等帮助。

注释 "侵入"，是指未经他人授权，通过技术手段进入他人网络。"干扰他人网络正常功能"，是指对网络功能进行删除、修改、增加、干扰，造成计算机信息系统不能正常运行。"窃取网络数据"，是指未经他人允许，采用技术手段，获取网络中存储、传输、处理的数据的行为。"技术支持"是指为从事危害网络安全的行为提供互联网接入、服务器托管、网络存储、通讯传输等技术方

面的帮助。"广告推广"是指为从事危害网络安全的行为做广告宣传或推广,帮助其扩大影响或者获得收入来源。"支付结算"是指为从事危害网络安全的行为或行为人提供收款、转账、取款、付款等服务,为行为人获得资金支持提供便利。

第二十八条　【网络运营者的技术支持和协助义务】网络运营者应当为公安机关、国家安全机关依法维护国家安全和侦查犯罪的活动提供技术支持和协助。

第二十九条　【网络安全风险的合作应对】国家支持网络运营者之间在网络安全信息收集、分析、通报和应急处置等方面进行合作,提高网络运营者的安全保障能力。

有关行业组织建立健全本行业的网络安全保护规范和协作机制,加强对网络安全风险的分析评估,定期向会员进行风险警示,支持、协助会员应对网络安全风险。

第三十条　【执法信息用途限制】网信部门和有关部门在履行网络安全保护职责中获取的信息,只能用于维护网络安全的需要,不得用于其他用途。

第二节　关键信息基础设施的运行安全

第三十一条　【关键信息基础设施保护制度】国家对公共通信和信息服务、能源、交通、水利、金融、公共服务、电子政务等重要行业和领域,以及其他一旦遭到破坏、丧失功能或者数据泄露,可能严重危害国家安全、国计民生、公共利益的关键信息基础设施,在网络安全等级保护制度的基础上,实行重点保护。关键信息基础设施的具体范围和安全保护办法由国务院制定。

国家鼓励关键信息基础设施以外的网络运营者自愿参与关键信息基础设施保护体系。

第三十二条　【关键信息基础设施安全保护工作部门的职责】按照国务院规定的职责分工,负责关键信息基础设施安全保护工作的部门分别编制并组织实施本行业、本领域的关键信息基础设施安全规划,指导和监督关键信息基础设施运行安全保护工作。

第三十三条 【关键信息基础设施建设的安全要求】建设关键信息基础设施应当确保其具有支持业务稳定、持续运行的性能,并保证安全技术措施同步规划、同步建设、同步使用。

第三十四条 【关键信息基础设施运营者的安全保护义务】除本法第二十一条的规定外,关键信息基础设施的运营者还应当履行下列安全保护义务:

(一)设置专门安全管理机构和安全管理负责人,并对该负责人和关键岗位的人员进行安全背景审查;

(二)定期对从业人员进行网络安全教育、技术培训和技能考核;

(三)对重要系统和数据库进行容灾备份;

(四)制定网络安全事件应急预案,并定期进行演练;

(五)法律、行政法规规定的其他义务。

第三十五条 【关键信息基础设施采购的国家安全审查】关键信息基础设施的运营者采购网络产品和服务,可能影响国家安全的,应当通过国家网信部门会同国务院有关部门组织的国家安全审查。

第三十六条 【关键信息基础设施采购的安全保密义务】关键信息基础设施的运营者采购网络产品和服务,应当按照规定与提供者签订安全保密协议,明确安全和保密义务与责任。

> **注释** 本条在实践做法的基础上,要求关键信息基础设施的运营者采购网络产品和服务时,应当按照有关规定与提供者签订安全保密协议,明确安全和保密义务与责任:(1)关键信息基础设施的运营者应当加强资质资信审查,慎重选择网络产品和服务的供应商;(2)应当按照规定与供应商签订保密协议,明确供应商的安全义务、保密义务及不履行义务应承担的责任和义务;(3)应当监督供应商进行设备安装、测试、检测、维修、安全维护等各方面的活动,留存操作记录,保证供应商按照协议的规定履行安全和保密义务。

第三十七条 【关键信息基础设施数据的境内存储和对外提供】关键信息基础设施的运营者在中华人民共和国境内运营中收集和产

生的个人信息和重要数据应当在境内存储。因业务需要，确需向境外提供的，应当按照国家网信部门会同国务院有关部门制定的办法进行安全评估；法律、行政法规另有规定的，依照其规定。

注释 本条考虑了关键信息基础设施运营者跨境业务的需要和网络服务的特点，规定因业务需要经过安全评估可以向境外提供这些数据，此项评估是为了监督并保证对这些数据的保护符合我国的安全要求和标准；本条还考虑到某些国际执法合作及特定商业活动的需要，明确法律、行政法规可以作出特别的规定。根据本条规定，国家网信部门应当会同国务院有关部门制定关键信息基础设施数据对外提供的安全评估办法，以实施这一制度。

第三十八条 【关键信息基础设施的定期安全检测评估】 关键信息基础设施的运营者应当自行或者委托网络安全服务机构对其网络的安全性和可能存在的风险每年至少进行一次检测评估，并将检测评估情况和改进措施报送相关负责关键信息基础设施安全保护工作的部门。

第三十九条 【关键信息基础设施保护的统筹协作机制】 国家网信部门应当统筹协调有关部门对关键信息基础设施的安全保护采取下列措施：

（一）对关键信息基础设施的安全风险进行抽查检测，提出改进措施，必要时可以委托网络安全服务机构对网络存在的安全风险进行检测评估；

（二）定期组织关键信息基础设施的运营者进行网络安全应急演练，提高应对网络安全事件的水平和协同配合能力；

（三）促进有关部门、关键信息基础设施的运营者以及有关研究机构、网络安全服务机构等之间的网络安全信息共享；

（四）对网络安全事件的应急处置与网络功能的恢复等，提供技术支持和协助。

注释 本条根据国家网信部门的职能，要求其统筹协调有关部门对关键信息基础设施的安全保护采取下列措施：（1）对关键信息基础设施的安全风险进行抽查检测。国家网信部门应当统筹协调有关部门制定方案，有计划地进行抽查检测，避免重复检测。抽查检测可以确定由有关部门进行，必要时也可以委托网络安全服务机构进行。(2) 组织关键信息基础设施运营者进行应急演练。国家网信部门会同有关部门组织关键信息基础设施运营者进行应急演练，可以检验政府部门及运营者之间应急处置指挥的有效性、信息传递的及时性、处置行动的一致性以及预案的科学性，从而提高应对网络安全事件的水平和协同配合能力。(3) 促进关键信息基础设施网络安全信息共享。各相关机构共享网络安全信息，一是，有关部门可以不断增强网络安全风险和威胁的感知能力，为网络安全形势的研判、网络安全风险的预警、网络安全事件的应急处置，以及完善相关管理制度提供依据。二是，关键信息基础设施的运营者可以分享网络安全保护的经验，借鉴其他运营者的最佳实践，提升其安全保护能力。三是，有关研究机构、网络安全服务机构等也可以借此提升本机构的研究和服务水平。(4) 对关键信息基础设施的应急处置和功能恢复提供支持和协助。

第四章　网络信息安全

第四十条　【建立用户信息保护制度】网络运营者应当对其收集的用户信息严格保密，并建立健全用户信息保护制度。

第四十一条　【个人信息收集使用规则】网络运营者收集、使用个人信息，应当遵循合法、正当、必要的原则，公开收集、使用规则，明示收集、使用信息的目的、方式和范围，并经被收集者同意。

网络运营者不得收集与其提供的服务无关的个人信息，不得违反法律、行政法规的规定和双方的约定收集、使用个人信息，并应当依照法律、行政法规的规定和与用户的约定，处理其保存的个人信息。

第四十二条　【网络运营者的个人信息保护义务】网络运营者不得泄露、篡改、毁损其收集的个人信息；未经被收集者同意，不得向他人提供个人信息。但是，经过处理无法识别特定个人且不能复原的除外。

网络运营者应当采取技术措施和其他必要措施,确保其收集的个人信息安全,防止信息泄露、毁损、丢失。在发生或者可能发生个人信息泄露、毁损、丢失的情况时,应当立即采取补救措施,按照规定及时告知用户并向有关主管部门报告。

第四十三条 【个人信息的删除权和更正权】个人发现网络运营者违反法律、行政法规的规定或者双方的约定收集、使用其个人信息的,有权要求网络运营者删除其个人信息;发现网络运营者收集、存储的其个人信息有错误的,有权要求网络运营者予以更正。网络运营者应当采取措施予以删除或者更正。

第四十四条 【禁止非法获取、买卖、提供个人信息】任何个人和组织不得窃取或者以其他非法方式获取个人信息,不得非法出售或者非法向他人提供个人信息。

第四十五条 【监督管理部门的保密义务】依法负有网络安全监督管理职责的部门及其工作人员,必须对在履行职责中知悉的个人信息、隐私和商业秘密严格保密,不得泄露、出售或者非法向他人提供。

第四十六条 【禁止利用网络从事与违法犯罪相关的活动】任何个人和组织应当对其使用网络的行为负责,不得设立用于实施诈骗,传授犯罪方法,制作或者销售违禁物品、管制物品等违法犯罪活动的网站、通讯群组,不得利用网络发布涉及实施诈骗,制作或者销售违禁物品、管制物品以及其他违法犯罪活动的信息。

第四十七条 【网络运营者处置违法信息的义务】网络运营者应当加强对其用户发布的信息的管理,发现法律、行政法规禁止发布或者传输的信息的,应当立即停止传输该信息,采取消除等处置措施,防止信息扩散,保存有关记录,并向有关主管部门报告。

注释 依照本条规定,网络运营者发现用户发布法律、行政法规禁止发布或者传输的信息的,一是应当立即停止传输该信息,阻止违法信息通过其所提供的网络服务传播给他人;二是应当采取消除等处置措施,防止信息扩散,减小违法信息的影响和危害;三是应当保存有关记录，为依法追究信息发布者的责任提供依据；四是应当根据违法信息的内容和性质，向有关主管部门报告。

第四十八条　【电子信息和应用软件的信息安全要求及其提供者处置违法信息的义务】任何个人和组织发送的电子信息、提供的应用软件，不得设置恶意程序，不得含有法律、行政法规禁止发布或者传输的信息。

电子信息发送服务提供者和应用软件下载服务提供者，应当履行安全管理义务，知道其用户有前款规定行为的，应当停止提供服务，采取消除等处置措施，保存有关记录，并向有关主管部门报告。

第四十九条　【投诉举报及配合监督检查的义务】网络运营者应当建立网络信息安全投诉、举报制度，公布投诉、举报方式等信息，及时受理并处理有关网络信息安全的投诉和举报。

网络运营者对网信部门和有关部门依法实施的监督检查，应当予以配合。

第五十条　【监督管理部门对违法信息的处置】国家网信部门和有关部门依法履行网络信息安全监督管理职责，发现法律、行政法规禁止发布或者传输的信息的，应当要求网络运营者停止传输，采取消除等处置措施，保存有关记录；对来源于中华人民共和国境外的上述信息，应当通知有关机构采取技术措施和其他必要措施阻断传播。

第五章　监测预警与应急处置

第五十一条　【国家网络安全监测预警和信息通报制度】国家建立网络安全监测预警和信息通报制度。国家网信部门应当统筹协调有关部门加强网络安全信息收集、分析和通报工作，按照规定统一发布网络安全监测预警信息。

第五十二条　【关键信息基础设施的安全监测预警和信息通报】负责关键信息基础设施安全保护工作的部门，应当建立健全本行业、本领域的网络安全监测预警和信息通报制度，并按照规定报送网络安全监测预警信息。

第五十三条 【网络安全事件应急预案】国家网信部门协调有关部门建立健全网络安全风险评估和应急工作机制，制定网络安全事件应急预案，并定期组织演练。

负责关键信息基础设施安全保护工作的部门应当制定本行业、本领域的网络安全事件应急预案，并定期组织演练。

网络安全事件应急预案应当按照事件发生后的危害程度、影响范围等因素对网络安全事件进行分级，并规定相应的应急处置措施。

第五十四条 【网络安全风险预警】网络安全事件发生的风险增大时，省级以上人民政府有关部门应当按照规定的权限和程序，并根据网络安全风险的特点和可能造成的危害，采取下列措施：

（一）要求有关部门、机构和人员及时收集、报告有关信息，加强对网络安全风险的监测；

（二）组织有关部门、机构和专业人员，对网络安全风险信息进行分析评估，预测事件发生的可能性、影响范围和危害程度；

（三）向社会发布网络安全风险预警，发布避免、减轻危害的措施。

第五十五条 【网络安全事件的应急处置】发生网络安全事件，应当立即启动网络安全事件应急预案，对网络安全事件进行调查和评估，要求网络运营者采取技术措施和其他必要措施，消除安全隐患，防止危害扩大，并及时向社会发布与公众有关的警示信息。

第五十六条 【约谈制度】省级以上人民政府有关部门在履行网络安全监督管理职责中，发现网络存在较大安全风险或者发生安全事件的，可以按照规定的权限和程序对该网络的运营者的法定代表人或者主要负责人进行约谈。网络运营者应当按照要求采取措施，进行整改，消除隐患。

第五十七条 【突发事件和生产安全事故的处置】因网络安全事件，发生突发事件或者生产安全事故的，应当依照《中华人民共和国突发事件应对法》、《中华人民共和国安全生产法》等有关法律、行政法规的规定处置。

第五十八条 【网络通信临时限制措施】因维护国家安全和社会公共秩序,处置重大突发社会安全事件的需要,经国务院决定或者批准,可以在特定区域对网络通信采取限制等临时措施。

第六章 法律责任

第五十九条 【未履行网络运行安全义务的法律责任】网络运营者不履行本法第二十一条、第二十五条规定的网络安全保护义务的,由有关主管部门责令改正,给予警告;拒不改正或者导致危害网络安全等后果的,处一万元以上十万元以下罚款,对直接负责的主管人员处五千元以上五万元以下罚款。

关键信息基础设施的运营者不履行本法第三十三条、第三十四条、第三十六条、第三十八条规定的网络安全保护义务的,由有关主管部门责令改正,给予警告;拒不改正或者导致危害网络安全等后果的,处十万元以上一百万元以下罚款,对直接负责的主管人员处一万元以上十万元以下罚款。

第六十条 【未履行网络产品和服务安全义务的法律责任】违反本法第二十二条第一款、第二款和第四十八条第一款规定,有下列行为之一的,由有关主管部门责令改正,给予警告;拒不改正或者导致危害网络安全等后果的,处五万元以上五十万元以下罚款,对直接负责的主管人员处一万元以上十万元以下罚款:

(一)设置恶意程序的;

(二)对其产品、服务存在的安全缺陷、漏洞等风险未立即采取补救措施,或者未按照规定及时告知用户并向有关主管部门报告的;

(三)擅自终止为其产品、服务提供安全维护的。

第六十一条 【违反用户身份管理规定的法律责任】网络运营者违反本法第二十四条第一款规定,未要求用户提供真实身份信息,或者对不提供真实身份信息的用户提供相关服务的,由有关主管部门责令改正;拒不改正或者情节严重的,处五万元以上五十万元以下罚款,并可以由有关主管部门责令暂停相关业务、停业整顿、关闭网站、吊销相关业务许可证或者吊销营业执照,对直接负责的主管人员和其他直接责任人员处一万元以上十万元以下罚款。

第六十二条 【违法开展网络安全服务活动的法律责任】违反本法第二十六条规定,开展网络安全认证、检测、风险评估等活动,或者向社会发布系统漏洞、计算机病毒、网络攻击、网络侵入等网络安全信息的,由有关主管部门责令改正,给予警告;拒不改正或者情节严重的,处一万元以上十万元以下罚款,并可以由有关主管部门责令暂停相关业务、停业整顿、关闭网站、吊销相关业务许可证或者吊销营业执照,对直接负责的主管人员和其他直接责任人员处五千元以上五万元以下罚款。

第六十三条 【实施危害网络安全行为的法律责任】违反本法第二十七条规定,从事危害网络安全的活动,或者提供专门用于从事危害网络安全活动的程序、工具,或者为他人从事危害网络安全的活动提供技术支持、广告推广、支付结算等帮助,尚不构成犯罪的,由公安机关没收违法所得,处五日以下拘留,可以并处五万元以上五十万元以下罚款;情节较重的,处五日以上十五日以下拘留,可以并处十万元以上一百万元以下罚款。

单位有前款行为的,由公安机关没收违法所得,处十万元以上一百万元以下罚款,并对直接负责的主管人员和其他直接责任人员依照前款规定处罚。

违反本法第二十七条规定,受到治安管理处罚的人员,五年内不得从事网络安全管理和网络运营关键岗位的工作;受到刑事处罚的人员,终身不得从事网络安全管理和网络运营关键岗位的工作。

第六十四条 【侵犯个人信息权利的法律责任】网络运营者、网络产品或者服务的提供者违反本法第二十二条第三款、第四十一条至第四十三条规定,侵害个人信息依法得到保护的权利的,由有关主管部门责令改正,可以根据情节单处或者并处警告、没收违法所得、处违法所得一倍以上十倍以下罚款,没有违法所得的,处一百万元以下罚款,对直接负责的主管人员和其他直接责任人员处一万元以上十万元以下罚款;情节严重的,并可以责令暂停相关业务、停业整顿、关闭网站、吊销相关业务许可证或者吊销营业执照。

违反本法第四十四条规定,窃取或者以其他非法方式获取、非法出售或者非法向他人提供个人信息,尚不构成犯罪的,由公安机关没收违法所得,并处违法所得一倍以上十倍以下罚款,没有违法所得的,处一百万元以下罚款。

第六十五条 【违反关键信息基础设施采购国家安全审查规定应承担的法律责任】关键信息基础设施的运营者违反本法第三十五条规定,使用未经安全审查或者安全审查未通过的网络产品或者服务的,由有关主管部门责令停止使用,处采购金额一倍以上十倍以下罚款;对直接负责的主管人员和其他直接责任人员处一万元以上十万元以下罚款。

第六十六条 【违反关键信息基础设施数据境内存储和对外提供规定的法律责任】关键信息基础设施的运营者违反本法第三十七条规定,在境外存储网络数据,或者向境外提供网络数据的,由有关主管部门责令改正,给予警告,没收违法所得,处五万元以上五十万元以下罚款,并可以责令暂停相关业务、停业整顿、关闭网站、吊销相关业务许可证或者吊销营业执照;对直接负责的主管人员和其他直接责任人员处一万元以上十万元以下罚款。

第六十七条 【利用网络从事与违法犯罪相关的活动的法律责任】违反本法第四十六条规定,设立用于实施违法犯罪活动的网站、通讯群组,或者利用网络发布涉及实施违法犯罪活动的信息,尚不构成犯罪的,由公安机关处五日以下拘留,可以并处一万元以上十万元以下罚款;情节较重的,处五日以上十五日以下拘留,可以并处五万元以上五十万元以下罚款。关闭用于实施违法犯罪活动的网站、通讯群组。

单位有前款行为的,由公安机关处十万元以上五十万元以下罚款,并对直接负责的主管人员和其他直接责任人员依照前款规定处罚。

第六十八条 【未履行信息安全管理义务的法律责任】网络运营者违反本法第四十七条规定,对法律、行政法规禁止发布或者传输的信息未停止传输、采取消除等处置措施、保存有关记录的，由有关主管部门责令改正，给予警告，没收违法所得；拒不改正或者情节严重的，处十万元以上五十万元以下罚款，并可以责令暂停相关业务、停业整顿、关闭网站、吊销相关业务许可证或者吊销营业执照，对直接负责的主管人员和其他直接责任人员处一万元以上十万元以下罚款。

电子信息发送服务提供者、应用软件下载服务提供者，不履行本法第四十八条第二款规定的安全管理义务的，依照前款规定处罚。

第六十九条　【网络运营者阻碍执法的法律责任】网络运营者违反本法规定，有下列行为之一的，由有关主管部门责令改正；拒不改正或者情节严重的，处五万元以上五十万元以下罚款，对直接负责的主管人员和其他直接责任人员，处一万元以上十万元以下罚款：

（一）不按照有关部门的要求对法律、行政法规禁止发布或者传输的信息，采取停止传输、消除等处置措施的；

（二）拒绝、阻碍有关部门依法实施的监督检查的；

（三）拒不向公安机关、国家安全机关提供技术支持和协助的。

第七十条　【发布传输违法信息的法律责任】发布或者传输本法第十二条第二款和其他法律、行政法规禁止发布或者传输的信息的，依照有关法律、行政法规的规定处罚。

第七十一条　【对违法行为人的信用惩戒】有本法规定的违法行为的，依照有关法律、行政法规的规定记入信用档案，并予以公示。

第七十二条　【政务网络运营者不履行安全保护义务的法律责任】国家机关政务网络的运营者不履行本法规定的网络安全保护义务的，由其上级机关或者有关机关责令改正；对直接负责的主管人员和其他直接责任人员依法给予处分。

第七十三条　【执法部门渎职的法律责任】网信部门和有关部门违反本法第三十条规定，将在履行网络安全保护职责中获取的信息用于其他用途的，对直接负责的主管人员和其他直接责任人员依法给予处分。

网信部门和有关部门的工作人员玩忽职守、滥用职权、徇私舞弊，尚不构成犯罪的，依法给予处分。

第七十四条 【民事、刑事责任及治安管理处罚的衔接性规定】违反本法规定，给他人造成损害的，依法承担民事责任。

违反本法规定，构成违反治安管理行为的，依法给予治安管理处罚；构成犯罪的，依法追究刑事责任。

第七十五条 【对攻击关键信息基础设施的境外机构、组织、个人的制裁】境外的机构、组织、个人从事攻击、侵入、干扰、破坏等危害中华人民共和国的关键信息基础设施的活动，造成严重后果的，依法追究法律责任；国务院公安部门和有关部门并可以决定对该机构、组织、个人采取冻结财产或者其他必要的制裁措施。

第七章 附 则

第七十六条 【有关用语的含义】本法下列用语的含义：

（一）网络，是指由计算机或者其他信息终端及相关设备组成的按照一定的规则和程序对信息进行收集、存储、传输、交换、处理的系统。

（二）网络安全，是指通过采取必要措施，防范对网络的攻击、侵入、干扰、破坏和非法使用以及意外事故，使网络处于稳定可靠运行的状态，以及保障网络数据的完整性、保密性、可用性的能力。

（三）网络运营者，是指网络的所有者、管理者和网络服务提供者。

（四）网络数据，是指通过网络收集、存储、传输、处理和产生的各种电子数据。

（五）个人信息，是指以电子或者其他方式记录的能够单独或者与其他信息结合识别自然人个人身份的各种信息，包括但不限于自然人的姓名、出生日期、身份证件号码、个人生物识别信息、住址、电话号码等。

第七十七条 【涉密网络安全保护】存储、处理涉及国家秘密信息的网络的运行安全保护,除应当遵守本法外,还应当遵守保密法律、行政法规的规定。

> **注释** 国家秘密是关系国家安全和利益,依照法定程序确定,在一定时间内只限一定范围的人员知悉的事项。国家秘密的密级分为"绝密""机密""秘密"三级。

第七十八条 【军事网络安全保护】军事网络的安全保护,由中央军事委员会另行规定。

第七十九条 【施行日期】本法自2017年6月1日起施行。

中华人民共和国生物安全法

(2020年10月17日第十三届全国人民代表大会常务委员会第二十二次会议通过 2020年10月17日中华人民共和国主席令第56号公布 自2021年4月15日起施行)

第一章 总 则

第一条 为了维护国家安全,防范和应对生物安全风险,保障人民生命健康,保护生物资源和生态环境,促进生物技术健康发展,推动构建人类命运共同体,实现人与自然和谐共生,制定本法。

第二条 本法所称生物安全,是指国家有效防范和应对危险生物因子及相关因素威胁,生物技术能够稳定健康发展,人民生命健康和生态系统相对处于没有危险和不受威胁的状态,生物领域具备维护国家安全和持续发展的能力。

从事下列活动,适用本法:

(一)防控重大新发突发传染病、动植物疫情;

(二)生物技术研究、开发与应用;

(三)病原微生物实验室生物安全管理;

（四）人类遗传资源与生物资源安全管理；
（五）防范外来物种入侵与保护生物多样性；
（六）应对微生物耐药；
（七）防范生物恐怖袭击与防御生物武器威胁；
（八）其他与生物安全相关的活动。

第三条 生物安全是国家安全的重要组成部分。维护生物安全应当贯彻总体国家安全观，统筹发展和安全，坚持以人为本、风险预防、分类管理、协同配合的原则。

第四条 坚持中国共产党对国家生物安全工作的领导，建立健全国家生物安全领导体制，加强国家生物安全风险防控和治理体系建设，提高国家生物安全治理能力。

第五条 国家鼓励生物科技创新，加强生物安全基础设施和生物科技人才队伍建设，支持生物产业发展，以创新驱动提升生物科技水平，增强生物安全保障能力。

第六条 国家加强生物安全领域的国际合作，履行中华人民共和国缔结或者参加的国际条约规定的义务，支持参与生物科技交流合作与生物安全事件国际救援，积极参与生物安全国际规则的研究与制定，推动完善全球生物安全治理。

第七条 各级人民政府及其有关部门应当加强生物安全法律法规和生物安全知识宣传普及工作，引导基层群众性自治组织、社会组织开展生物安全法律法规和生物安全知识宣传，促进全社会生物安全意识的提升。

相关科研院校、医疗机构以及其他企业事业单位应当将生物安全法律法规和生物安全知识纳入教育培训内容，加强学生、从业人员生物安全意识和伦理意识的培养。

新闻媒体应当开展生物安全法律法规和生物安全知识公益宣传，对生物安全违法行为进行舆论监督，增强公众维护生物安全的社会责任意识。

第八条 任何单位和个人不得危害生物安全。

任何单位和个人有权举报危害生物安全的行为；接到举报的部

门应当及时依法处理。

第九条 对在生物安全工作中做出突出贡献的单位和个人，县级以上人民政府及其有关部门按照国家规定予以表彰和奖励。

第二章 生物安全风险防控体制

第十条 中央国家安全领导机构负责国家生物安全工作的决策和议事协调，研究制定、指导实施国家生物安全战略和有关重大方针政策，统筹协调国家生物安全的重大事项和重要工作，建立国家生物安全工作协调机制。

省、自治区、直辖市建立生物安全工作协调机制，组织协调、督促推进本行政区域内生物安全相关工作。

第十一条 国家生物安全工作协调机制由国务院卫生健康、农业农村、科学技术、外交等主管部门和有关军事机关组成，分析研判国家生物安全形势，组织协调、督促推进国家生物安全相关工作。国家生物安全工作协调机制设立办公室，负责协调机制的日常工作。

国家生物安全工作协调机制成员单位和国务院其他有关部门根据职责分工，负责生物安全相关工作。

第十二条 国家生物安全工作协调机制设立专家委员会，为国家生物安全战略研究、政策制定及实施提供决策咨询。

国务院有关部门组织建立相关领域、行业的生物安全技术咨询专家委员会，为生物安全工作提供咨询、评估、论证等技术支撑。

第十三条 地方各级人民政府对本行政区域内生物安全工作负责。

县级以上地方人民政府有关部门根据职责分工，负责生物安全相关工作。

基层群众性自治组织应当协助地方人民政府以及有关部门做好生物安全风险防控、应急处置和宣传教育等工作。

有关单位和个人应当配合做好生物安全风险防控和应急处置等

工作。

第十四条　国家建立生物安全风险监测预警制度。国家生物安全工作协调机制组织建立国家生物安全风险监测预警体系，提高生物安全风险识别和分析能力。

第十五条　国家建立生物安全风险调查评估制度。国家生物安全工作协调机制应当根据风险监测的数据、资料等信息，定期组织开展生物安全风险调查评估。

有下列情形之一的，有关部门应当及时开展生物安全风险调查评估，依法采取必要的风险防控措施：

（一）通过风险监测或者接到举报发现可能存在生物安全风险；

（二）为确定监督管理的重点领域、重点项目，制定、调整生物安全相关名录或者清单；

（三）发生重大新发突发传染病、动植物疫情等危害生物安全的事件；

（四）需要调查评估的其他情形。

第十六条　国家建立生物安全信息共享制度。国家生物安全工作协调机制组织建立统一的国家生物安全信息平台，有关部门应当将生物安全数据、资料等信息汇交国家生物安全信息平台，实现信息共享。

第十七条　国家建立生物安全信息发布制度。国家生物安全总体情况、重大生物安全风险警示信息、重大生物安全事件及其调查处理信息等重大生物安全信息，由国家生物安全工作协调机制成员单位根据职责分工发布；其他生物安全信息由国务院有关部门和县级以上地方人民政府及其有关部门根据职责权限发布。

任何单位和个人不得编造、散布虚假的生物安全信息。

第十八条　国家建立生物安全名录和清单制度。国务院及其有关部门根据生物安全工作需要，对涉及生物安全的材料、设备、技术、活动、重要生物资源数据、传染病、动植物疫病、外来入侵物种等制定、公布名录或者清单，并动态调整。

第十九条　国家建立生物安全标准制度。国务院标准化主管部门和国务院其他有关部门根据职责分工，制定和完善生物安全领域相关标准。

国家生物安全工作协调机制组织有关部门加强不同领域生物安全标准的协调和衔接，建立和完善生物安全标准体系。

第二十条　国家建立生物安全审查制度。对影响或者可能影响国家安全的生物领域重大事项和活动，由国务院有关部门进行生物安全审查，有效防范和化解生物安全风险。

第二十一条　国家建立统一领导、协同联动、有序高效的生物安全应急制度。

国务院有关部门应当组织制定相关领域、行业生物安全事件应急预案，根据应急预案和统一部署开展应急演练、应急处置、应急救援和事后恢复等工作。

县级以上地方人民政府及其有关部门应当制定并组织、指导和督促相关企业事业单位制定生物安全事件应急预案，加强应急准备、人员培训和应急演练，开展生物安全事件应急处置、应急救援和事后恢复等工作。

中国人民解放军、中国人民武装警察部队按照中央军事委员会的命令，依法参加生物安全事件应急处置和应急救援工作。

第二十二条　国家建立生物安全事件调查溯源制度。发生重大新发突发传染病、动植物疫情和不明原因的生物安全事件，国家生物安全工作协调机制应当组织开展调查溯源，确定事件性质，全面评估事件影响，提出意见建议。

第二十三条　国家建立首次进境或者暂停后恢复进境的动植物、动植物产品、高风险生物因子国家准入制度。

进出境的人员、运输工具、集装箱、货物、物品、包装物和国际航行船舶压舱水排放等应当符合我国生物安全管理要求。

海关对发现的进出境和过境生物安全风险，应当依法处置。经评估为生物安全高风险的人员、运输工具、货物、物品等，应当从指定的国境口岸进境，并采取严格的风险防控措施。

第二十四条　国家建立境外重大生物安全事件应对制度。境外发生重大生物安全事件的,海关依法采取生物安全紧急防控措施,加强证件核验,提高查验比例,暂停相关人员、运输工具、货物、物品等进境。必要时经国务院同意,可以采取暂时关闭有关口岸、封锁有关国境等措施。

第二十五条 县级以上人民政府有关部门应当依法开展生物安全监督检查工作,被检查单位和个人应当配合,如实说明情况,提供资料,不得拒绝、阻挠。

涉及专业技术要求较高、执法业务难度较大的监督检查工作,应当有生物安全专业技术人员参加。

第二十六条 县级以上人民政府有关部门实施生物安全监督检查,可以依法采取下列措施:

(一)进入被检查单位、地点或者涉嫌实施生物安全违法行为的场所进行现场监测、勘查、检查或者核查;

(二)向有关单位和个人了解情况;

(三)查阅、复制有关文件、资料、档案、记录、凭证等;

(四)查封涉嫌实施生物安全违法行为的场所、设施;

(五)扣押涉嫌实施生物安全违法行为的工具、设备以及相关物品;

(六)法律法规规定的其他措施。

有关单位和个人的生物安全违法信息应当依法纳入全国信用信息共享平台。

第三章 防控重大新发突发传染病、动植物疫情

第二十七条 国务院卫生健康、农业农村、林业草原、海关、生态环境主管部门应当建立新发突发传染病、动植物疫情、进出境检疫、生物技术环境安全监测网络,组织监测站点布局、建设,完善监测信息报告系统,开展主动监测和病原检测,并纳入国家生物安全风险监测预警体系。

第二十八条 疾病预防控制机构、动物疫病预防控制机构、植

物病虫害预防控制机构（以下统称专业机构）应当对传染病、动植物疫病和列入监测范围的不明原因疾病开展主动监测，收集、分析、报告监测信息，预测新发突发传染病、动植物疫病的发生、流行趋势。

国务院有关部门、县级以上地方人民政府及其有关部门应当根据预测和职责权限及时发布预警，并采取相应的防控措施。

第二十九条 任何单位和个人发现传染病、动植物疫病的，应当及时向医疗机构、有关专业机构或者部门报告。

医疗机构、专业机构及其工作人员发现传染病、动植物疫病或者不明原因的聚集性疾病的，应当及时报告，并采取保护性措施。

依法应当报告的，任何单位和个人不得瞒报、谎报、缓报、漏报，不得授意他人瞒报、谎报、缓报，不得阻碍他人报告。

第三十条 国家建立重大新发突发传染病、动植物疫情联防联控机制。

发生重大新发突发传染病、动植物疫情，应当依照有关法律法规和应急预案的规定及时采取控制措施；国务院卫生健康、农业农村、林业草原主管部门应当立即组织疫情会商研判，将会商研判结论向中央国家安全领导机构和国务院报告，并通报国家生物安全工作协调机制其他成员单位和国务院其他有关部门。

发生重大新发突发传染病、动植物疫情，地方各级人民政府统一履行本行政区域内疫情防控职责，加强组织领导，开展群防群控、医疗救治，动员和鼓励社会力量依法有序参与疫情防控工作。

第三十一条 国家加强国境、口岸传染病和动植物疫情联合防控能力建设，建立传染病、动植物疫情防控国际合作网络，尽早发现、控制重大新发突发传染病、动植物疫情。

第三十二条 国家保护野生动物，加强动物防疫，防止动物源性传染病传播。

第三十三条 国家加强对抗生素药物等抗微生物药物使用和残留的管理，支持应对微生物耐药的基础研究和科技攻关。

县级以上人民政府卫生健康主管部门应当加强对医疗机构合理

用药的指导和监督，采取措施防止抗微生物药物的不合理使用。县级以上人民政府农业农村、林业草原主管部门应当加强对农业生产中合理用药的指导和监督，采取措施防止抗微生物药物的不合理使用，降低在农业生产环境中的残留。

国务院卫生健康、农业农村、林业草原、生态环境等主管部门和药品监督管理部门应当根据职责分工，评估抗微生物药物残留对人体健康、环境的危害，建立抗微生物药物污染物指标评价体系。

第四章　生物技术研究、开发与应用安全

第三十四条　国家加强对生物技术研究、开发与应用活动的安全管理，禁止从事危及公众健康、损害生物资源、破坏生态系统和生物多样性等危害生物安全的生物技术研究、开发与应用活动。

从事生物技术研究、开发与应用活动，应当符合伦理原则。

第三十五条　从事生物技术研究、开发与应用活动的单位应当对本单位生物技术研究、开发与应用的安全负责，采取生物安全风险防控措施，制定生物安全培训、跟踪检查、定期报告等工作制度，强化过程管理。

第三十六条　国家对生物技术研究、开发活动实行分类管理。根据对公众健康、工业农业、生态环境等造成危害的风险程度，将生物技术研究、开发活动分为高风险、中风险、低风险三类。

生物技术研究、开发活动风险分类标准及名录由国务院科学技术、卫生健康、农业农村等主管部门根据职责分工，会同国务院其他有关部门制定、调整并公布。

第三十七条　从事生物技术研究、开发活动，应当遵守国家生物技术研究开发安全管理规范。

从事生物技术研究、开发活动，应当进行风险类别判断，密切关注风险变化，及时采取应对措施。

第三十八条　从事高风险、中风险生物技术研究、开发活动，

应当由在我国境内依法成立的法人组织进行，并依法取得批准或者进行备案。

从事高风险、中风险生物技术研究、开发活动，应当进行风险评估，制定风险防控计划和生物安全事件应急预案，降低研究、开发活动实施的风险。

第三十九条 国家对涉及生物安全的重要设备和特殊生物因子实行追溯管理。购买或者引进列入管控清单的重要设备和特殊生物因子，应当进行登记，确保可追溯，并报国务院有关部门备案。

个人不得购买或者持有列入管控清单的重要设备和特殊生物因子。

第四十条 从事生物医学新技术临床研究，应当通过伦理审查，并在具备相应条件的医疗机构内进行；进行人体临床研究操作的，应当由符合相应条件的卫生专业技术人员执行。

第四十一条 国务院有关部门依法对生物技术应用活动进行跟踪评估，发现存在生物安全风险的，应当及时采取有效补救和管控措施。

第五章　病原微生物实验室生物安全

第四十二条 国家加强对病原微生物实验室生物安全的管理，制定统一的实验室生物安全标准。病原微生物实验室应当符合生物安全国家标准和要求。

从事病原微生物实验活动，应当严格遵守有关国家标准和实验室技术规范、操作规程，采取安全防范措施。

第四十三条 国家根据病原微生物的传染性、感染后对人和动物的个体或者群体的危害程度，对病原微生物实行分类管理。

从事高致病性或者疑似高致病性病原微生物样本采集、保藏、运输活动，应当具备相应条件，符合生物安全管理规范。具体办法由国务院卫生健康、农业农村主管部门制定。

第四十四条 设立病原微生物实验室，应当依法取得批准或者进行备案。

个人不得设立病原微生物实验室或者从事病原微生物实验活动。

第四十五条 国家根据对病原微生物的生物安全防护水平,对病原微生物实验室实行分等级管理。

从事病原微生物实验活动应当在相应等级的实验室进行。低等级病原微生物实验室不得从事国家病原微生物目录规定应当在高等级病原微生物实验室进行的病原微生物实验活动。

第四十六条 高等级病原微生物实验室从事高致病性或者疑似高致病性病原微生物实验活动,应当经省级以上人民政府卫生健康或者农业农村主管部门批准,并将实验活动情况向批准部门报告。

对我国尚未发现或者已经宣布消灭的病原微生物,未经批准不得从事相关实验活动。

第四十七条 病原微生物实验室应当采取措施,加强对实验动物的管理,防止实验动物逃逸,对使用后的实验动物按照国家规定进行无害化处理,实现实验动物可追溯。禁止将使用后的实验动物流入市场。

病原微生物实验室应当加强对实验活动废弃物的管理,依法对废水、废气以及其他废弃物进行处置,采取措施防止污染。

第四十八条 病原微生物实验室的设立单位负责实验室的生物安全管理,制定科学、严格的管理制度,定期对有关生物安全规定的落实情况进行检查,对实验室设施、设备、材料等进行检查、维护和更新,确保其符合国家标准。

病原微生物实验室设立单位的法定代表人和实验室负责人对实验室的生物安全负责。

第四十九条 病原微生物实验室的设立单位应当建立和完善安全保卫制度,采取安全保卫措施,保障实验室及其病原微生物的安全。

国家加强对高等级病原微生物实验室的安全保卫。高等级病原微生物实验室应当接受公安机关等部门有关实验室安全保卫工作的监督指导,严防高致病性病原微生物泄漏、丢失和被盗、被抢。

国家建立高等级病原微生物实验室人员进入审核制度。进入高等级病原微生物实验室的人员应当经实验室负责人批准。对可能影响实验室生物安全的,不予批准;对批准进入的,应当采取安全保障措施。

第五十条 病原微生物实验室的设立单位应当制定生物安全事件应急预案,定期组织开展人员培训和应急演练。发生高致病性病原微生物泄漏、丢失和被盗、被抢或者其他生物安全风险的,应当按照应急预案的规定及时采取控制措施,并按照国家规定报告。

第五十一条 病原微生物实验室所在地省级人民政府及其卫生健康主管部门应当加强实验室所在地感染性疾病医疗资源配置,提高感染性疾病医疗救治能力。

第五十二条 企业对涉及病原微生物操作的生产车间的生物安全管理,依照有关病原微生物实验室的规定和其他生物安全管理规范进行。

涉及生物毒素、植物有害生物及其他生物因子操作的生物安全实验室的建设和管理,参照有关病原微生物实验室的规定执行。

第六章 人类遗传资源与生物资源安全

第五十三条 国家加强对我国人类遗传资源和生物资源采集、保藏、利用、对外提供等活动的管理和监督,保障人类遗传资源和生物资源安全。

国家对我国人类遗传资源和生物资源享有主权。

第五十四条 国家开展人类遗传资源和生物资源调查。

国务院科学技术主管部门组织开展我国人类遗传资源调查,制定重要遗传家系和特定地区人类遗传资源申报登记办法。

国务院科学技术、自然资源、生态环境、卫生健康、农业农村、林业草原、中医药主管部门根据职责分工,组织开展生物资源调查,制定重要生物资源申报登记办法。

第五十五条 采集、保藏、利用、对外提供我国人类遗传资源,应当符合伦理原则,不得危害公众健康、国家安全和社会公共利益。

第五十六条 从事下列活动,应当经国务院科学技术主管部门批准:

（一）采集我国重要遗传家系、特定地区人类遗传资源或者采集国务院科学技术主管部门规定的种类、数量的人类遗传资源；
（二）保藏我国人类遗传资源；
（三）利用我国人类遗传资源开展国际科学研究合作；
（四）将我国人类遗传资源材料运送、邮寄、携带出境。

前款规定不包括以临床诊疗、采供血服务、查处违法犯罪、兴奋剂检测和殡葬等为目的采集、保藏人类遗传资源及开展的相关活动。

为了取得相关药品和医疗器械在我国上市许可，在临床试验机构利用我国人类遗传资源开展国际合作临床试验、不涉及人类遗传资源出境的，不需要批准；但是，在开展临床试验前应当将拟使用的人类遗传资源种类、数量及用途向国务院科学技术主管部门备案。

境外组织、个人及其设立或者实际控制的机构不得在我国境内采集、保藏我国人类遗传资源，不得向境外提供我国人类遗传资源。

第五十七条 将我国人类遗传资源信息向境外组织、个人及其设立或者实际控制的机构提供或者开放使用的，应当向国务院科学技术主管部门事先报告并提交信息备份。

第五十八条 采集、保藏、利用、运输出境我国珍贵、濒危、特有物种及其可用于再生或者繁殖传代的个体、器官、组织、细胞、基因等遗传资源，应当遵守有关法律法规。

境外组织、个人及其设立或者实际控制的机构获取和利用我国生物资源，应当依法取得批准。

第五十九条 利用我国生物资源开展国际科学研究合作，应当依法取得批准。

利用我国人类遗传资源和生物资源开展国际科学研究合作，应当保证中方单位及其研究人员全过程、实质性地参与研究，依法分享相关权益。

第六十条 国家加强对外来物种入侵的防范和应对，保护生物多样性。国务院农业农村主管部门会同国务院其他有关部门制定外来入侵物种名录和管理办法。

国务院有关部门根据职责分工，加强对外来入侵物种的调查、监测、预警、控制、评估、清除以及生态修复等工作。

任何单位和个人未经批准,不得擅自引进、释放或者丢弃外来物种。

第七章 防范生物恐怖与生物武器威胁

第六十一条 国家采取一切必要措施防范生物恐怖与生物武器威胁。

禁止开发、制造或者以其他方式获取、储存、持有和使用生物武器。

禁止以任何方式唆使、资助、协助他人开发、制造或者以其他方式获取生物武器。

第六十二条 国务院有关部门制定、修改、公布可被用于生物恐怖活动、制造生物武器的生物体、生物毒素、设备或者技术清单,加强监管,防止其被用于制造生物武器或者恐怖目的。

第六十三条 国务院有关部门和有关军事机关根据职责分工,加强对可被用于生物恐怖活动、制造生物武器的生物体、生物毒素、设备或者技术进出境、进出口、获取、制造、转移和投放等活动的监测、调查,采取必要的防范和处置措施。

第六十四条 国务院有关部门、省级人民政府及其有关部门负责组织遭受生物恐怖袭击、生物武器攻击后的人员救治与安置、环境消毒、生态修复、安全监测和社会秩序恢复等工作。

国务院有关部门、省级人民政府及其有关部门应当有效引导社会舆论科学、准确报道生物恐怖袭击和生物武器攻击事件,及时发布疏散、转移和紧急避难等信息,对应急处置与恢复过程中遭受污染的区域和人员进行长期环境监测和健康监测。

第六十五条 国家组织开展对我国境内战争遗留生物武器及其危害结果、潜在影响的调查。

国家组织建设存放和处理战争遗留生物武器设施,保障对战争遗留生物武器的安全处置。

第八章　生物安全能力建设

第六十六条　国家制定生物安全事业发展规划，加强生物安全能力建设，提高应对生物安全事件的能力和水平。

县级以上人民政府应当支持生物安全事业发展，按照事权划分，将支持下列生物安全事业发展的相关支出列入政府预算：

（一）监测网络的构建和运行；

（二）应急处置和防控物资的储备；

（三）关键基础设施的建设和运行；

（四）关键技术和产品的研究、开发；

（五）人类遗传资源和生物资源的调查、保藏；

（六）法律法规规定的其他重要生物安全事业。

第六十七条　国家采取措施支持生物安全科技研究，加强生物安全风险防御与管控技术研究，整合优势力量和资源，建立多学科、多部门协同创新的联合攻关机制，推动生物安全核心关键技术和重大防御产品的成果产出与转化应用，提高生物安全的科技保障能力。

第六十八条　国家统筹布局全国生物安全基础设施建设。国务院有关部门根据职责分工，加快建设生物信息、人类遗传资源保藏、菌（毒）种保藏、动植物遗传资源保藏、高等级病原微生物实验室等方面的生物安全国家战略资源平台，建立共享利用机制，为生物安全科技创新提供战略保障和支撑。

第六十九条　国务院有关部门根据职责分工，加强生物基础科学研究人才和生物领域专业技术人才培养，推动生物基础科学学科建设和科学研究。

国家生物安全基础设施重要岗位的从业人员应当具备符合要求的资格，相关信息应当向国务院有关部门备案，并接受岗位培训。

第七十条　国家加强重大新发突发传染病、动植物疫情等生物安全风险防控的物资储备。

国家加强生物安全应急药品、装备等物资的研究、开发和技术储备。国务院有关部门根据职责分工,落实生物安全应急药品、装备等物资研究、开发和技术储备的相关措施。

国务院有关部门和县级以上地方人民政府及其有关部门应当保障生物安全事件应急处置所需的医疗救护设备、救治药品、医疗器械等物资的生产、供应和调配;交通运输主管部门应当及时组织协调运输经营单位优先运送。

第七十一条 国家对从事高致病性病原微生物实验活动、生物安全事件现场处置等高风险生物安全工作的人员,提供有效的防护措施和医疗保障。

第九章 法律责任

第七十二条 违反本法规定,履行生物安全管理职责的工作人员在生物安全工作中滥用职权、玩忽职守、徇私舞弊或者有其他违法行为的,依法给予处分。

第七十三条 违反本法规定,医疗机构、专业机构或者其工作人员瞒报、谎报、缓报、漏报,授意他人瞒报、谎报、缓报,或者阻碍他人报告传染病、动植物疫病或者不明原因的聚集性疾病的,由县级以上人民政府有关部门责令改正,给予警告;对法定代表人、主要负责人、直接负责的主管人员和其他直接责任人员,依法给予处分,并可以依法暂停一定期限的执业活动直至吊销相关执业证书。

违反本法规定,编造、散布虚假的生物安全信息,构成违反治安管理行为的,由公安机关依法给予治安管理处罚。

第七十四条 违反本法规定,从事国家禁止的生物技术研究、开发与应用活动的,由县级以上人民政府卫生健康、科学技术、农业农村主管部门根据职责分工,责令停止违法行为,没收违法所得、技术资料和用于违法行为的工具、设备、原材料等物品,处一百万元以上一千万元以下的罚款,违法所得在一百万元以上的,处违法所得十倍以上二十倍以下的罚款,并可以依法禁止一定期限内从事相应的生物技术研究、开发与应用活动，吊销相关许可证件；对法定代表人、主要负责人、直接负责的主管人员和其他直接责任人员，依法给予处分，处十万元以上二十万元以下的罚款，十年直至终身禁止从事相应的生物技术研究、开发与应用活动，依法吊销相关执业证书。

第七十五条　违反本法规定，从事生物技术研究、开发活动未遵守国家生物技术研究开发安全管理规范的，由县级以上人民政府有关部门根据职责分工，责令改正，给予警告，可以并处二万元以上二十万元以下的罚款；拒不改正或者造成严重后果的，责令停止研究、开发活动，并处二十万元以上二百万元以下的罚款。

第七十六条　违反本法规定，从事病原微生物实验活动未在相应等级的实验室进行，或者高等级病原微生物实验室未经批准从事高致病性、疑似高致病性病原微生物实验活动的，由县级以上地方人民政府卫生健康、农业农村主管部门根据职责分工，责令停止违法行为，监督其将用于实验活动的病原微生物销毁或者送交保藏机构，给予警告；造成传染病传播、流行或者其他严重后果的，对法定代表人、主要负责人、直接负责的主管人员和其他直接责任人员依法给予撤职、开除处分。

第七十七条　违反本法规定，将使用后的实验动物流入市场的，由县级以上人民政府科学技术主管部门责令改正，没收违法所得，并处二十万元以上一百万元以下的罚款，违法所得在二十万元以上的，并处违法所得五倍以上十倍以下的罚款；情节严重的，由发证部门吊销相关许可证件。

第七十八条　违反本法规定，有下列行为之一的，由县级以上人民政府有关部门根据职责分工，责令改正，没收违法所得，给予警告，可以并处十万元以上一百万元以下的罚款：

（一）购买或者引进列入管控清单的重要设备、特殊生物因子未进行登记，或者未报国务院有关部门备案的；

（二）个人购买或者持有列入管控清单的重要设备或者特殊生物因子；

（三）个人设立病原微生物实验室或者从事病原微生物实验活动；

（四）未经实验室负责人批准进入高等级病原微生物实验室。

第七十九条　违反本法规定，未经批准，采集、保藏我国人类遗传资源或者利用我国人类遗传资源开展国际科学研究合作的，由国务院科学技术主管部门责令停止违法行为，没收违法所得和违法采集、保藏的人类遗传资源，并处五十万元以上五百万元以下的罚款，违法所得在一百万元以上的，并处违法所得五倍以上十倍以下的罚款；情节严重的，对法定代表人、主要负责人、直接负责的主管人员和其他直接责任人员，依法给予处分，五年内禁止从事相应活动。

第八十条　违反本法规定，境外组织、个人及其设立或者实际控制的机构在我国境内采集、保藏我国人类遗传资源，或者向境外提供我国人类遗传资源的，由国务院科学技术主管部门责令停止违法行为，没收违法所得和违法采集、保藏的人类遗传资源，并处一百万元以上一千万元以下的罚款；违法所得在一百万元以上的，并处违法所得十倍以上二十倍以下的罚款。

第八十一条　违反本法规定，未经批准，擅自引进外来物种的，由县级以上人民政府有关部门根据职责分工，没收引进的外来物种，并处五万元以上二十五万元以下的罚款。

违反本法规定，未经批准，擅自释放或者丢弃外来物种的，由县级以上人民政府有关部门根据职责分工，责令限期捕回、找回释放或者丢弃的外来物种，处一万元以上五万元以下的罚款。

第八十二条　违反本法规定，构成犯罪的，依法追究刑事责任；造成人身、财产或者其他损害的，依法承担民事责任。

第八十三条　违反本法规定的生物安全违法行为，本法未规定法律责任，其他有关法律、行政法规有规定的，依照其规定。

第八十四条　境外组织或者个人通过运输、邮寄、携带危险生物因子入境或者以其他方式危害我国生物安全的，依法追究法律责任，并可以采取其他必要措施。

第十章 附 则

第八十五条 本法下列术语的含义：

（一）生物因子，是指动物、植物、微生物、生物毒素及其他生物活性物质。

（二）重大新发突发传染病，是指我国境内首次出现或者已经宣布消灭再次发生，或者突然发生，造成或者可能造成公众健康和生命安全严重损害，引起社会恐慌，影响社会稳定的传染病。

（三）重大新发突发动物疫情，是指我国境内首次发生或者已经宣布消灭的动物疫病再次发生，或者发病率、死亡率较高的潜伏动物疫病突然发生并迅速传播，给养殖业生产安全造成严重威胁、危害，以及可能对公众健康和生命安全造成危害的情形。

（四）重大新发突发植物疫情，是指我国境内首次发生或者已经宣布消灭的严重危害植物的真菌、细菌、病毒、昆虫、线虫、杂草、害鼠、软体动物等再次引发病虫害，或者本地有害生物突然大范围发生并迅速传播，对农作物、林木等植物造成严重危害的情形。

（五）生物技术研究、开发与应用，是指通过科学和工程原理认识、改造、合成、利用生物而从事的科学研究、技术开发与应用等活动。

（六）病原微生物，是指可以侵犯人、动物引起感染甚至传染病的微生物，包括病毒、细菌、真菌、立克次体、寄生虫等。

（七）植物有害生物，是指能够对农作物、林木等植物造成危害的真菌、细菌、病毒、昆虫、线虫、杂草、害鼠、软体动物等生物。

（八）人类遗传资源，包括人类遗传资源材料和人类遗传资源信息。人类遗传资源材料是指含有人体基因组、基因等遗传物质的器官、组织、细胞等遗传材料。人类遗传资源信息是指利用人类遗传资源材料产生的数据等信息资料。

（九）微生物耐药，是指微生物对抗微生物药物产生抗性，导致抗微生物药物不能有效控制微生物的感染。

（十）生物武器，是指类型和数量不属于预防、保护或者其他和平用途所正当需要的、任何来源或者任何方法产生的微生物剂、其他生物剂以及生物毒素；也包括为将上述生物剂、生物毒素使用于敌对目的或者武装冲突而设计的武器、设备或者运载工具。

（十一）生物恐怖，是指故意使用致病性微生物、生物毒素等实施袭击，损害人类或者动植物健康，引起社会恐慌，企图达到特定政治目的的行为。

第八十六条 生物安全信息属于国家秘密的，应当依照《中华人民共和国保守国家秘密法》和国家其他有关保密规定实施保密管理。

第八十七条 中国人民解放军、中国人民武装警察部队的生物安全活动，由中央军事委员会依照本法规定的原则另行规定。

第八十八条 本法自 2021 年 4 月 15 日起施行。

全国人民代表大会常务委员会关于维护互联网安全的决定

（2000 年 12 月 28 日第九届全国人民代表大会常务委员会第十九次会议通过　根据 2009 年 8 月 27 日第十一届全国人民代表大会常务委员会第十次会议《关于修改部分法律的决定》修正）

我国的互联网，在国家大力倡导和积极推动下，在经济建设和各项事业中得到日益广泛的应用，使人们的生产、工作、学习和生活方式已经开始并将继续发生深刻的变化，对于加快我国国民经济、科学技术的发展和社会服务信息化进程具有重要作用。同时，如何保障互联网的运行安全和信息安全问题已经引起全社会的普遍关注。为了兴利除弊，促进我国互联网的健康发展，维护国家安全和社会公共利益，保护个人、法人和其他组织的合法权益，特作如下决定：

一、为了保障互联网的运行安全，对有下列行为之一，构成犯罪的，依照刑法有关规定追究刑事责任：

（一）侵入国家事务、国防建设、尖端科学技术领域的计算机信息系统；

（二）故意制作、传播计算机病毒等破坏性程序，攻击计算机系统及通信网络，致使计算机系统及通信网络遭受损害；

（三）违反国家规定，擅自中断计算机网络或者通信服务，造成计算机网络或者通信系统不能正常运行。

二、为了维护国家安全和社会稳定，对有下列行为之一，构成犯罪的，依照刑法有关规定追究刑事责任：

（一）利用互联网造谣、诽谤或者发表、传播其他有害信息，煽动颠覆国家政权、推翻社会主义制度，或者煽动分裂国家、破坏国家统一；

（二）通过互联网窃取、泄露国家秘密、情报或者军事秘密；

（三）利用互联网煽动民族仇恨、民族歧视，破坏民族团结；

（四）利用互联网组织邪教组织、联络邪教组织成员，破坏国家法律、行政法规实施。

三、为了维护社会主义市场经济秩序和社会管理秩序，对有下列行为之一，构成犯罪的，依照刑法有关规定追究刑事责任：

（一）利用互联网销售伪劣产品或者对商品、服务作虚假宣传；

（二）利用互联网损害他人商业信誉和商品声誉；

（三）利用互联网侵犯他人知识产权；

（四）利用互联网编造并传播影响证券、期货交易或者其他扰乱金融秩序的虚假信息；

（五）在互联网上建立淫秽网站、网页，提供淫秽站点链接服务，或者传播淫秽书刊、影片、音像、图片。

四、为了保护个人、法人和其他组织的人身、财产等合法权利，对有下列行为之一，构成犯罪的，依照刑法有关规定追究刑事责任：

（一）利用互联网侮辱他人或者捏造事实诽谤他人；

（二）非法截获、篡改、删除他人电子邮件或者其他数据资料，侵犯公民通信自由和通信秘密；

（三）利用互联网进行盗窃、诈骗、敲诈勒索。

五、利用互联网实施本决定第一条、第二条、第三条、第四条所列行为以外的其他行为，构成犯罪的，依照刑法有关规定追究刑事责任。

六、利用互联网实施违法行为，违反社会治安管理，尚不构成犯罪的，由公安机关依照《治安管理处罚法》予以处罚；违反其他法律、行政法规，尚不构成犯罪的，由有关行政管理部门依法给予行政处罚；对直接负责的主管人员和其他直接责任人员，依法给予行政处分或者纪律处分。

利用互联网侵犯他人合法权益，构成民事侵权的，依法承担民事责任。

七、各级人民政府及有关部门要采取积极措施，在促进互联网的应用和网络技术的普及过程中，重视和支持对网络安全技术的研究和开发，增强网络的安全防护能力。有关主管部门要加强对互联网的运行安全和信息安全的宣传教育，依法实施有效的监督管理，防范和制止利用互联网进行的各种违法活动，为互联网的健康发展创造良好的社会环境。从事互联网业务的单位要依法开展活动，发现互联网上出现违法犯罪行为和有害信息时，要采取措施，停止传输有害信息，并及时向有关机关报告。任何单位和个人在利用互联网时，都要遵纪守法，抵制各种违法犯罪行为和有害信息。人民法院、人民检察院、公安机关、国家安全机关要各司其职，密切配合，依法严厉打击利用互联网实施的各种犯罪活动。要动员全社会的力量，依靠全社会的共同努力，保障互联网的运行安全与信息安全，促进社会主义精神文明和物质文明建设。

中华人民共和国刑法（节录）

（1979年7月1日第五届全国人民代表大会第二次会议通过 1997年3月14日第八届全国人民代表大会第五次会议修订 根据1998年12月29日第九届全国人民代表大会常务委员会第六次会议通过的《全国人民代表大会常务委员会关于惩治骗购外汇、逃汇和非法买卖外汇犯罪的决定》、1999年12月25日第九届全国人民代表大会常务委员会第十三次会议通过的《中华人民共和国刑法修正案》、2001年8月31日第九届全国人民代表大会常务委员会第二十三次会议通过的《中华人民共和国刑法修正案（二）》、2001年12月29日第九届全国人民代表大会常务委员会第二十五次会议通过的《中华人民共和国刑法修正案（三）》、2002年12月28日第九届全国人民代表大会常务委员会第三十一次会议通过的《中华人民共和国刑法修正案（四）》、2005年2月28日第十届全国人民代表大会常务委员会第十四次会议通过的《中华人民共和国刑法修正案（五）》、2006年6月29日第十届全国人民代表大会常务委员会第二十二次会议通过的《中华人民共和国刑法修正案（六）》、2009年2月28日第十一届全国人民代表大会常务委员会第七次会议通过的《中华人民共和国刑法修正案（七）》、2009年8月27日第十一届全国人民代表大会常务委员会第十次会议通过的《全国人民代表大会常务委员会关于修改部分法律的决定》、2011年2月25日第十一届全国人民代表大会常务委员会第十九次会议通过的《中华人民共和国刑法修正案（八）》、2015年8月29日第十二届全国人民代表大会常务委员会第十六次会议通过的《中华人民共和国刑法修正案（九）》、2017年11月4日第十二届全国人民代表大会常务委员会第三十次会议通过的《中华人民共和国刑法修正案（十）》和2020年12月26日第十三届全国人民代表大会常务委员会第二十四次会议通过的《中华人民共和国刑法修正案（十一）》修正)①

……

第二编 分 则

第一章 危害国家安全罪

第一百零二条 【背叛国家罪】勾结外国，危害中华人民共和国的主权、领土完整和安全的，处无期徒刑或者十年以上有期徒刑。

与境外机构、组织、个人相勾结，犯前款罪的，依照前款的规定处罚。

第一百零三条 【分裂国家罪】组织、策划、实施分裂国家、破坏国家统一的，对首要分子或者罪行重大的，处无期徒刑或者十年以上有期徒刑；对积极参加的，处三年以上十年以下有期徒刑；对其他参加的，处三年以下有期徒刑、拘役、管制或者剥夺政治权利。

【煽动分裂国家罪】煽动分裂国家、破坏国家统一的，处五年以下有期徒刑、拘役、管制或者剥夺政治权利；首要分子或者罪行重大的，处五年以上有期徒刑。

第一百零四条 【武装叛乱、暴乱罪】组织、策划、实施武装叛乱或者武装暴乱的，对首要分子或者罪行重大的，处无期徒刑或者十年以上有期徒刑；对积极参加的，处三年以上十年以下有期徒

---

① 刑法、历次刑法修正案、涉及修改刑法的决定的施行日期，分别依据各法律所规定的施行日期确定。

另，总则部分条文主旨为编者所加，分则部分条文主旨是根据司法解释确定罪名所加。

刑；对其他参加的，处三年以下有期徒刑、拘役、管制或者剥夺政治权利。

策动、胁迫、勾引、收买国家机关工作人员、武装部队人员、人民警察、民兵进行武装叛乱或者武装暴乱的，依照前款的规定从重处罚。

第一百零五条 【颠覆国家政权罪】组织、策划、实施颠覆国家政权、推翻社会主义制度的，对首要分子或者罪行重大的，处无期徒刑或者十年以上有期徒刑；对积极参加的，处三年以上十年以下有期徒刑；对其他参加的，处三年以下有期徒刑、拘役、管制或者剥夺政治权利。

【煽动颠覆国家政权罪】以造谣、诽谤或者其他方式煽动颠覆国家政权、推翻社会主义制度的，处五年以下有期徒刑、拘役、管制或者剥夺政治权利；首要分子或者罪行重大的，处五年以上有期徒刑。

第一百零六条 【与境外勾结的处罚规定】与境外机构、组织、个人相勾结，实施本章第一百零三条、第一百零四条、第一百零五条规定之罪的，依照各该条的规定从重处罚。

第一百零七条 【资助危害国家安全犯罪活动罪】境内外机构、组织或者个人资助实施本章第一百零二条、第一百零三条、第一百零四条、第一百零五条规定之罪的，对直接责任人员，处五年以下有期徒刑、拘役、管制或者剥夺政治权利；情节严重的，处五年以上有期徒刑。①

第一百零八条 【投敌叛变罪】投敌叛变的，处三年以上十年以下有期徒刑；情节严重或者带领武装部队人员、人民警察、民兵投敌叛变的，处十年以上有期徒刑或者无期徒刑。

第一百零九条 【叛逃罪】国家机关工作人员在履行公务期间，

---

① 根据2011年2月25日《中华人民共和国刑法修正案（八）》修改。原条文为："境内外机构、组织或者个人资助境内组织或者个人实施本章第一百零二条、第一百零三条、第一百零四条、第一百零五条规定之罪的，对直接责任人员，处五年以下有期徒刑、拘役、管制或者剥夺政治权利；情节严重的，处五年以上有期徒刑。"

擅离岗位,叛逃境外或者在境外叛逃的,处五年以下有期徒刑、拘役、管制或者剥夺政治权利;情节严重的,处五年以上十年以下有期徒刑。

掌握国家秘密的国家工作人员叛逃境外或者在境外叛逃的,依照前款的规定从重处罚。①

第一百一十条 【间谍罪】有下列间谍行为之一,危害国家安全的,处十年以上有期徒刑或者无期徒刑;情节较轻的,处三年以上十年以下有期徒刑:

(一)参加间谍组织或者接受间谍组织及其代理人的任务的;

(二)为敌人指示轰击目标的。

第一百一十一条 【为境外窃取、刺探、收买、非法提供国家秘密、情报罪】为境外的机构、组织、人员窃取、刺探、收买、非法提供国家秘密或者情报的,处五年以上十年以下有期徒刑;情节特别严重的,处十年以上有期徒刑或者无期徒刑;情节较轻的,处五年以下有期徒刑、拘役、管制或者剥夺政治权利。

案例 黄某某为境外刺探、非法提供国家秘密案(《最高人民法院发布全民国家安全教育典型案例及相关法律规定》)

案件适用要点:被告人黄某某通过QQ与一位境外人员结识,后多次按照对方要求到军港附近进行观测,采取望远镜观看、手机拍摄等方式,搜集军港内军舰信息,整编后传送给对方,以获取报酬。至案发,黄某某累计向境外人员报送信息90余次,收取报酬5.4万元。经鉴定,黄某某向境外人员提供的信息属1项机密级军事秘密。

法院认为,被告人黄某某无视国家法律,接受境外人员指使,积极为境外人员刺探、非法提供国家秘密,其行为已构成为境外刺

---

① 根据2011年2月25日《中华人民共和国刑法修正案(八)》修改。原条文为:"国家机关工作人员在履行公务期间,擅离岗位,叛逃境外或者在境外叛逃,危害中华人民共和国国家安全的,处五年以下有期徒刑、拘役、管制或者剥夺政治权利;情节严重的,处五年以上十年以下有期徒刑。

"掌握国家秘密的国家工作人员犯前款罪的,依照前款的规定从重处罚。"

探、非法提供国家秘密罪。依照《中华人民共和国刑法》相关规定，对黄某某以为境外刺探、非法提供国家秘密罪判处有期徒刑五年，剥夺政治权利一年，并处没收个人财产人民币5万元。

第一百一十二条　【资敌罪】战时供给敌人武器装备、军用物资资敌的，处十年以上有期徒刑或者无期徒刑；情节较轻的，处三年以上十年以下有期徒刑。

第一百一十三条　【危害国家安全罪适用死刑、没收财产的规定】本章上述危害国家安全罪行中，除第一百零三条第二款、第一百零五条、第一百零七条、第一百零九条外，对国家和人民危害特别严重、情节特别恶劣的，可以判处死刑。

犯本章之罪的，可以并处没收财产。

第二章　危害公共安全罪

第一百一十四条　【放火罪】【决水罪】【爆炸罪】【投放危险物质罪】【以危险方法危害公共安全罪】放火、决水、爆炸以及投放毒害性、放射性、传染病病原体等物质或者以其他危险方法危害公共安全，尚未造成严重后果的，处三年以上十年以下有期徒刑。[1]

第一百一十五条　【放火罪】【决水罪】【爆炸罪】【投放危险物质罪】【以危险方法危害公共安全罪】放火、决水、爆炸以及投放毒害性、放射性、传染病病原体等物质或者以其他危险方法致人重伤、死亡或者使公私财产遭受重大损失的，处十年以上有期徒刑、无期徒刑或者死刑。[2]

---

[1] 根据2001年12月29日《中华人民共和国刑法修正案（三）》修改。原条文为："放火、决水、爆炸、投毒或者以其他危险方法破坏工厂、矿场、油田、港口、河流、水源、仓库、住宅、森林、农场、谷场、牧场、重要管道、公共建筑物或者其他公私财产，危害公共安全，尚未造成严重后果的，处三年以上十年以下有期徒刑。"

[2] 根据2001年12月29日《中华人民共和国刑法修正案（三）》修改。原第一款条文为："放火、决水、爆炸、投毒或者以其他危险方法致人重伤、死亡或者使公私财产遭受重大损失的，处十年以上有期徒刑、无期徒刑或者死刑。"

【失火罪】【过失决水罪】【过失爆炸罪】【过失投放危险物质罪】【过失以危险方法危害公共安全罪】过失犯前款罪的，处三年以上七年以下有期徒刑；情节较轻的，处三年以下有期徒刑或者拘役。

第一百一十六条 【破坏交通工具罪】破坏火车、汽车、电车、船只、航空器，足以使火车、汽车、电车、船只、航空器发生倾覆、毁坏危险，尚未造成严重后果的，处三年以上十年以下有期徒刑。

第一百一十七条 【破坏交通设施罪】破坏轨道、桥梁、隧道、公路、机场、航道、灯塔、标志或者进行其他破坏活动，足以使火车、汽车、电车、船只、航空器发生倾覆、毁坏危险，尚未造成严重后果的，处三年以上十年以下有期徒刑。

第一百一十八条 【破坏电力设备罪】【破坏易燃易爆设备罪】破坏电力、燃气或者其他易燃易爆设备，危害公共安全，尚未造成严重后果的，处三年以上十年以下有期徒刑。

第一百一十九条 【破坏交通工具罪】【破坏交通设施罪】【破坏电力设备罪】【破坏易燃易爆设备罪】破坏交通工具、交通设施、电力设备、燃气设备、易燃易爆设备，造成严重后果的，处十年以上有期徒刑、无期徒刑或者死刑。

【过失损坏交通工具罪】【过失损坏交通设施罪】【过失损坏电力设备罪】【过失损坏易燃易爆设备罪】过失犯前款罪的，处三年以上七年以下有期徒刑；情节较轻的，处三年以下有期徒刑或者拘役。

第一百二十条 【组织、领导、参加恐怖组织罪】组织、领导恐怖活动组织的，处十年以上有期徒刑或者无期徒刑，并处没收财产；积极参加的，处三年以上十年以下有期徒刑，并处罚金；其他参加的，处三年以下有期徒刑、拘役、管制或者剥夺政治权利，可以并处罚金。

犯前款罪并实施杀人、爆炸、绑架等犯罪的，依照数罪并罚的规定处罚。①

第一百二十条之一 【帮助恐怖活动罪】资助恐怖活动组织、实施恐怖活动的个人的,或者资助恐怖活动培训的,处五年以下有期徒刑、拘役、管制或者剥夺政治权利,并处罚金;情节严重的,处五年以上有期徒刑,并处罚金或者没收财产。

为恐怖活动组织、实施恐怖活动或者恐怖活动培训招募、运送人员的,依照前款的规定处罚。

单位犯前两款罪的,对单位判处罚金,并对其直接负责的主管人员和其他直接责任人员,依照第一款的规定处罚。②

第一百二十条之二 【准备实施恐怖活动罪】有下列情形之一的,处五年以下有期徒刑、拘役、管制或者剥夺政治权利,并处罚金;情节严重的,处五年以上有期徒刑,并处罚金或者没收财产:

(一)为实施恐怖活动准备凶器、危险物品或者其他工具的;
(二)组织恐怖活动培训或者积极参加恐怖活动培训的;
(三)为实施恐怖活动与境外恐怖活动组织或者人员联络的;
(四)为实施恐怖活动进行策划或者其他准备的。

有前款行为,同时构成其他犯罪的,依照处罚较重的规定定罪

---

① 根据2001年12月29日《中华人民共和国刑法修正案(三)》第一次修改。原第一款条文为:"组织、领导和积极参加恐怖活动组织的,处三年以上十年以下有期徒刑;其他参加的,处三年以下有期徒刑、拘役或者管制。"

根据2015年8月29日《中华人民共和国刑法修正案(九)》第二次修改。原条文为:"组织、领导恐怖活动组织的,处十年以上有期徒刑或者无期徒刑;积极参加的,处三年以上十年以下有期徒刑;其他参加的,处三年以下有期徒刑、拘役、管制或者剥夺政治权利。"

"犯前款罪并实施杀人、爆炸、绑架等犯罪的,依照数罪并罚的规定处罚。"

② 根据2001年12月29日《中华人民共和国刑法修正案(三)》增加。根据2015年8月29日《中华人民共和国刑法修正案(九)》修改。原条文为:"资助恐怖活动组织或者实施恐怖活动的个人的,处五年以下有期徒刑、拘役、管制或者剥夺政治权利,并处罚金;情节严重的,处五年以上有期徒刑,并处罚金或者没收财产。

"单位犯前款罪的,对单位判处罚金,并对其直接负责的主管人员和其他直接责任人员,依照前款的规定处罚。"

处罚。①

第一百二十条之三 【宣扬恐怖主义、极端主义、煽动实施恐怖活动罪】以制作、散发宣扬恐怖主义、极端主义的图书、音频视频资料或者其他物品，或者通过讲授、发布信息等方式宣扬恐怖主义、极端主义的，或者煽动实施恐怖活动的，处五年以下有期徒刑、拘役、管制或者剥夺政治权利，并处罚金；情节严重的，处五年以上有期徒刑，并处罚金或者没收财产。②

第一百二十条之四 【利用极端主义破坏法律实施罪】利用极端主义煽动、胁迫群众破坏国家法律确立的婚姻、司法、教育、社会管理等制度实施的，处三年以下有期徒刑、拘役或者管制，并处罚金；情节严重的，处三年以上七年以下有期徒刑，并处罚金；情节特别严重的，处七年以上有期徒刑，并处罚金或者没收财产。③

第一百二十条之五 【强制穿戴宣扬恐怖主义、极端主义服饰、标志罪】以暴力、胁迫等方式强制他人在公共场所穿着、佩戴宣扬恐怖主义、极端主义服饰、标志的，处三年以下有期徒刑、拘役或者管制，并处罚金。④

第一百二十条之六 【非法持有宣扬恐怖主义、极端主义物品罪】明知是宣扬恐怖主义、极端主义的图书、音频视频资料或者其他物品而非法持有，情节严重的，处三年以下有期徒刑、拘役或者管制，并处或者单处罚金。⑤

……

第二百八十五条 【非法侵入计算机信息系统罪】违反国家规定，侵入国家事务、国防建设、尖端科学技术领域的计算机信息系统的，处三年以下有期徒刑或者拘役。

---

① 根据 2015 年 8 月 29 日《中华人民共和国刑法修正案（九）》增加。
② 根据 2015 年 8 月 29 日《中华人民共和国刑法修正案（九）》增加。
③ 根据 2015 年 8 月 29 日《中华人民共和国刑法修正案（九）》增加。
④ 根据 2015 年 8 月 29 日《中华人民共和国刑法修正案（九）》增加。
⑤ 根据 2015 年 8 月 29 日《中华人民共和国刑法修正案（九）》增加。

【非法获取计算机信息系统数据、非法控制计算机信息系统罪】违反国家规定,侵入前款规定以外的计算机信息系统或者采用其他技术手段,获取该计算机信息系统中存储、处理或者传输的数据,或者对该计算机信息系统实施非法控制,情节严重的,处三年以下有期徒刑或者拘役,并处或者单处罚金;情节特别严重的,处三年以上七年以下有期徒刑,并处罚金。

【提供侵入、非法控制计算机信息系统程序、工具罪】提供专门用于侵入、非法控制计算机信息系统的程序、工具,或者明知他人实施侵入、非法控制计算机信息系统的违法犯罪行为而为其提供程序、工具,情节严重的,依照前款的规定处罚。

单位犯前三款罪的,对单位判处罚金,并对其直接负责的主管人员和其他直接责任人员,依照各该款的规定处罚。①

……

第三百六十八条 【阻碍军人执行职务罪】以暴力、威胁方法阻碍军人依法执行职务的,处三年以下有期徒刑、拘役、管制或者罚金。

【阻碍军事行动罪】故意阻碍武装部队军事行动,造成严重后果的,处五年以下有期徒刑或者拘役。

第三百六十九条 【破坏武器装备、军事设施、军事通信罪】破坏武器装备、军事设施、军事通信的,处三年以下有期徒刑、拘役或者管制;破坏重要武器装备、军事设施、军事通信的,处三年以上十年以下有期徒刑;情节特别严重的,处十年以上有期徒刑、无期徒刑或者死刑。

【过失损坏武器装备、军事设施、军事通信罪】过失犯前款罪,造成严重后果的,处三年以下有期徒刑或者拘役;造成特别严重后果的,处三年以上七年以下有期徒刑。

---

① 根据2009年2月28日《中华人民共和国刑法修正案(七)》增加两款,作为第二款、第三款。根据2015年8月29日《中华人民共和国刑法修正案(九)》增加一款,作为第四款。

战时犯前两款罪的,从重处罚。①

案例 1. 周某破坏军事设施案(《最高人民法院发布全民国家安全教育典型案例及相关法律规定》)

案件适用要点:2016年4月间,被告人周某先后三次采用破坏性手段盗窃中国人民解放军某部队油料转运站配电间内电缆线,致使配电间内的配电柜遭受破坏,配电间不能为库区油料转运输送泵房提供电力支撑,无法完成担负的战备油料转运任务。经鉴定,被盗电缆线共计价值人民币409元。

法院认为,被告人周某明知是军事设施而予以破坏,其行为已构成破坏军事设施罪。鉴于周某系未成年人,认罪、悔罪态度较好,社会危害性较小,依法可以宣告缓刑。依照《中华人民共和国刑法》相关规定,对周某以破坏军事设施罪判处有期徒刑八个月,缓刑一年。

2. 张某某破坏军事通信案(《最高人民法院发布全民国家安全教育典型案例及相关法律规定》)

案件适用要点:被告人张某某组织工人对某招待所楼顶太阳能进行拆除时,将中国人民解放军某部队的军事通信光缆损毁,造成军事通信中断。随后部队维护人员赶到现场进行紧急抢修,并告知张某某待军事通信光缆损毁事宜处理完后再行施工。后张某某自行组织工人再次施工,并再次将同一位置的军事通信光缆损毁,造成军事通信中断。张某某在明知是军事通信光缆且在未向部队报告取得同意的情况下,擅自对损毁的光缆进行熔接,造成国防通信线路中断120分钟,经鉴定两次损毁的军事光缆恢复费及线路中断造成的阻断费合计人民币294300元。

法院认为,被告人张某某作为施工管理人员,明知是军事通信设施,仍然违章作业,造成军事通信线路损毁,并私自熔接该通信

---

① 根据2005年2月28日《中华人民共和国刑法修正案(五)》修改。原条文为:"破坏武器装备、军事设施、军事通信的,处三年以下有期徒刑、拘役或者管制;破坏重要武器装备、军事设施、军事通信的,处三年以上十年以下有期徒刑;情节特别严重的,处十年以上有期徒刑、无期徒刑或者死刑。战时从重处罚。"

线路,致使军事通信中断,其行为已构成破坏军事通信罪。鉴于张某某到案后如实供述自己的罪行,部队的经济损失已得到赔偿,故予以从轻处罚。依照《中华人民共和国刑法》相关规定,对张某某以破坏军事通信罪判处拘役三个月。

3. 王某某过失损坏军事通信案(《最高人民法院发布全民国家安全教育典型案例及相关法律规定》)

案件适用要点:被告人王某某在北京市海淀区某驾校停车场内,雇用铲车司机,在未告知铲车司机地下有国防光缆的情况下让其驾驶铲车施工,将中国人民解放军某总部某通信团埋在该驾校停车场地下的一根一级国防光缆挖断。

法院认为,被告人王某某过失损坏军事通信设施,造成严重后果,其行为已构成过失损坏军事通信罪。鉴于王某某到案后如实供述自己的罪行,认罪态度较好,且积极赔偿因犯罪行为而造成的经济损失,故酌情予以从轻处罚,并宣告缓刑。依照《中华人民共和国刑法》相关规定,对王某某以过失损坏军事通信罪判处拘役六个月,缓刑六个月。

第三百七十条 【故意提供不合格武器装备、军事设施罪】明知是不合格的武器装备、军事设施而提供给武装部队的,处五年以下有期徒刑或者拘役;情节严重的,处五年以上十年以下有期徒刑;情节特别严重的,处十年以上有期徒刑、无期徒刑或者死刑。

【过失提供不合格武器装备、军事设施罪】过失犯前款罪,造成严重后果的,处三年以下有期徒刑或者拘役;造成特别严重后果的,处三年以上七年以下有期徒刑。

单位犯第一款罪的,对单位判处罚金,并对其直接负责的主管人员和其他直接责任人员,依照第一款的规定处罚。

第三百七十一条 【聚众冲击军事禁区罪】聚众冲击军事禁区,严重扰乱军事禁区秩序的,对首要分子,处五年以上十年以下有期徒刑;对其他积极参加的,处五年以下有期徒刑、拘役、管制或者剥夺政治权利。

【聚众扰乱军事管理区秩序罪】聚众扰乱军事管理区秩序,情节严重，致使军事管理区工作无法进行，造成严重损失的，对首要分子，处三年以上七年以下有期徒刑；对其他积极参加的，处三年以下有期徒刑、拘役、管制或者剥夺政治权利。

第三百七十二条　【冒充军人招摇撞骗罪】冒充军人招摇撞骗的，处三年以下有期徒刑、拘役、管制或者剥夺政治权利；情节严重的，处三年以上十年以下有期徒刑。

第三百七十三条　【煽动军人逃离部队罪】【雇用逃离部队军人罪】煽动军人逃离部队或者明知是逃离部队的军人而雇用，情节严重的，处三年以下有期徒刑、拘役或者管制。

第三百七十四条　【接送不合格兵员罪】在征兵工作中徇私舞弊，接送不合格兵员，情节严重的，处三年以下有期徒刑或者拘役；造成特别严重后果的，处三年以上七年以下有期徒刑。

第三百七十五条　【伪造、变造、买卖武装部队公文、证件、印章罪】【盗窃、抢夺武装部队公文、证件、印章罪】伪造、变造、买卖或者盗窃、抢夺武装部队公文、证件、印章的，处三年以下有期徒刑、拘役、管制或者剥夺政治权利；情节严重的，处三年以上十年以下有期徒刑。

【非法生产、买卖武装部队制式服装罪】非法生产、买卖武装部队制式服装，情节严重的，处三年以下有期徒刑、拘役或者管制，并处或者单处罚金。①

【伪造、盗窃、买卖、非法提供、非法使用武装部队专用标志罪】伪造、盗窃、买卖或者非法提供、使用武装部队车辆号牌等专用标志，情节严重的，处三年以下有期徒刑、拘役或者管制，并处或者单处罚金；情节特别严重的，处三年以上七年以下有期徒刑，并处罚金。②

---

① 根据2009年2月28日《中华人民共和国刑法修正案（七）》修改。原第二款条文为："非法生产、买卖武装部队制式服装、车辆号牌等专用标志，情节严重的，处三年以下有期徒刑、拘役或者管制，并处或者单处罚金。"

② 根据2009年2月28日《中华人民共和国刑法修正案（七）》增加一款，作为第三款。原第三款改为第四款。

单位犯第二款、第三款罪的，对单位判处罚金，并对其直接负责的主管人员和其他直接责任人员，依照各该款的规定处罚。①

第三百七十六条 【战时拒绝、逃避征召、军事训练罪】预备役人员战时拒绝、逃避征召或者军事训练，情节严重的，处三年以下有期徒刑或者拘役。

【战时拒绝、逃避服役罪】公民战时拒绝、逃避服役，情节严重的，处二年以下有期徒刑或者拘役。

第三百七十七条 【战时故意提供虚假敌情罪】战时故意向武装部队提供虚假敌情，造成严重后果的，处三年以上十年以下有期徒刑；造成特别严重后果的，处十年以上有期徒刑或者无期徒刑。

第三百七十八条 【战时造谣扰乱军心罪】战时造谣惑众，扰乱军心的，处三年以下有期徒刑、拘役或者管制；情节严重的，处三年以上十年以下有期徒刑。

第三百七十九条 【战时窝藏逃离部队军人罪】战时明知是逃离部队的军人而为其提供隐蔽处所、财物，情节严重的，处三年以下有期徒刑或者拘役。

第三百八十条 【战时拒绝、故意延误军事订货罪】战时拒绝或者故意延误军事订货，情节严重的，对单位判处罚金，并对其直接负责的主管人员和其他直接责任人员，处五年以下有期徒刑或者拘役；造成严重后果的，处五年以上有期徒刑。

第三百八十一条 【战时拒绝军事征收、征用罪】战时拒绝军事征收、征用，情节严重的，处三年以下有期徒刑或者拘役。

……

---

① 根据2009年2月28日《中华人民共和国刑法修正案（七）》修改。本款原条文为："单位犯第二款罪的，对单位判处罚金，并对其直接负责的主管人员和其他直接责任人员，依照该款的规定处罚"。

图书在版编目（CIP）数据

国家安全 / 中国法制出版社编. —北京：中国法制出版社，2022.3
（实用版法规专辑）
ISBN 978 - 7 - 5216 - 2496 - 0

Ⅰ.①国… Ⅱ.①中… Ⅲ.①国家安全法 - 汇编 - 中国 Ⅳ.①D922.149

中国版本图书馆 CIP 数据核字（2022）第 023342 号

| 策划编辑：舒丹 | 责任编辑：朱丹颖 | 封面设计：杨泽江 |

国家安全（实用版法规专辑）
GUOJIA ANQUAN（SHIYONGBAN FAGUI ZHUANJI）

经销/新华书店
印刷/三河市国英印务有限公司
开本/850 毫米×1168 毫米 32 开　　　　　　印张/ 11.25　字数/ 285 千
版次/2022 年 3 月第 1 版　　　　　　　　　　2022 年 3 月第 1 次印刷

中国法制出版社出版
书号 ISBN 978 - 7 - 5216 - 2496 - 0　　　　　　　　　　定价：32.00 元

北京市西城区西便门西里甲 16 号西便门办公区
邮政编码：100053　　　　　　　　　　传真：010 - 63141600
网址：http：//www.zgfzs.com　　　　　编辑部电话：010 - 63141667
市场营销部电话：010 - 63141612　　　　印务部电话：010 - 63141606

（如有印装质量问题，请与本社印务部联系。）